ユーロ圏危機と世界経済

信認回復のための方策と
アジアへの影響

小川英治［編］

東京大学出版会

The Euro Zone Crisis and the World Economy
Measures to recover credibility and their effect on Asia
Eiji Ogawa, Editor
University of Tokyo Press, 2015
ISBN978-4-13-040271-2

はしがき

　日本経済研究所・元会長である下村治博士の誕生100年を記念した特別研究事業である，一般財団法人日本経済研究所の下村プロジェクトの特別研究『社会の未来を考える』シリーズとして，「ユーロ圏危機とその影響と対応」というメインテーマの下に研究会が企画された．第1回目の特別研究シリーズのテーマ「グローバル・インバランスと国際通貨体制」に続くものであり，今回は「ユーロ圏危機とその影響と対応」をメインテーマとした．このメインテーマの下に，8人の研究者が集まって，それぞれの視点から各自が深く関心をいだく，ユーロ圏危機に関連する諸問題に対して考察を行った．8人のメンバーは，経済学者のみならず，EU法を専門とする法学者も加わり，ユーロ圏危機に対するEUの対応を，経済学的アプローチとともに法学的アプローチからも考察している．その研究成果の一部が，2013年7月から2014年1月にかけて『日経研月報』に掲載され，それらの原稿を基に，さらに内容を膨らませて整理したのが本書である．

　この下村プロジェクト特別研究シリーズのテーマとして「ユーロ圏危機とその影響と対応」が選ばれた理由は，ユーロ圏危機の問題の広がりと深さにある．2009年10月の政権交代がトリガーとなって起こったギリシャの財政危機が，ポルトガル，アイルランドなどに波及しユーロ圏危機に発展し，当該国のみで対応することができず，ユーロ圏と欧州中央銀行ECBのみならず，EU全体で対応せざるを得ない状況となった．加えて，ユーロ圏危機が起こってから5年が経過したが，この5年間にわたる欧州安定メカニズムESMの設立・稼働や，財政安定同盟や銀行同盟の設立などに向けたEU全体の取り組みが，再燃しようとしている危機の火消しに回っている．同時に，ECBが2015年3月より，日米に対して周回遅れで量的金融緩和政策を開始し，その景気回復効果及びデフレ突入に対する抑制効果が待ち望まれている．一方，2014年10月に発表された，ECBによる金融機関に対するストレ

ス・テストにおいて，25銀行で総額246億ユーロの資本不足が指摘された．今後，金融問題が深刻化することのないよう，銀行同盟の3本の柱である単一監督メカニズムと単一破綻処理メカニズムと預金保険制度の設立・運用が注目される．

しかしながら，ギリシャにおいて，厳しい緊縮財政に対して国民の反発が強まり，2015年1月の総選挙において反緊縮財政を唱えたチプラス氏が首相に選出され，財政再建に向けたギリシャの方向性が揺らいでいる．さらに悪いことには，ギリシャの反緊縮財政の動きのために財政危機の再発が懸念され，ギリシャからの資本逃避の兆候が見られる．ギリシャの財政危機が再発することになると，ストレス・テストによる資本不足の結果とあいまって，ユーロ圏危機が再燃するかもしれず，その場合には世界経済にも再び大きな影響を及ぼす可能性がある．

本書は，これらの現状も踏まえて，「ユーロ圏危機とその影響と対応」のメインテーマの下に，ユーロ圏危機に関連する諸問題について考察するものである．

最後に，日本経済研究所・下村プロジェクトの特別研究シリーズとして研究成果を発表させていただく貴重な機会を与えていただいた，一般財団法人日本経済研究所の荒木幹夫理事長，樋口英明氏，大西達也氏に心よりお礼を申し上げます．また，東京大学出版会の大矢宗樹氏には本書を出版するに際してご尽力をいただき，感謝申し上げます．

2015年3月

小川英治

目　次

はしがき　i

序　章　ユーロ圏における財政危機とその対応 … 小川　英治　1
1. はじめに　1
2. 欧州債務危機の背景　4
3. トリガーとしてのギリシャの財政危機　6
4. ギリシャからの財政危機の波及　10
5. ユーロ圏における財政危機に対する対応　13
6. ECBによる量的金融緩和政策　16
7. おわりに　21

第Ⅰ部
ユーロ圏危機と信認回復政策

第1章　金融危機としてのユーロ圏危機 ………… 鯉渕　賢　25
1. はじめに　25
2. 域内インバランスの拡大の金融的側面　26
3. 欧州銀行によるクロスボーダーの国債保有　30
4. ギリシャ問題のインパクト　31
5. クロスボーダー国債保有の変化　37
6. ECBにおける金融システム安定の役割　40
7. おわりに　42

目　次

第2章　ユーロにおける金融規制とユーロ圏危機の影響
………………………………………… 佐々木　百合　45

1. はじめに　45
2. 欧州における金融規制の経緯　46
3. 欧州におけるバーゼルアコード　49
4. 金融危機後の規制改革　55
5. ユーロ危機後の規制——銀行同盟について　60
6. 銀行以外の金融規制　64
7. おわりに　66

第3章　ユーロ圏危機への法的対応 ………… 中西　優美子　69

1. はじめに　69
2. ギリシャ及びEUの債務危機の発生原因　70
3. 債務危機に対する救済措置　73
4. 金融危機の再発防止措置　87
5. 金融の安定・安定化措置　95
6. おわりに　102

第4章　ユーロ圏の最適通貨圏の再検証 ………… 王　志乾　107

1. はじめに　107
2. ユーロ導入までの道のりとユーロへの参加条件　109
3. G-PPPモデル及び共和分検定　117
4. 実証分析　119
5. むすび　126

第Ⅱ部
ユーロ圏危機の世界経済・アジアへの影響

第5章　ユーロ圏危機が世界のマクロ経済に及ぼす影響
………………………………………… 中村　周史　131

1. はじめに　131
2. 世界経済とユーロ圏債務危機貿易・金融面を通じた影響　132
3. 失速したユーロ圏周縁国　137
4. 金融面で欧州経済と結びつく中南米と米国　144
5. 開放度の高い東アジア経済と日本経済への影響　148
6. おわりに　153

第6章　ユーロ圏危機がアジアのリアルセクターに及ぼす影響　………………………………… 佐藤　清隆　155

1. はじめに　155
2. 新しい国際産業連関表　158
3. 国際産業連関表に基づく分析方法　159
4. 実証分析　163
5. おわりに　175

第7章　ユーロ圏危機がアジア通貨にもたらした影響　………………………………………… 清水　順子　181

1. はじめに　181
2. 近年のアジア向け資本フローの変化　182
3. アジア通貨に対する影響　193
4. アジア通貨の将来　201
5. おわりに　205

終　章　総括及びユーロの今後の行方　……………… 小川　英治　209

1. はじめに　209
2. ユーロ圏における財政危機とその対応　209
3. 金融危機としてのユーロ圏危機　211
4. ユーロにおける金融規制とユーロ圏危機の影響　214
5. ユーロ圏危機への法的対応　216
6. ユーロ圏の最適通貨圏の再検証　217

目 次

7. ユーロ圏危機が世界のマクロ経済に及ぼす影響　218
8. ユーロ圏危機がアジアのリアルセクターに及ぼす影響　221
9. ユーロ圏危機がアジア通貨にもたらした影響　223
10. おわりに——ユーロの今後の行方　224

索　引　229
編者・執筆者紹介　234

序　章
ユーロ圏における財政危機とその対応

小　川　英　治

1. はじめに

　1990年代に欧州連合（European Union：EU）が経済・通貨同盟（Economic and Monetary Union：EMU）の下で経済統合と通貨統合を推進してきた．その経済・通貨同盟の下で第3段階として1999年に単一の共通通貨ユーロに通貨が統合された．この通貨統合によって，すでに1992年の完成した域内市場の下で自由となったモノとヒトとカネの国境を越えた移動が一層活発化するとともに，EUの中でユーロを導入した諸国において通貨主権が，欧州中央銀行制度（European System of Central Banks：ESCB）の下で各国中央銀行から欧州中央銀行（European Central Bank：ECB）に統合された．しかしながら，財政主権はいまだ各国の財政当局にあり，例えば，欧州委員会（European Committee）のようなEUの機関に統合されていない．そのことから，通貨主権のみの統合という片肺飛行でユーロ圏が飛び始めたことは否めない．ユーロ導入当初は，その問題が顕現しなかったものの，「安定・成長協定」（Stability and Growth Pact）の下でペナルティを科すことによって財政規律を高め，維持することで対応しようとした．しかしながら，ギリシャに始まるユーロ圏諸国の財政危機の発生によって，財政主権が統合されていないことの問題が露呈した．

＊本章は，小川（2012b）に基づいて，加筆修正を加えたものである．

このことは，2007〜2008 年に発生した世界金融危機の影響を受けて，サブプライム・ローンの証券化商品が不良債権化することによってバランスシートを毀損した欧米の金融機関への政府による資本注入と G20 における財政刺激のための国際政策協調によって，ユーロ圏諸国の政府においても財政赤字が急増したことを背景とした．そのような状況のなかで，2009 年 10 月にギリシャの政権交代によって財政上の統計の不備が明らかにされたことをきっかけにして，財政当局は信認を失墜し，国債の借り換えが困難となる財政危機に直面した．そして，ギリシャと同様の巨額の財政赤字や政府債務残高を抱えている南欧諸国などへも財政危機が波及した．実際にアイルランドとポルトガルは，EU と ECB と国際通貨基金（International Monetary Fund：IMF）とのいわゆるトロイカから金融支援を受けるに至った．ギリシャは，国内総生産（GDP）規模で見て，ユーロ圏諸国全体の 2.7％ に過ぎないにもかかわらず，その財政危機が他の南欧諸国に波及することが懸念され，ユーロが暴落するとともに，EU の通貨同盟及びユーロそのものに対する欠陥，具体的には財政主権の統合がなされないまま通貨主権が統合されている問題点があらためて指摘された．
　本章においては，ギリシャに始まるユーロ圏諸国の財政危機の背景と原因をグローバル・インバランス及び世界金融危機にまで遡りながら考察する．そのうえで，ギリシャにおける財政危機の問題の本質，そして，ギリシャから他の南欧諸国などへの財政危機の波及のメカニズム，さらに，これらへの対応について検証する．
　小川（2013）で取り扱ったように，世界金融危機直前の 2000 年代半ばにおけるグローバル・インバランスは，アメリカにおける基本的な貯蓄不足のなかでの住宅投資ブームへの資金調達がサブプライム・ローンの証券化商品への投資という形で欧州の金融機関によって支えられた．EU のなかではそれぞれの国が経常収支不均衡を抱えているものの，EU 全体では経常収支はそれほど大きな黒字となっていない．欧州の金融機関は，中国や日本と並んで大きな経常収支黒字を計上している石油輸出国からその資金調達をしていた．しかし，いったん住宅ブームから変容した住宅バブルが崩壊すると，サブプライム・ローンとともにそれを担保としている証券化商品も不良債権化

することとなった．そのため，アメリカのみならず欧州の金融機関もバランスシートを毀損することとなった．これは，政府による資本注入によって対応せざるを得なくなった．同時に，構成国のほとんどが世界金融危機の直接的な影響を受けた G7 では対応しきれないことから，BRICS（ブラジル，ロシア，インド，中国，南アフリカ）の新興市場国を構成国に加えた G20 において，世界同時不況に対する対策として財政刺激が国際政策協調として採られ，その副産物として先進諸国は財政赤字を増大させることとなった．

このような状況のなかで，ギリシャの財政収支統計の不備が明らかとなったことから，ギリシャの財政当局に対する信認すらも失墜する事態となった．ギリシャ国債の借り換えが市場参加者によって受け容れられないかもしないという懸念からギリシャにおいて財政危機を発生させることとなった．Reinhart and Rogoff（2009）が指摘するように，国債バブルから国債バブル崩壊への複数均衡のシフトとして財政危機が発生したのである[1]．それまでユーロ導入の経済収斂基準である財政赤字の対 GDP 比 3% がギリシャによって順守されていなかったにもかかわらず，市場参加者によってそのことが問題視されずに財政危機を発生させることなくきたギリシャにおいて，財政当局が信認を失墜することによって複数均衡間のシフトが発生したのである．このような複数均衡間のシフトは，財政当局の信認が脆弱な国々へ波及し，次々と財政危機に直面することになった．これがギリシャにおける財政危機の本質と財政危機の波及メカニズムである．

これらを考慮に入れると，財政当局の信認が失墜したユーロ圏諸国が導入しているユーロ及びその通貨同盟に問題があるわけではなく，ユーロ圏に属している諸国の財政規律の欠如の問題である．確かに通貨主権のみ統合し，財政主権を統合していない通貨同盟は片肺飛行を行っているようなものであるが，ユーロ圏における財政危機の本質は一部の国の財政規律の欠如にある．財政規律が欠如していることによって財政危機に直面した国を EU あるいはユーロ圏という経済・通貨同盟のなかで面倒を見なければならないという状況が，リスボン戦略の下で生産性を高めるべく努力し，かつ，財政上健全な

---

[1] 小川（2012a）．

国に財政危機に直面した国を救済させるという負担を強いることと，それによって財政危機に直面した国が救済されることを前提にしてモラルハザードを起こしていることが問題の本質である．

このような考察から，財政危機に対する問題解決策としていくつかの方策（財政再建と債務削減と欧州金融安定ファシリティ（European Financial Stability Facility：EFSF））や欧州安定メカニズム（European Stability Mechanism：ESM）などのセイフティネットの整備がとられているが，本質的には欠如している財政規律を確立して，財政当局の信認を回復することが必要である．そのためには，財政再建に関する頑健な計画を可視的に提示し，強力に着実に実行していくことが第一である．

2. 欧州債務危機の背景

欧州債務危機の背景として，アメリカにおけるサブプライム・ローンとその証券化商品を中心とした住宅投資ブームあるいは住宅投資バブルが崩壊した後に，その不良債権がアメリカのみならず欧州の金融機関によっても保有されていたことがある．グローバル・インバランスは，世界的な経常収支不均衡として1990年代後半から，特に2003年から2007年にかけて拡大した．とりわけアメリカの経常収支赤字の規模とその増大が際立っている一方，中国とアジア新興市場国と石油輸出国において経常収支黒字が急増している[2]．アメリカでは，ITバブル崩壊後，米国連邦準備銀行制度理事会（FRB）が景気対策のために，急速な金利引き下げ及び低金利政策が住宅ブーム，さらには住宅バブルを引き起こす素地を形成した．住宅価格上昇の期待を根拠にして，本来的に住宅ローンの対象外であった低所得者向けに住宅ローンを提供するサブプライム・ローンも手助けして，アメリカの住宅投資が2003年から2006年にかけて急増した．それが，アメリカの経常収支赤字を一層増加させることとなった．

アメリカの経常収支赤字を生み出し続けてきた基本的な背景として，民間

---

[2] グローバル・インバランスに関連する経済の諸問題については，小川（2013）を参照のこと．

部門の一貫した貯蓄不足が指摘される．その貯蓄不足を補ったのがアジアや石油輸出国の貯蓄である．アジアの貯蓄は外貨準備として国際的な安全資産であるアメリカの国債に向けられた．すなわち，アジアの豊富な貯蓄がその財政赤字を中心として経常収支赤字をファイナンスしてきた．

一方，欧州の金融機関が，特に，2000年代に入って原油価格上昇に伴って累増した石油輸出国の外貨準備を国際的に金融仲介して，アメリカの貯蓄不足を埋めていた．欧州の経常収支不均衡がそれほど大きくなかったにもかかわらず，欧州の金融機関がアメリカのサブプライム・ローンに関連した証券化商品に資金を向けていたことは，石油輸出国などの他の地域から資金を調達して，アメリカへ資金を供給していたことを意味する．その意味では，欧州の金融機関は，石油輸出国の経常収支黒字とアメリカの経常収支赤字との間の国際金融仲介を担った．さらに，これらの国際金融取引を通じて，欧州自体にもこれらの経常収支黒字国から資金が流入し，その資金が欧州における土地等の購入などに向けられ，土地バブルの様相を呈した．

しかし，アメリカで住宅バブルの崩壊によって住宅価格が下落し始めると，住宅価格上昇期待に隠されていたサブプライム・ローンの高い信用リスクが顕在化した．住宅バブルの崩壊とともに，サブプライム・ローンが不良債権化し，さらには，サブプライム・ローン証券化商品が回収不能となった．これらのサブプライム・ローン証券化商品を多く保有していた欧州の金融機関も，アメリカの金融機関と同様の影響を受けた．このようにして，欧州金融機関は，アメリカのサブプライム問題及びリーマンブラザーズの経営破綻によるリーマンショックの影響を直接受け，また，自らの土地バブルの崩壊の影響を受け，バランスシートを毀損させた．

世界金融危機によって多くの国で，世界金融危機の影響を受けた金融機関への政府による資本注入によって，財政赤字が増大した．特に欧米では，世界金融危機の影響を受けて，経営破綻した金融機関，あるいは，バランスシートを毀損した金融機関を救済するために支出される金融部門支援のための財政支出が増大した．

例えば，2010年にユーロ圏における財政危機の発端となったギリシャでは，IMF（2009）の試算（2009年5月時点）によると，銀行への資本注入

が 50 億ユーロ，新規融資への政府保証が 150 億ユーロ，銀行への流動性供給として 80 億ユーロ，総計 280 億ユーロが財政負担として政府にのしかかっている．2,391 億ユーロ（2008 年）のギリシャの GDP と比較すると，GDP の約 12% に相当する財政負担が金融部門支援のために支出された．

　これらの金融部門支援のための財政負担は，財政刺激のための公共投資等の政府支出とは異なり（近年では，公共投資でさえも，財政赤字拡大が将来の増税を予想させて民間部門の消費に結びつかないとか，あるいは，財政赤字拡大が国債の大量発行につながり，国債利回り，ひいては，長期金利をそのリスク・プレミアムだけ押し上げるために民間部門の投資を抑制するという問題が指摘されている），直接的には景気刺激にはつながってこない．そのため，景気対策としては，金融部門支援のための財政支出のほかに，財政刺激のための公共投資等の政府支出が追加されなければならないことが，世界金融危機における各国政府の財政負担の拡大の理由となっている．

　さらに，世界金融危機はアメリカとともに欧州にもその影響が直接に及んだことに加えて，これらの欧米諸国で同時に景気後退から不況に至ったことから，世界経済は世界的な同時不況に直面した．そのため，2008 年 11 月にワシントンで開催された第 1 回 G20，そして，2009 年 4 月にロンドンで開催された第 2 回 G20 において，世界同時不況を止め，景気回復を目的とした財政刺激政策の国際協調が行われた．具体的に，2010 年末までに G20 のメンバー国で 5 兆ドルにのぼる財政拡大を行い，GDP を累積で 4% 拡大することをめざした．このようにして，政府による金融機関への資本注入と相俟って，G20 において世界同時不況に対する対策として財政刺激が国際政策協調として採られ，先進諸国は財政赤字を増大させることとなった．

3. トリガーとしてのギリシャの財政危機

　ギリシャは，1999 年よりユーロを導入した 11 カ国に 2 年遅れて，2001 年にユーロを導入した．本来であれば，ユーロ導入のためのマーストリヒト条約の下の経済収斂基準である，①インフレ率（過去 1 年間，消費者物価上昇率が最も低い 3 カ国の平均値 +1.5% 以内であること），②為替相場（少なく

とも2年間，為替相場が為替相場メカニズム（ERM）の許容変動幅内にあって，切り下げがないこと），③金利（過去1年間，インフレ率が最も低い3カ国の長期金利の平均値＋2%以内であること）のほか，④財政赤字と政府債務（GDPに対して財政赤字が3%以内であり，GDPに対して政府債務残高が60%以内であること）がすべて満たされなければユーロ導入が認められない．ギリシャは，これらの基準を十分に満たしていたかどうかについては，疑問視されている．とりわけ，財政赤字についてはGDPの3%以下でなければならないという基準を満たしていなかった．

　また，一部のユーロ圏諸国で，ユーロ導入当初から財政赤字や政府債務残高が経済収斂基準を満たさなかったこともあり，「安定・成長協定」によって各国が健全な財政運営を実行するために，各国政府は財政規律の遵守を求められている．欧州委員会及び閣僚理事会は，ユーロ圏諸国の財政状況を相互に監視するための手段として，「安定計画」の策定をユーロ圏諸国に義務付けていた．その「安定計画」に基づき，欧州委員会及び閣僚理事会は，各国の財政状況を調査し，過剰財政赤字と判断された場合には，過剰財政赤字手続きが適用されることになっていた．

　その過剰財政赤字手続きについて，欧州委員会及び閣僚理事会が過剰財政赤字と判断した場合には，是正勧告が出される．もし勧告に従わない場合には，制裁措置が当該国に適用され，財政赤字が参照値のGDP比3%を超えた度合いに応じて，GDPの0.2%から0.5%までの制裁措置が科される．当初は無利子の預託金という形をとり，2年経っても超過財政赤字の状態が是正されない場合には，罰則金として預託金が没収されることになる．

　このようにペナルティ付きの厳しい財政規律遵守ルールを作って，財政規律を求めているものの，ギリシャはほぼ一貫して対GDP比3%以下の財政赤字を遵守することができずに来た．それは，安定・成長協定は途中，ドイツとフランスによって緩和される一方，裁量的に適用されることから経済収斂基準を満たさない国に対して一度もペナルティが発動されたことがなかったことが背景にある．

　図序-1には，他のユーロ圏諸国とともにギリシャの財政赤字の対GDP比の推移が示されている．ギリシャはユーロ導入の前年の2000年において財

序　章　ユーロ圏における財政危機とその対応

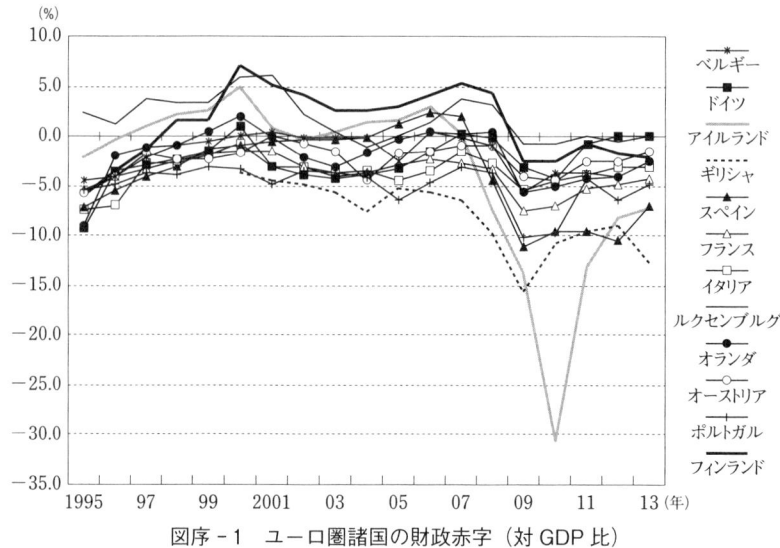

図序-1　ユーロ圏諸国の財政赤字（対 GDP 比）

出所：EU 統計局（Eurostat）．

政赤字の対 GDP 比が 3.7％ を計上していた．そして，その後も，唯一 2006 年において財政赤字の対 GDP 比が 3％ を下回って 2.9％ となったものの，この 2006 年を除くと一貫してギリシャの財政赤字の対 GDP 比が 3％ を超過していた．また，2004 年にユーロ圏諸国の中で最悪となった後，幾分かは財政赤字が改善したものの，再び悪化の一途をたどっていた．そして，2008 年には財政赤字の対 GDP 比で 10％ 近く，2009 年には 15％ となり，最悪の状況となっていた．

　図序-2a と図序-2b には，それぞれユーロ圏諸国の一般政府債務残高（2010 年末と 2012 年第 3 四半期末）が金額ベースと対 GDP 比で示されている．ギリシャが財政危機に陥った 2010 年の年末において，GDP に対する比率で見ると，ギリシャの財政赤字はユーロ圏諸国の中で最大となっていた．

　このような財政状況のなかで，2009 年 10 月におけるギリシャの政権交代によって，新しい政権（全ギリシャ社会主義運動のパパンドレウ政権）が前政権（新民主主義党のカラマンリス政権）による財政に関する統計処理の不備を指摘し，財政赤字の規模を上方に修正した．財政赤字の規模が，2009 年見通しで 3.7％ から 12.7％（後に 13.6％ への再修正）へ上方に修正され

8

序　章　ユーロ圏における財政危機とその対応

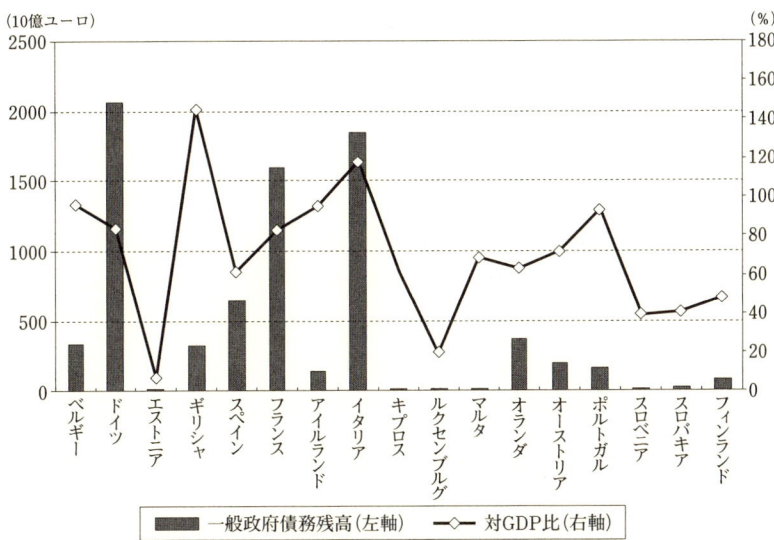

図序‒2a　ユーロ圏諸国の一般政府債務残高（2010年末）

出所：EU統計局（Eurostat）．

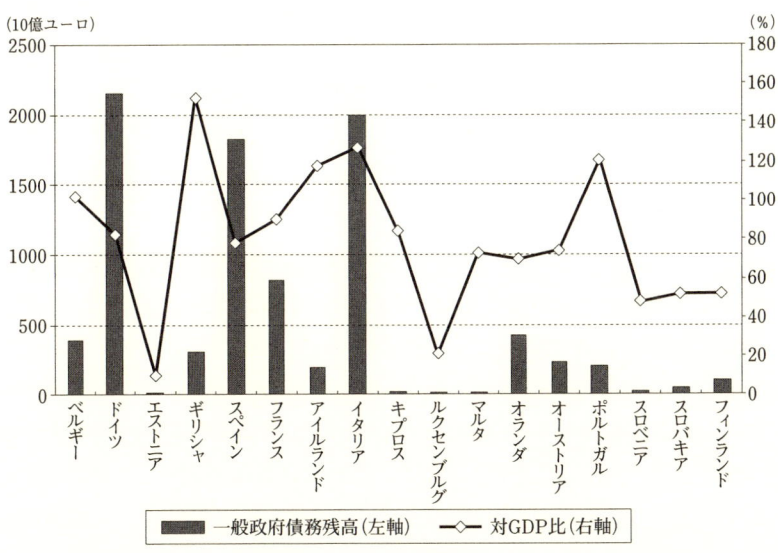

図序‒2b　ユーロ圏諸国の一般政府債務残高（2012年第3四半期末）

出所：EU統計局（Eurostat）．

9

た[3]．このような統計処理の不備は，ギリシャの財政赤字の数字そのもの信頼性を損なうだけではなく，ギリシャ財政当局に対する信認をも失墜させることになった．このような財政当局の信認の失墜が財政危機として現われたと言える．

　このように，日欧米など世界の先進諸国において総じて財政赤字が拡大するなか，ギリシャにおいて財政危機が始まったトリガーが財政当局の信認を失墜させたことであったことは，複数均衡のなかで一方の均衡（国債バブル）から他方の均衡（国債バブルの崩壊及びその後の金融危機）へシフトさせる典型的な事例である．

4. ギリシャからの財政危機の波及

　GDP で見て，ユーロ圏諸国全体の 2.7% ほどの経済規模しか有しないギリシャが財政危機に直面した際に，リーマンショックに引き続いて，ユーロが暴落した[4]．その理由は，ギリシャの財政危機そのものがユーロを揺り動かしたというよりもむしろ，ギリシャからギリシャと同様に巨額の財政赤字や政府債務を抱えている他のユーロ圏諸国へ財政危機が波及し，ユーロそれ自体の根幹に影響を及ぼすことが懸念されたからであると考えられる．例えば，ギリシャと同様に大きな財政赤字を抱えていたポルトガル，イタリア，アイルランド，スペインと合わせると，それらの経済規模（GDP）はユーロ圏諸国の 35% にも達する．世界金融危機とその後の世界同時不況の影響を受けて，ギリシャと同様に他のユーロ圏諸国も 2008 年から 2009 年にかけて財政赤字を増大させることとなった．ユーロ圏諸国 16 カ国全体で，2008 年の財政赤字の GDP 比は，2% から 2009 年には 6.3% へ 3 倍強に増大した．2009 年には，ギリシャの 13.5% と並んで，アイルランドの 14.3%，スペインの 11.2%，ポルトガルの 9.4% と高くなった．このようにギリシャの財政赤字だけが突出しているわけではなく，他のユーロ圏諸国でも財政赤字が拡大している．このような状況は，ギリシャの財政危機が他のユーロ圏諸国へ

---

3) European Commission（2010）．
4) 小川（2010）．

波及する可能性を示していた．

　ギリシャの財政危機が他のユーロ圏諸国に波及するメカニズムとして，以下の経路を通じて波及すると考えられる．

　第1に，ギリシャと同様に財政赤字の大きい他のユーロ圏諸国がギリシャと同様に財政危機に陥り，それらの国債価格が暴落すると投機家が予想することによって，それらの国債の空売りによる投機を通じて実際に国債価格が暴落する．これは，投機家の予想が彼らの投機によって実際に実現することから，自己実現的投機と呼ばれるものである．このような自己実現的投機によって発生する通貨危機は，Obstfeld（1994, 1996）によって研究されて，第2世代の通貨危機と呼ばれている．

　第2に，ギリシャ国債の価格が暴落すると，国際分散投資を行っている投資家のポートフォリオに占めるギリシャ国債のシェアが相対的に低下する一方，他のユーロ圏諸国の国債のシェアが相対的に上昇する．国際分散投資の最適なポートフォリオ比率を維持するために，投資家はポートフォリオに占めるシェアが上昇した，ユーロ圏諸国の国債を売却して，ポートフォリオ調整を行おうとする．この場合に，売却の対象となった国債価格が下落することになる．

　第3に，もしギリシャ国債が債務不履行となったり，債務削減などの債務リストラが行われる事態となった場合に，ギリシャ国債を保有する欧州金融機関が損失に直面し，その貸借対照表が悪化する．自己資本比率などを維持するために，ソブリン・リスクの高いユーロ圏諸国の国債を始めとして，資産を売却しなければならなくなる．その場合に，他のユーロ圏諸国の国債価格が下落する．

　このように国債の空売りという投機のみならず，欧州の金融機関が国際ポートフォリオのなかでギリシャ国債を保有していることから，ギリシャ危機によってギリシャ国債の売却が他のユーロ圏諸国の国債に波及する可能性があった[5]．とりわけ，財政赤字や一般政府債務残高が高いユーロ圏諸国が財政危機の波及が懸念された．図序-2aと図序-2bには，それぞれユーロ圏諸

5）　嘉治（2010）．

序　章　ユーロ圏における財政危機とその対応

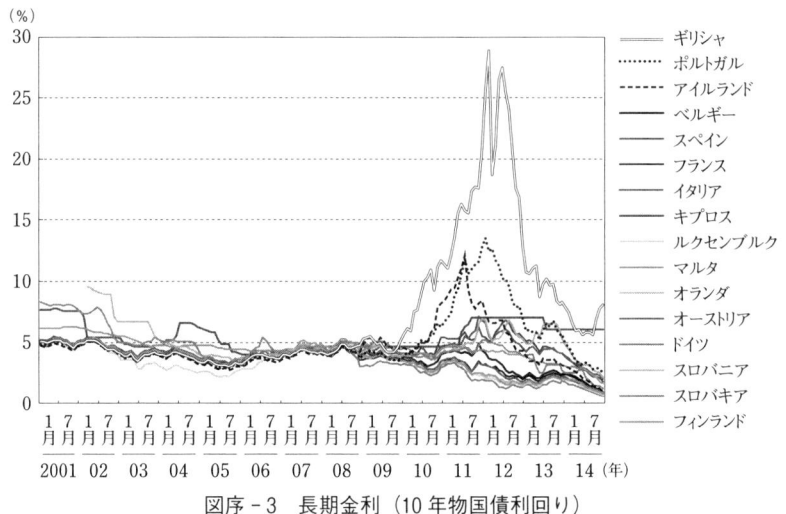

図序-3　長期金利（10年物国債利回り）

出所：欧州中央銀行（ECB）．

国の一般政府債務残高（2010年末と2012年第3四半期末）が金額ベースと対GDP比で示されている．確かにギリシャの政府債務残高の対GDP比はユーロ圏諸国のなかで最も高い．しかし，イタリアやポルトガルやアイルランドやベルギーなども高い比率にある．また，金額ベースで見れば，イタリアの政府債務残高の金額が大きいことから，いったんイタリアで財政危機が発生すると，その影響度が大きいことが懸念された．

　財政危機がギリシャから波及がすることが懸念される状況は，ソブリン・リスクのリスク・プレミアムとしてその国債利回りに反映された．図序-3には，ユーロ圏諸国の国債利回り（10年物）の推移が示されている．ユーロ圏における財政危機が発生する以前においては，ギリシャの国債利回りも含めて，最も安全な国債として評価されているドイツの国債利回りとそれほどの違いはなかった．すなわち，ギリシャの国債利回りにそれほど大きなリスク・プレミアムが乗せられていなかったことは，ギリシャの国債のリスク，いわゆるソブリン・リスクがドイツのそれとほぼ同じ程度に低いと評価されていたことを意味する．

　しかし，ギリシャの国債利回りは，ギリシャの政権交代により財政収支の

統計処理に問題があったことが発覚した2009年11月以降，上昇傾向にある．安全資産とみなされたドイツの国債利回りが低下傾向にあったのに対して，ギリシャで財政危機が発生した以降，ソブリン・リスクが高まったとみなされたために，アイルランド，ポルトガル，スペイン，イタリアなどのユーロ圏諸国の国債利回りがギリシャ国債利回りを追いかけるように急速に上昇した．

　実際に，ギリシャで財政危機が発生した後に，アイルランドとポルトガルにおける財政危機が深刻化した．アイルランドの場合は，ユーロ導入後から世界金融危機前まで好景気，さらに景気過熱からアイルランド国内の不動産バブルが発生していた．世界金融危機のきっかけとなったアメリカの住宅バブル崩壊に連動して，アイルランド国内でも不動産バブルが崩壊し，アイルランド国内の金融機関が不良債権を抱えることとなり，さらに経営破綻した金融機関へ政府から資本が注入し，財政収支が悪化した．一方，ポルトガルは，ギリシャと同様に，ユーロ導入後も経済収斂基準の一つである財政赤字の対GDP比3%の基準を順守することができない年が続いていた．そのようななかで，世界金融危機の直接的影響と世界同時不況によって，財政危機が発生した．このようにして財政危機が深刻化したために，EUとECBとIMFからなるトロイカがギリシャに引き続いて，2010年12月にアイルランドが，2011年5月にポルトガルに対して金融支援を行うこととなった．

5. ユーロ圏における財政危機に対する対応

　ユーロ圏諸国の財政危機を解決するためには，以下の3点セットが必要となる．その3点セットの核となるのは，ギリシャにおける財政危機の発生及び一部のユーロ圏諸国への波及において重要な役割を果たした，失墜した財政規律を回復させることである．財政規律を回復し，強化することが喫緊の課題となる．そのためには，財政危機国の財政再建が重要であり，可視化された財政再建計画の策定と着実な実施が必要となる．それと同時に，財政規律確立とモラルハザード防止によって，財政危機の可能性やソブリン・リスクを縮小することが必要となる．

財政危機解決のための3点セットの第2は，危機管理を現実的に推し進めるために，民間部門の関与を通じて巨額の政府債務をある程度の規模に削減することである．財政危機が深刻な国（ギリシャ）の債務削減が行われることによって，財政再建による財政危機国経済へ及ぶ負担の軽減を施すことが必要である．そして，このような債務削減は，財政再建のために財政緊縮を遂行する危機国政府のインセンティブを与えることになる．一方で，債務危機における貸し手としての民間金融機関の役割の重要性を鑑みて，借り手とともに貸し手にも負担の一部をシェアし，モラルハザードの防止につながるとも言われている．

　同時に，3点セットの第3として債務削減に応じる民間金融機関に対するセイフティネットの提供が必要となる．債務削減による民間金融機関への財政危機の影響を最小化し，他のユーロ圏諸国への波及を抑制するために，セイフティネットとしてEFSFやESMの設立とそれらの資本増強が進んでいる．セイフティネットとしてEFSFやESMによる財政危機に直面した国債の買い上げが期待されている．EFSFが資金調達のために発行したEFSF債券を日本政府は購入する形で欧州の財政危機の鎮静化と世界経済への影響を抑えることに貢献しようとしている．さらに，EFSFやESMで資金が十分ではないことから，これらと協調してECBによる国債買い上げも行われる必要があり，実際に国債買上げが行われている．

　次に，ギリシャの財政危機に対する対応に焦点を当ててみよう．ギリシャの財政危機に対処する第1次金融支援が2010年5月にユーロ圏諸国とIMFによる金融支援プログラム（総額1,100億ユーロ，内訳はユーロ圏諸国800億ユーロ，IMF　300億ユーロ）が決定した．金融支援に際しては，IMFのコンディショナリティが課されるとともに，EUが当該国の財政状況に対するサーベイランスが実施されることとなった．

　金融支援プログラムでは，(i)財政の持続可能性を回復すること，(ii)対外競争力を高めること，そして，(iii)金融部門の安定性のためにセーフガードを講ずることをコンディショナリティとしてギリシャ政府に課している．(i)財政の持続可能性の回復については，2013年までに具体的な方策によって財政健全化を図ることになっている．それによって，財政当局に対する

信認を強めて，市場アクセスを回復し，公的債務残高の対 GDP 比を 2013 年以降，低下経路へ導くとしている．(ii) 対外競争力の回復については，これまでリスボン戦略の下でギリシャでは十分に進められてこなかった名目賃金引下げと費用削減と価格競争力向上のための構造改革を行い，投資・輸出主導の成長モデルにギリシャ経済を移行させるとしている．また，経済における政府の透明性を改善し，その役割を小さくする．(iii) 金融部門の安定性のためのセーフガードについては，デフレに備えて，銀行の支払い能力問題に対処するセイフティネットを拡大するために，金融安定化基金を設立する．ソブリン・リスクの高まりから発生する流動性問題を緩和するために，既存の政府の銀行流動性支援ファシリティを拡大する．

　一方，民間部門関与によるギリシャ国債に対する債務削減については，第 1 次金融支援においては，まだ EFSF のセイフティネットが構築されていなかったために，対応されなかった．そのために，ただギリシャ政府に対して大きな負担を強いるだけとなっていたことから，ギリシャの財政危機への実際の解決が進展しなかった．そのため，2011 年になって，民間部門関与による債務削減が検討された．当初は，21％ の債務削減が民間金融機関との間で合意が一時はなされたが，その債務削減比率が再検討され，21％（2011 年 7 月）から 53.5％（2012 年 3 月）へ引き上げられた．この合意によって，一方的な債務不履行である「無秩序な債務不履行」を回避し，(必ずしもすべての民間投資家の合意が取り付けられたわけではないが) 合意の下で民間部門関与による，いわゆる「秩序だった債務不履行」が実現された．

　一方，財政当局の信認を回復するために財政規律の確立・強化が検討されている．2011 年 12 月 8・9 日に開催された EU 首脳会議において，ユーロ圏諸国が中心となって，経済同盟の強化，とりわけ，「財政安定化同盟 (Fiscal Stability Union)」に向けた動きに基本合意がなされた．ただし，この基本合意に他の EU 諸国も賛同する形を取ったが，イギリスは，財政主権の維持にこだわり，この基本合意には賛成しなかった．

　その内容は，財政規律を強化するために新しい財政ルールを含む財政協定 (Fiscal Compact) につくることに基本合意したことである．財政ルールは，一般政府予算を均衡させなければならないというものである．ただし，マー

ストリヒト条約で規定されている経済収斂基準の一つである財政赤字の対 GDP 比を 3% 以内とするというものではなく，景気悪化のために税収の減少や失業手当の増大によって悪化する財政収支を考慮に入れるために，景気変動に影響を受ける循環的赤字を除いた，構造的赤字について GDP の 0.5% を超えてはいけないとしている．また，この財政ルールを，各国の憲法あるいはそれに相当する法律で規定することも盛り込まれている．

すでに安定・成長協定によって，財政規律の遵守を求めて，過剰財政赤字手続きの実質的な適用を図ることになっていた．実際にはギリシャを含めていくつかの国がその適用の対象となったが，一度も発動されたことがなかった．裁量の余地があったことから一度もその発動がなされなかったという反省から，新しい財政ルールでは，欧州委員会によってある国の財政赤字の上限超過を認められたならば即時に，ユーロ圏諸国の反対がないかぎり，自動的に過剰財政赤字手続きが適用されるよう，自動修正メカニズムを導入することにもなっている．このようにして実質的な財政規律の強化を図ろうとしている．

このように，「財政安定化同盟」は，ユーロ圏諸国は，財政規律を強化し，財政再建を進めるための政策協調としての基本合意に留まっていることに注意する必要がある．言い換えると，財政主権の統合を意味するような「財政同盟（Fiscal Union）」にまでは至っていない．

6. ECB による量的金融緩和政策[6]

FRB が 2014 年の年初より長期国債と住宅抵当担保証券（MBS）の買い上げによる第 3 次量的金融緩和政策（QE 3）を段階的に縮小し，2014 年 10 月には QE 3 を終えた．さらに，2015 年中には政策金利が引き上げられることが市場参加者らによって予想されている．FRB はいよいよ非伝統的金融政策から政策金利を使う伝統的金融政策に復帰することになる．これに対して周回遅れの金融政策を採っているのが ECB である．ECB は 2015 年 3 月

---

[6] 小川（2014）に基づいて，加筆修正を行った．

序　章　ユーロ圏における財政危機とその対応

に量的金融緩和政策を開始した．

　その原因には，米国と同様に世界金融危機の影響を受けたことに加えて，世界金融危機に対する対応が，景気悪化に対する財政刺激とともに金融機関への資本注入の両方において欧州各国政府の財政収支を悪化させた．これによって，2010 年以降，ギリシャに始まって，南欧諸国を中心に財政危機に陥ってしまった．その上に，EU 諸国間の財政移転禁止を定めたリスボン条約が障害となって，EU 諸国が協調して資本注入を行う地域金融協力である ESM の設立が 2012 年 10 月にまでずれ込んでしまった．そのため，ユーロ圏各国の経済回復は米国に後れを取っている．

　そのようななかでアベノミクスの第 1 の矢及び日本銀行黒田総裁による量的・質的金融緩和政策，いわゆる異次元金融緩和政策の副産物として発生した円安は，まだ経済回復を始めていないユーロ圏諸国にとってはユーロを相対的に増価させることとなった．金融政策運営においても，ECB はこれまで FRB や日本銀行と違って，超低金利政策を採用するもののゼロ金利にまでは引き下げていなかった．また，金融緩和政策として長期国債のみを対象としてターゲット型長期資金供給（リファイナンス）オペレーション（TLTRO）を行うにとどめていた．

　しかし，2014 年第 1 四半期における GDP 成長率 0.2％ 及び 2014 年 5 月におけるインフレ率が予想を下回って 0.5％ にとどまり，さらには非金融機関企業向け融資の対前年比が 3 月のマイナス 3.1％ に続いて，4 月にもマイナス 2.7％ と縮小を続けている状況の中で，ECB は 2014 年 6 月 5 日に新たな金融緩和政策のパッケージを発表し，6 月 11 日より実施した．

　そのパッケージとは，以下の 4 つからなる．第 1 は，政策金利の引き下げである．第 2 は，銀行による家計向け融資（住宅ローンを除く）とともに企業向け融資をサポートするために，TLTRO を総額 4,000 億ユーロで 4 年間，2018 年 9 月まで行うこととした．第 3 は，資産担保証券（ABS）の買い上げに関する準備作業を強めることを決定した．実際に ABS の買い上げが始まれば，金融政策の（実物経済への）トランスミッション・メカニズムを補強することとなり，FRB や日本銀行並みの量的金融緩和政策が始まることになる．第 4 は，すでに ECB も採用しているフォワード・ガイダンスに従

17

って，引き続き 2016 年 12 月まで固定金利での主要資金供給（リファイナンス）オペレーション（MRO）と長期資金供給（リファイナンス）オペレーション（LTRO）を続けることを決定した．さらに，証券市場プログラムの下で注入された流動性を不胎化するオペレーションを一時停止することを決定した．

　とりわけ，政策金利の引き下げについては，その内の一つの政策金利がゼロ金利を下回って，マイナス金利が採用されたことから注目を浴びた．ECB は 3 つの種類の政策金利を引き下げた．1 つ目の金利は，ユーロシステム（ECB とユーロ圏諸国中央銀行の総称）の MRO の金利，すなわち短期の資金供給に適用するリファイナンス金利を 0.25% から 10 bp 引き下げて，0.15% にした．2 つ目の金利は，短期金利の上限として位置づける限界融資ファシリティの金利を 0.75% から 30 bp 引き下げて，0.40% にした．3 つ目の金利は，短期金利の下限として位置づける，民間銀行が ECB に預ける預金ファシリティの金利を 0% から 10 bp 引き下げて，マイナス 0.10% にした．ECB は，これらの 3 つの政策金利の幅を「コリドー」と呼び，ワンセットとして政策金利の変更を行ってきた．

　預金ファシリティ金利がマイナスとされたことは，かつてデンマークなどの例を除いてほとんど例がないことから，衝撃的なニュースとして流れた．ECB は，預金ファシリティ金利をマイナス 0.10% にせざるを得なかった理由として，インフレ率が ECB の目標とする中期的に 2% 以下という水準より大きく下回っているため，景気回復をめざすという理由を挙げている．さらに，ECB は銀行間が資金の貸し借りを行う銀行間市場の機能を維持するためには，これらの政策金利が相互に近すぎてはならないと考えている．預金ファシリティ金利はすでに 0% となっていたところに，MRO の金利を 10 bp 引き下げたので，預金ファシリティと MRO との金利差を維持するために預金ファシリティ金利を同じく 10 bp 引き下げて，マイナス 0.10% とする必要があった．

　このマイナス金利は，銀行の最小必要準備額を超過した平均準備保有額に対して適用される．換言すれば，最小必要準備額の範囲内について適用されないことから，ECB は銀行に最小必要準備額を超えて保有する ECB への預

金を抑制しようということを狙っている．このほかに，マイナス金利は，特定の閾値を超過してユーロシステムに預けている政府預金，ユーロシステム準備管理サービス勘定，ユーロシステムの資金決済システムであるTARGET2の勘定残高などに適用される．このように，ECBへの預金ファシリティだけではなく，広範囲にマイナス金利が適用される．

マイナス金利は，金融政策から実物経済へのトランスミッション・メカニズム（波及経路）を強化して，金融政策の効果を高めるのであろうか．もし預金ファシリティ金利がマイナスになることによって銀行がECBへの預金に費用を要することそれ自体に注目して，その費用を回避しようとすれば，銀行はECBへの超過預金を取り崩すことに尽力するであろう．しかし，銀行が，企業向け融資の信用リスクや一部ユーロ圏諸国国債のソブリン・リスクとリスクのないECBへの預金を比較して，リスク・プレミアムの一部としてマイナス金利をリスク・プレミアム（金利の上乗せ幅）の逆のパターンとして判断して，資産運用のリスク・リターンに見合うと評価すれば，必ずしもECBへの超過預金を減らすとは限らない．

さらに，ECBが期待する通りに銀行がECBへの超過預金を取り崩すとして，銀行が貸し渋りを解消して，企業向け融資にその資金を振り向けるのか，あるいは，そもそも企業サイドからの潜在的な資金需要が増大するのかという問題が残る．銀行にとっては，両者に金融リスクがあるものの，相対的にリスクが小さい国債への運用の手段が残されている．同時に，ユーロ圏の景気停滞の中で企業の資金需要も大きく期待することができない．これらを裏付けることとして，表序-1に示されているように，マイナス金利が発表された直後には，ほとんどのユーロ圏諸国の国債利回りが低下した．これは，銀行がこれまでECBに預けていた最小必要準備額の超過分を国債に運用し始めたか，あるいは，この銀行による国債運用が始まることを予想して国債の値上がり益を狙って国債の買い投機を行ったことを意味する．

一方，国債残高の対GDP比率が高く，財政危機に直面したギリシャ，アイルランド，イタリア，ポルトガル，スペインといった，いわゆるGIIPSの国債においては10 bp以上も利回りが低下した．この点において，今回の措置は，これまでに縮小してきたGIIPSのソブリン・リスクに対するリス

序　章　ユーロ圏における財政危機とその対応

表序-1　ユーロ圏国債（10年物）利回りの変化

国　債	発表直前 2014年 6月5日 9AM	発表直後 2014年 6月6日 9AM	変　化 （対2014年 6月5日）	発表後 2014年 6月13日 9AM	変　化 （対2014年 6月5日）
オーストリア	1.76%	1.68%	－7.7bp	1.70%	－6.0bp
ベルギー	1.92%	1.83%	－9.7bp	1.85%	－7.2bp
フィンランド	1.66%	1.56%	－9.5bp	1.58%	－7.3bp
フランス	1.80%	1.72%	－8.6bp	1.73%	－7.1bp
ドイツ	1.42%	1.38%	－3.7bp	1.37%	－5.2bp
ギリシャ	6.22%	5.81%	－40.9bp	5.82%	－40.4bp
アイルランド	2.59%	2.44%	－14.4bp	2.42%	－16.6bp
イタリア	2.94%	2.77%	－16.7bp	2.78%	－15.5bp
オランダ	1.67%	1.60%	－7.7bp	1.62%	－5.5bp
ポルトガル	3.64%	3.51%	－13.1bp	3.41%	－23.9bp
スロベニア	3.38%	3.23%	－15.0bp	3.02%	－36.1bp
スペイン	2.83%	2.65%	－17.6bp	2.66%	－17.0bp
スウェーデン	1.87%	1.88%	0.1bp	1.80%	－7.2bp

出所：フュージョンメディア株式会社による投資の総合ポータルサイトより.
http://www.investing.com/rates-bonds/

ク・プレミアムをいっそう縮小することに貢献している．

　このように，ECBへの預金ファシリティのマイナス金利は，ソブリン・リスクを若干縮小することに貢献したように見えるが，冷え切った企業の資金需要のなかで銀行の貸し渋りを解消することによって，金融政策から民間部門の実物経済へのトランスミッション・メカニズムを強めるかどうかは疑わしい．一方，トランスミッション・メカニズムの別ルートを確保するという意味でABSの買い上げはその効果を上げる可能性がある．フォワード・ガイダンスと組み合わせたABS買い上げを含む量的緩和金融政策に踏み出すことが必要である．ECBはようやく2015年3月から2016年9月まで，ABSやカバードボンドなどの民間部門の証券とともに，国債買い入れ（毎月600億ユーロ）による量的金融緩和政策を行うことを2015年1月に決定した．

7. おわりに

　本章では，ギリシャに始まるユーロ圏諸国の財政危機の背景と原因をグローバル・インバランス及び世界金融危機にまで遡りながら考察した．そのうえで，ギリシャにおける財政危機の問題の本質，そして，ギリシャから他の南欧諸国などへの財政危機の波及のメカニズム，さらに，これらへの対応について検証した．ユーロ圏における財政危機発生の前後のギリシャ国債利回りの動向を観察すると，ユーロ圏における財政危機は，ギリシャの財政当局の信認が失墜したことがトリガーとなって，複数均衡のなかで一方の均衡（国債バブル）から他方の均衡（国債バブル崩壊からその後の財政危機）へシフトしたとみることができる．

　財政危機を解決し，その財政危機の均衡から抜け出すためには，失墜した財政当局の信認の回復が必要となる．そのためには，まずは，財政再建及び財政緊縮によって財政赤字を縮小する実効性のある計画を策定し，それを実施する政府の姿勢を可視化する必要がある．そして，それだけではなく，制度的に政府の財政規律を強化することが重要となる．そのために財政安定化同盟の設立に向けて着実に進んでいかなければならない．

　さらに，財政主権の統合を欠いた EU の「経済・通貨同盟」の問題点が指摘されることから，この財政安定化同盟は，EU における経済統合の新たな段階に向けての動きにつながっていくことが求められる．そして，「財政安定化同盟」が将来において真の意味での「財政同盟」に向かって深化していくことになれば，通貨主権とともに財政主権を EU に委譲した，Balassa (1961) が言う「完全な経済統合」に近づいていくであろう．

参考文献

Balassa, Bela A. (1961), *The Theory of Economic Integration*, Irwin.（中島正信訳『経済統合の理論』ダイヤモンド社，1963 年）

European Commission (2010), *Report On Greek Government Deficit And Debt Statistics*.

European Council (2011), "Statement by the Euro Area Heads of State or Govern-

ment," European Council Conclusions, 9 December 2011.
International Monetary Fund (2009), "Fiscal Implications of the Global Economic and Financial Crisis," *Occasional Paper*, No. 269.
Obstfeld, Maurice (1994), "The Logic of Currency Crises," *Cahiers Économiques et Monétaires* (Banque de France), No. 43, pp. 189-213.
Obstfeld, Maurice (1996), "Models of Currency Crises with Self-fulfilling Features," *European Economic Review*, Vol. 40(3)-(5), pp. 1037-1047.
Reinhart, Carmen M. and Kenneth S. Rogoff (2009), *This Time Is Different: Eight Centuries of Financial Folly*, Princeton University Press.（村井章子訳『国家は破綻する――金融危機の800年』日経BP社，2011年）
小川英治（2010），「欧州ソブリンリスクとユーロ暴落」『世界経済評論』第54巻第5号，pp. 28-35.
小川英治（2012a），「複数均衡としての欧州ソブリン危機とその解決策」『世界経済評論』第56巻第2号，pp. 19-23.
小川英治（2012b），「欧州政府債務危機の全貌――原因と進行」『国際問題』第611号，pp. 6-16.
小川英治編（2013），『グローバル・インバランスと国際通貨体制』東洋経済新報社．
小川英治（2014），「ECBのマイナス金利／貸し渋り解消／効果は疑問」日本経済新聞『経済教室』2014年6月17日．
嘉治佐保子（2010），「欧州の動向」『変化する世界経済と日本経済・財政の課題に関する研究会・報告書』財務省財務総合政策研究所，pp. 135-157.

第Ⅰ部

ユーロ圏危機と信認回復政策

第1章
金融危機としてのユーロ圏危機

鯉 渕 賢

1. はじめに

　ユーロ圏危機は，多数の先進国間で採用された通貨同盟が実際にどのように機能するのかについて，伝統的に議論されてきた金融政策のみならず，国際収支，銀行行動，金融システム，財政政策，労働市場等に渡る様々な具体的事実を提供した．本章では，特に金融面にかかわる以下の三つの主要な論点についての整理と考察を行う．

　第1に，ユーロ圏危機の背後には1999年のユーロ導入以降の域内の経常収支インバランスの拡大があり，その原因として，ユーロ圏域内国間の生産性格差や放漫財政による財政規律の欠如などのサプライサイドの要因だけでなく，それを仲介した民間金融部門のクロスボーダーバンキングという金融面の要因が重要であったことを指摘する．特に，欧州銀行の積極的な国債保有戦略の結果としてユーロ圏周辺国の国債がユーロ圏内の大手銀行によって広く保有されたことをデータによって確認する．

　第2に，2007年から2009年の世界金融危機の顕在化以降のユーロ圏内周

＊本章の内容の多くは，2012年日本金融学会春季大会（立正大学）における国際金融パネル「欧州財政危機の要因とその世界的波及」及び2012年地域金融コンファレンス（中央大学）における報告に基づいている．パネル及びコンファレンスの出席者の方々に感謝すると共に，討論者として有益なコメントを頂いた田中素香教授（中央大学）と小野有人氏（みずほ総合研究所）に特に感謝を申し上げる．尚，本章の研究は科学研究費補助金・若手研究（B）（課題番号23730307）の助成を受けた．

辺国への民間資金フローの反転について論じる．特に欧州銀行によるクロスボーダーの国債保有の解消が，ギリシャ問題の深刻化を一つの契機として，どのように起こったのかを考察する．

第3に，ECBによる証券市場プログラム（SMP）と長期資金供給オペ（LTRO）が欧州銀行部門にもたらした効果を検討し，金融システム安定の目的の下で，金融危機時に通貨同盟の中央銀行が担いうる役割について論じる．

2. 域内インバランスの拡大の金融的側面

1999年のユーロ導入を契機として，ドイツを恒常的な経常収支黒字国，ギリシャ，アイルランド，イタリア，アイルランド，スペイン，ポルトガル（GIIPS）などのいわゆる周辺国（Peripheral Countries）を恒常的な経常収支赤字国とするユーロ圏内のインバランスが常態化した（図1-1）．

一般に経常収支の拡大の背後には次の二つの側面がある．国際間での財・サービスの貿易及び利子・配当などの経常的な受払のインバランスという側面と，それを支える国際間での資本取引のインバランスという金融的側面である．

前者の側面のうち財・サービスの貿易に関しては各国間での輸出競争力の格差，それを裏付ける賃金水準の格差が問題にされる．図1-2はユーロ圏内主要国の単位当たり生産コストの推移を表しており，ユーロ導入直後の2000年から2000年代半ばにかけて経常収支黒字を拡大したドイツの生産コストが低位に保たれるなかで，恒常的な経常収支赤字国となったギリシャ，アイルランド，イタリア，スペインなどの周辺国の生産コストはユーロ導入以降2000年代後半にかけて急上昇し，ドイツとの生産性格差は大きく拡大した．こうした経常収支インバランスの実物面に着目すると，ユーロ圏内インバランスの拡大から生じたユーロ圏危機への処方箋は加盟国間での生産性格差を縮小するサプライサイドの施策，構造調整プログラムの履行ということになる．

さらに，ユーロ圏は単一通貨同盟であり，次の二つの重要な制約が存在す

第1章　金融危機としてのユーロ圏危機

(a) 経常収支額

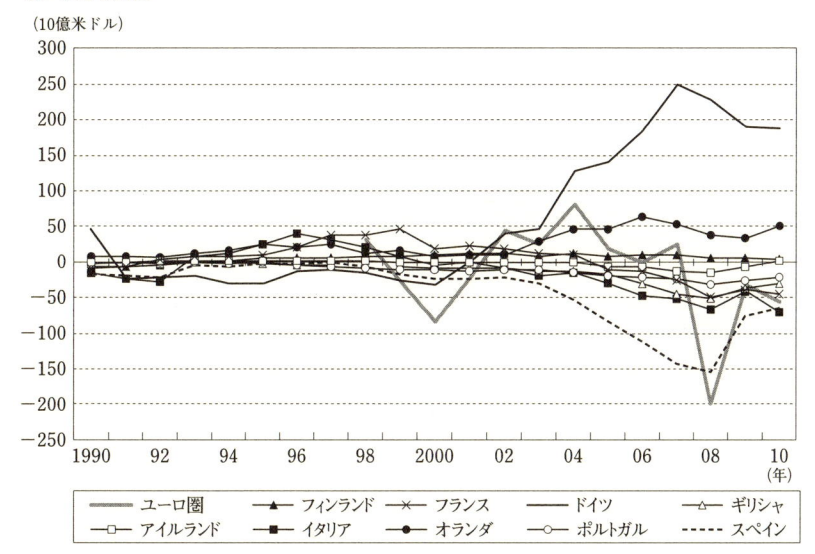

(b) 経常収支の対名目 GDP 比率

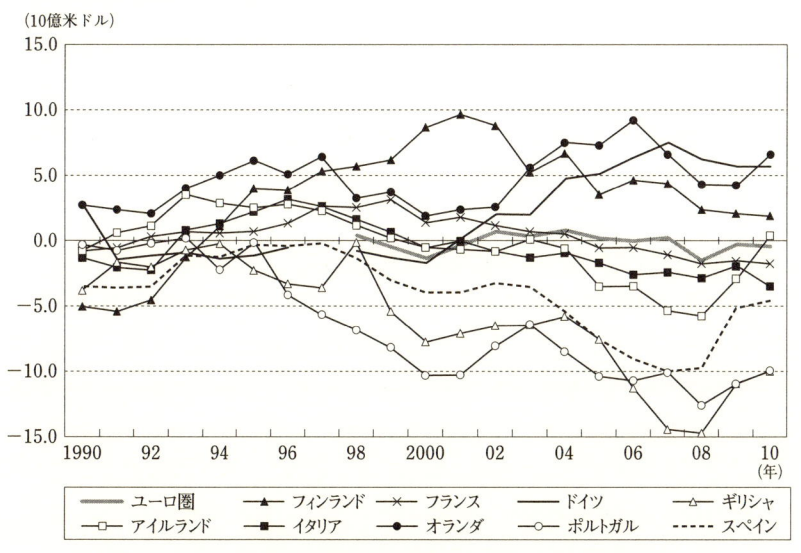

図 1-1　ユーロ圏内主要国の経常収支の推移（1990～2010 年）

出所：国際金融統計（International Financial Statistics）.

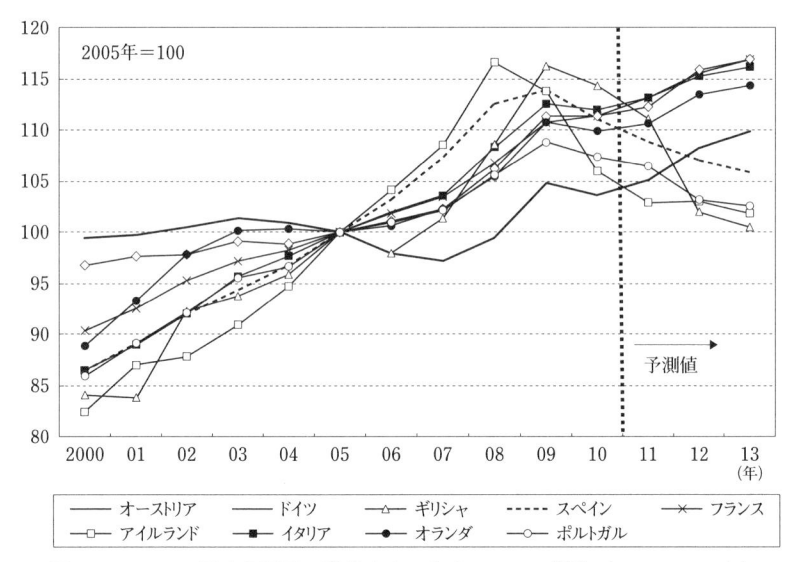

図 1-2 ユーロ圏内主要国の単位当たり生産コストの推移（2000〜2013 年）
出所：EU 統計局（Eurostat）．

る．第 1 はユーロ圏内諸国間の固定為替相場制の制約である．貿易財部門の生産性が低い国は生産性上昇が伴わないならば，非貿易財部門も含む物価及び賃金の下落によって調整されなければならない．第 2 は，ユーロ圏は制度上加盟させた特定国を離脱させることが極めて困難な，あるいは自発的な離脱も非常に難しい単一通貨同盟であることである．したがって，危機に陥った周辺国のユーロ圏からの離脱の可能性がほとんどないならば，第 1 の制約である生産性格差を埋める物価及び賃金水準による調整は不可避である．すなわち，構造調整プログラムの履行と（ユーロ圏全体で低位なインフレ率を保とうとする限り），危機に陥った周辺国の大幅なデフレーションによる賃金水準の調整（内的減価（Internal Devaluation）と呼ばれる）が必ず起こらなくてはならない．

　一方で，経常収支拡大の金融的側面に着目すると，ユーロ圏内インバランス拡大の背後には次の構成要素が存在している．

　第 1 は，欧州主要銀行による積極的なクロスボーダーバンキングである．ユーロ導入に前後して，英国を含む EU 各国の大手銀行のクロスボーダーバ

ンキングが加速した．クロスボーダーの証券取引，相手国への現地法人・支店の開設を通じた融資業務の積極化は，ユーロ導入により為替リスクが消滅したユーロ圏内で特に顕著であったことは容易に想像できる．こうしたクロスボーダー活動は，スペインやアイルランドなどの不動産バブルによる建設・不動産向け融資の資金を提供した一方で，大きな資金フローは消費ブームにより経済成長率の高かった周辺国国債の購入を通じて行われた．大量のユーロ圏内各国政府の国債保有により，ユーロ圏内の大手銀行が（例えばその Tier 1 資本に対して）周辺国の財政部門への直接的なエクスポージャーを抱えるという状況が常態化した．つまり，ユーロ圏内のインバランスによる資金フローを仲介したのは主にユーロ圏内の民間銀行のクロスボーダーバンキングであった．ユーロ圏内の主要銀行による複雑なクロスボーダーの国債保有構造の主要なハブに，ユーロ圏内の周辺国国債を積極的に保有する戦略を採っていたフランスとドイツの大手銀行があった．

　第 2 は，ユーロ圏諸国の国債利回りの収束である．ユーロ導入に前後して，ユーロ圏各国の国債利回りは，ベンチマークとなるドイツ国債利回りの近傍に収束し，2008 年のリーマンブラザース破綻を契機とした世界金融危機の勃発近辺までこうした収束は常態化した（序章の図序-3 を参照）．これは欧州銀行による積極的なユーロ圏内国債のクロスボーダー国債保有による裁定の結果でもある．こうした収束は，1990 年代まで時に 20% に達するインフレ率とそれを反映した高金利を経験していたギリシャなどの周辺国にとっては，国内金利が大幅に下方に屈折し，公共部門の過剰投資と家計部門の過剰消費をもたらす主因となった．一方，周辺国の国債を保有する側のユーロ圏の大手銀行の立場からは，為替リスクが皆無でありつつ，投資適格で格付けが安定した周辺国国債（例えばギリシャ国債は Fitch で最高シングル A）でありながら，ドイツ国債より若干でも高い金利を稼げる周辺国国債の保有は魅力であった．

　第 3 は，主に周辺国における民間経済部門の信用ブームとバブルの形成である．ユーロ導入以後，サブプライム・ローン問題の顕在化前後まで，スペインやアイルランドといった周辺国の一部には不動産バブルに牽引された信用ブームが発生した．海外からの資金調達が突如入手可能になって，国内の

不動産部門への融資が急増して不動産バブルを引き起こすことは，新興国でしばしば観察される一般的な現象である．しかし欧州における特徴は，スペインなどの恒常的に失業率が高止まりしている欧州周辺国の場合，不動産バブルによる建設ラッシュは，国内の非熟練労働者の雇用を吸収する上で政治的に望ましいものであったため，周辺国で不動産バブルが放置され，持続性を持ち，崩壊による損失が大きなものになった一因として考えられることである．

以上のようなユーロ圏内インバランスの金融的側面に着目すると，インバランスの拡大がもたらしたユーロ圏危機への対処として求められるのは，サプライサイドの構造調整による施策のみではなく，金融危機への対処となる施策であることが容易に想像できる．そこにはEUもしくはユーロ圏での金融監督政策に関わる施策と，ユーロ圏の中央銀行である欧州中央銀行（ECB）が金融危機に際して採る施策が含まれる．

本章の以下の節では，ユーロ圏内インバランスの拡大の金融的側面のうち，ユーロ圏内の銀行部門によるクロスボーダーの国債保有に論点を絞り，金融危機としてのユーロ圏危機の重要な一側面を考察する．

3. 欧州銀行によるクロスボーダーの国債保有

EU全体の欧州銀行監督機関（EBA）は，2011年7月及び12月にEU域内の主要銀行に対するストレステストの結果を公表した．このうち2011年7月のストレステストの公表資料には，2010年12月31日時点の欧州主要銀行の各国別国債保有残高が，2011年12月のストレステストの公表資料には2011年9月30日時点の欧州主要銀行の各国別国債保有残高が示されている[1]．

表1-1は，2011年7月のストレステスト公表資料に基づいて，EU各国別に2010年12月末時点の欧州主要銀行の国債保有状況をまとめたものである．
2010年12月末時点で，フランスの主要銀行（4行）は合計で約1,613億

---

1) この他，EBAは2012年10月に第3回ストレステスト（2012年6月末時点のデータに基づく）を公表した．

ユーロのコア Tier 1 資本を保有していたが，自国であるフランス国債の保有はその約 73% に達する額であった．2 番目に保有の大きい国債は米国，日本，イタリア，ドイツ国債であり，コア Tier 1 資本の 30% 前後を占めている．ギリシャ国債は欧州主要銀行部門の中ではギリシャ本国に次いで大きな額（10,066 百万ユーロ）を保有しているものの，そのコア Tier 1 資本に対する比率は 6% 程度であった．ギリシャとイタリアの国債保有という観点では，ドイツの銀行部門もフランスの銀行部門と類似の構造を持っていることが分かる．ドイツの銀行部門はスペイン国債の保有がフランスの銀行部門より大きく，コア Tier 1 資本の 16% に達している．

ユーロ圏の銀行部門全体ではギリシャ国債の保有はコア Tier 1 資本の合計額の 13% 弱に達している．これはベルギー国債へのエクスポージャー（約 12%）よりも大きく，フランス国債へのエクスポージャー（約 24%）の半分を超えている．

ユーロ圏ではない英国の主要銀行（4 行）は，仏独の銀行部門と比べて GIIPS 諸国始めユーロ圏各国国債の保有は顕著に少ない．ユーロ圏ではない他の EU 諸国の主要銀行についても同様の傾向が読み取れる．

表 1-2 は，表 1-1 と同様のデータから欧州主要銀行が保有する国債のうち，コア Tier 1 資本の 5%（あるいは 3%）以上の額を保有している国債の種類を示したものである．アイルランド，フランス，ドイツ，オランダは 5 種類以上（自国国債を除くと 4 種類以上）のユーロ圏国債を保有しており，ベルギーとルクセンブルグは 7 種類（自国国債を除くと 6 種類）に達している．これに対して，英国の主要銀行部門は約 3 種類，ユーロに加盟していないその他の EU 諸国の主要銀行部門は，1 種類未満のユーロ圏国債しか保有していない．これらの結果は，ユーロへの加盟が主要銀行部門のユーロ域内での国債保有を促進したことを強く示唆している．

4. ギリシャ問題のインパクト

2009 年 10 月のギリシャの政権交代によって同国の財政赤字が過少申告されていたことが暴露され，ギリシャの財政当局に対する信任が失墜し，ギリ

第 I 部 ユーロ圏危機と信認回復政策

表 1-1　2010 年 12 月末時点の

		アイルランド	ポルトガル	ギリシャ	イタリア	スペイン	フランス
	銀行数	3	4	6	5	24	4
	リスク・ウェイト・アセット	198,430	233,709	222,466	1,085,459	1,900,520	1,914,086
	コア Tier 1 資本	12,387	16,683	22,778	80,195	139,863	161,396
	対リスク・ウェイト・アセット(%)	6.24	7.14	10.24	7.39	7.36	8.43
国債	アイルランド	12,466 100.6	518 3.1	18 0.1	171 0.2	79 0.1	2,106 1.3
	ポルトガル	243 2.0	19,568 117.3	0 0.0	369 0.5	5,492 3.9	4,751 2.9
	ギリシャ	40 0.3	1,412 8.5	54,447 239.0	1,412 1.8	448 0.3	10,066 6.2
	イタリア	846 6.8	1,022 6.1	100 0.4	164,011 204.5	7,408 5.3	53,004 32.8
	スペイン	335 2.7	253 1.5	0 0.0	3,232 4.0	231,696 165.7	14,630 9.1
	フランス	1,196 9.7	567 3.4	160 0.7	817 1.0	3,824 2.7	118,261 73.3
	ベルギー	215 1.7	11 0.1	0 0.0	391 0.5	715 0.5	33,039 20.5
	ドイツ	598 4.8	11 0.1	411 1.8	20,411 25.5	2,169 1.6	45,592 28.2
	オーストリア	475 3.8	11 0.1	15 0.1	3,272 4.1	131 0.1	4,857 3.0
	オランダ	523 4.2	14 0.1	0 0.0	167 0.2	344 0.2	13,658 8.5
	他のユーロ圏諸国	44.0 0.4	68.7 0.4	314.2 1.4	4,814.3 6.0	508.5 0.4	5,091.2 3.2
	ユーロ圏	16,980 137.1	23,454 140.6	55,465 243.5	199,069 248.2	252,815 180.8	305,056 189.0
	英 国	3,150 25.4	0 0.0	0 0.0	123 0.2	4,411 3.2	8,618 5.3
	他の EU 諸国	231 1.9	1,378 8.3	2,756 12.1	10,445 13.0	276 0.2	17,105 10.6
	米 国	0 0.0	288 1.7	48 0.2	756 0.9	7,574 5.4	55,588 34.4
	日 本	0 0.0	0 0.0	0 0.0	849 1.1	15 0.0	51,956 32.2
	他の EEA 諸国	0 0.0	3 0.0	0 0.0	1,485 1.9	4,418 3.2	15,467 9.6
	アジア	0 0.0	3,349 20.1	48 0.2	12 0.0	1,343 1.0	24,442 15.1
	中東及び南アジア諸国	0 0.0	1,984 11.9	0 0.0	130 0.2	78,974 56.5	6,342 3.9
	東欧非 EU 諸国	0 0.0	29 0.2	5,892 25.9	8,258 10.3	1 0.0	5,453 3.4
	その他	0 0.0	881 5.3	67 0.3	1,446 1.8	166 0.1	14,298 8.9
	合 計	20,947 169.1	31,366 188.0	64,276 282.2	222,574 277.5	349,993 250.2	504,323 312.5

注：上段は国債保有額（単位：百万ユーロ），下段はコア Tire 1 資本に対する比率（%）。
出所：第 1 回 EBA ストレステスト（2011 年 7 月公表，2010 年 12 月末時点のデータ）。

第1章 金融危機としてのユーロ圏危機

欧州主要銀行の国債保有状況

ベルギー	ドイツ	オーストリア	オランダ	他のユーロ圏諸国	ユーロ圏	イギリス	他のEU諸国
2	12	3	4	7	74	4	11
252,757	1,222,402	242,859	678,301	133,544	8,084,532	2,366,131	917,631
28,708	114,317	19,913	71,975	12,466	680,680	240,098	85,665
11.36	9.35	8.20	10.61	9.33	8.42	10.15	9.34
270	1,006	53	436	423	17,547	1,273	433
0.9	0.9	0.3	0.6	3.4	2.6	0.5	0.5
2,086	3,576	136	841	196	37,259	2,649	263
7.3	3.1	0.7	1.2	1.6	5.5	1.1	0.3
3,906	7,934	461	1,170	5,932	87,227	2,710	209
13.6	6.9	2.3	1.6	47.6	12.8	1.1	0.2
21,401	36,824	1,203	10,177	2,525	298,519	26,367	1,056
74.5	32.2	6.0	14.1	20.3	43.9	11.0	1.2
2,874	18,610	209	2,276	256	274,370	12,354	290
10.0	16.3	1.1	3.2	2.1	40.3	5.1	0.3
3,761	13,572	404	23,598	556	166,716	45,697	3,025
13.1	11.9	2.0	32.8	4.5	24.5	19.0	3.5
29,597	6,486	436	12,248	597	83,734	6,316	422
103.1	5.7	2.2	17.0	4.8	12.3	2.6	0.5
13,725	**315,313**	1,444	26,393	299	426,366	35,508	26,905
47.8	**275.8**	7.3	36.7	2.4	62.6	14.8	31.4
2,220	11,285	**14,590**	2,394	613	39,864	2,089	468
7.7	9.9	**73.3**	3.3	4.9	5.9	0.9	0.5
355	4,386	125	**45,217**	238	65,027	12,067	566
1.2	3.8	0.6	**62.8**	1.9	9.6	5.0	0.7
3,281.8	4,253.8	6,667.8	1,602.9	**7,172.7**	33,819.9	3,616.6	18,702.1
11.4	3.7	33.5	2.2	**57.5**	5.0	1.5	21.8
83,475	423,245	25,729	126,353	18,807	**1,530,448**	150,644	52,339
290.8	370.2	129.2	175.6	150.9	**224.8**	62.7	61.1
147	7,220	7	1,341	83	25,101	**120,156**	1,883
0.5	6.3	0.0	1.9	0.7	3.7	**50.0**	2.2
21,891	19,580	20,571	8,699	445	103,379	9,797	**104,921**
76.3	17.1	103.3	12.1	3.6	15.2	4.1	**122.5**
1,043	53,785	309	4,808	5	124,203	159,441	3,760
3.6	47.0	1.6	6.7	0.0	18.2	66.4	4.4
1,624	11,548	44	5,151	0	71,187	46,267	0
5.7	10.1	0.2	7.2	0.0	10.5	19.3	0.0
420	15,591	24	4,871	1,115	43,394	103,739	2,326
1.5	13.6	0.1	6.8	8.9	6.4	43.2	2.7
339	11,065	603	3,323	2	44,527	42,698	409
1.2	9.7	3.0	4.6	0.0	6.5	17.8	0.5
275	4,910	70	9,679	68	102,431	37,061	20
1.0	4.3	0.4	13.4	0.5	15.0	15.4	0.0
2,183	5,924	5,931	430	206	34,308	2,244	733
7.6	5.2	29.8	0.6	1.7	5.0	0.9	0.9
1,968	3,259	52	4,422	628	27,186	32,925	342
6.9	2.9	0.3	6.1	5.0	4.0	13.7	0.4
113,367	556,129	53,340	169,077	21,358	2,106,749	704,974	166,733
394.9	486.5	267.9	234.9	171.3	309.5	293.6	194.6

表1-2 欧州主要銀行が保有する国債の種類

	EBAストレステストを受けた銀行数	コアTier1資本の5%以上保有する国債の種類（平均値） ユーロ圏17カ国国債	コアTier1資本の5%以上保有する国債の種類（平均値） EEA30カ国国債	コアTier1資本の5%以上保有する国債の種類（平均値） 全37カ国・地域の国債	コアTier1資本の3%以上保有する国債の種類（平均値） ユーロ圏17カ国国債	コアTier1資本の3%以上保有する国債の種類（平均値） EEA30カ国国債	コアTier1資本の3%以上保有する国債の種類（平均値） 全37カ国・地域の国債
ベルギー	2	7.0	9.5	11.0	8.0	11.0	13.0
ルクセンブルグ	1	7.0	7.0	7.0	7.0	8.0	8.0
ドイツ	12	5.7	7.0	9.6	6.7	8.3	11.6
オランダ	4	5.5	6.0	7.5	6.0	6.8	9.0
フランス	4	5.3	6.8	10.8	7.0	8.5	12.8
アイルランド	3	5.0	5.7	5.7	5.0	6.0	6.0
スロヴァニア	2	4.0	4.0	4.5	5.0	5.0	6.0
オーストリア	3	3.7	7.7	8.7	6.0	10.3	11.3
キプロス	2	3.5	3.5	5.0	3.5	4.5	6.5
ポルトガル	4	2.8	3.0	4.3	3.0	3.3	5.3
イタリア	5	2.2	2.4	3.2	3.2	3.8	4.8
スペイン	24	1.5	1.6	1.7	1.8	1.8	2.1
ギリシャ	6	1.2	2.2	2.7	1.3	2.3	3.2
フィンランド	1	1.0	1.0	1.0	3.0	3.0	3.0
マルタ	1	1.0	1.0	1.0	3.0	4.0	4.0
ユーロ圏諸国	75	3.2	3.9	5.0	3.9	4.8	6.1
英　国	4	3.3	4.3	8.5	3.8	5.0	9.5
スウェーデン	4	1.3	3.8	4.0	2.0	5.0	5.8
デンマーク	4	0.8	2.3	2.3	1.3	3.0	3.0
ハンガリー	1	0.0	1.0	2.0	1.0	3.0	4.0
ノルウェー	1	0.0	1.0	2.0	0.0	2.0	3.0
ポーランド	1	0.0	1.0	1.0	0.0	1.0	1.0
非ユーロ圏・EU諸国	15	1.4	2.9	4.3	1.9	3.9	5.4

注：1）各数値は各国の主要銀行がコアTier1資本の5％（もしくは3％）以上保有しているユーロ圏17カ国，欧州経済圏（EEA）30カ国，（EBAがストレステストで示している）37カ国／地域の国債が何種類あるかについて，その平均値を示している。
　　2）ユーロ圏の銀行のユーロ圏加盟国国債保有には自国の国債が含まれている。
出所：第1回EBAストレステスト（2011年7月公表，2010年12月末時点のデータ）。

表 1-3　ギリシャ問題の進展とギリシャ国債のヘアカット率の推移

2010 年 3 月：第 1 次救済策 ・債務再編（ヘアカット）を盛り込まず
2011 年 7 月上旬：第 1 次 EBA ストレステスト ・ギリシャ国債について 15% ヘアカットを想定
2011 年 7 月下旬：第 2 次救済策提示 ・民間保有国債について実質 21% ヘアカット
2011 年 12 月：第 2 次 EBA ストレステスト ・ギリシャ国債について大幅なヘアカットを想定 ・その他の GIIPS 国債については市場価格を反映
2012 年 2 月下旬：第 2 次救済策最終合意 ・民間保有国債について実質 80% 超のヘアカット
2012 年 3 月：Private Sector Involvement（PSI）完了 ・集団行動条項（CAC）の適用

シャの財政問題が顕在化した[2]．第 2 節で指摘したように，ユーロ圏は通貨同盟であり，加盟国間の固定相場制の制約がある．加盟国間の生産性格差を埋める手段は内的減価しかなく，ユーロ圏全体の高インフレを許容しないならば，財政危機国は大幅なデフレーションによる調整が不可避である．通貨同盟の中央銀行としての ECB の権限（Mandate）は域内全体の物価安定のみであり，危機国の物価下落が域内全体に影響を与えない限り，通常何の措置も取らない．これを財政面という観点から見ると，それは危機国の既存国債残高についての大規模な債務再編を伴う可能性が極めて高いということである．

表 1-3 は，その後のギリシャ問題の主な経緯と，そうした事態の進展に伴って同国の国債にどのような債務削減比率（ヘアカット率）が適用されたかを示したものである．

まず，2010 年 3 月の第 1 次救済策時点では，ギリシャ国債について大幅な債務再編は盛り込まれなかった．しかし，翌年の 2011 年 7 月上旬に公表された欧州の主要銀行に対する第 1 次 EBA ストレステストでは，ギリシャ

---

2)　小川（2015）本書序章．

国債について 15% のヘアカットの想定が初めて適用されたのである．そして，その月の下旬に提示された第 2 次救済策では民間保有国債について実質 21% のヘアカットが盛り込まれた．2011 年 12 月公表の第 2 次 EBA ストレステストでは，ギリシャ国債について大幅なヘアカットを想定する一方で，その他の GIIPS 国債についても市場価格を反映した資産査定が行われた．そして，第 2 次救済策は提示から実に 7 カ月もの歳月を経て 2012 年 2 月下旬に最終合意され，民間保有国債について実質 80% 超のヘアカットが適用されることになった．

このような一連のギリシャ問題の経緯を通じて，ユーロ圏加盟国国債への投資家は，ユーロ圏の危機国の国債について次の三つの状況を強く認識した可能性がある．

第 1 は，ユーロ加盟国による救済策による財政危機国への財政移転は最小限に限定されたものであることである．ギリシャ以前のアイルランドやポルトガルの経済危機のケースでは，両国の国債についてヘアカットを伴う大規模な債務再編が盛り込まれなかったことで，ギリシャ救済策においてもヘアカットを回避するのに十分な財政移転が救済策に盛り込まれるのではないかとの期待感があった．しかし，2010 年 3 月の第 1 次救済策ではヘアカットは盛り込まれなかったものの，1 年半後の 2011 年 7 月の第 2 次救済策の提示では，ユーロ圏危機で初めて大幅なヘアカットが盛り込まれるケースとなることが判明した．

第 2 は，危機国あるいは潜在的な危機国の国債の利回りが急上昇しても，ECB による証券市場プログラム（SMP）による危機国国債の直接購入は限定的であることであることが認識されたことである．SMP は 2011 年の半ばまでに断続的に履行され，主要なターゲットとされたイタリア及びスペイン国債の利回りを一定のターゲット以下に低下させる効果を発揮していると認識されていた．しかし，主にドイツ連銀の強固な反対があったと言われており，それ以降の継続的な SMP の履行は困難であることが判明した．

第 3 は，民間部門の関与（Private Sector Involvement：PSI）によって，公的部門が保有する国債に民間部門が保有する国債が劣後することによって，民間部門が非対称に大きな負担を担うことが明らかになったことである．

2011年7月下旬のギリシャへの第2次救済策の提示における実質21%のヘアカット率が，翌年2月下旬の最終合意における実質80%超にまで拡大したのは，この長期化した交渉期間にギリシャ経済がさらなる悪化を招いたことに起因すると同時に，ECBや欧州投資銀行（EIB）といった公的部門が金融政策上あるいは公共政策上大量に保有するギリシャ国債が集団行動条項（CAC）の適用除外とされ，一切のヘアカットを免れたことにある．結果としてギリシャの財政再建に必要な債務再編の全てを民間の国債保有者が非対称に負担するスキームが採用されることになった．これによって民間部門の保有する国債についての非対称な負担が，ギリシャ問題の進展と共に新たに民間部門の国債保有者に認識されたと言える．

以上の三つの状況は，ユーロ導入以来の活発だった欧州銀行のクロスボーダー国債保有行動を根本的に変化させる契機となった可能性があり，危機国としてのギリシャ国債のみならず，潜在的な危機国としての他のGIIPS国債へのリスクプレミアムを顕在化させ，結果としてGIIPS国債全体に大きな売却圧力をもたらした可能性がある．

5. クロスボーダー国債保有の変化

表1-4は，2011年7月と2011年12月のストレステストの公表資料を比較し，2010年12月末から2011年9月末にかけての欧州主要銀行の国債保有の変動を示したものである．上段の数値は，2010年12月末時点の国債保有額，中段は2011年9月末までの変動額，下段は変動額の2010年12月末時点の国債保有額に対する比率，つまり増加率（赤字は減少率）を表している．

フランスとドイツの主要銀行はこの9カ月の期間にギリシャとイタリアの国債を20%超売却している．フランスの主要銀行はさらにスペインとドイツ国債も20%以上の売却を行っている．ユーロ圏の主要銀行全体では，オランダとポルトガル国債以外の全ての国債への保有が減少し，ユーロ圏の国債保有については10%近くの売却がなされたことが分かる．これに対して，ユーロ圏ではない英国やその他のEU諸国の主要銀行部門は，GIIPS諸国の

第Ⅰ部 ユーロ圏危機と信認回復政策

表1-4 2010年12月末から2011年9月末に

			アイルランド	ポルトガル	ギリシャ	イタリア	スペイン
コア Tier 1 資本		2010年12月末時点の保有額 2011年9月末までの変動額 変動率（％）	12,387 -10 -0.1	16,683 29 0.2	22,778 — —	80,195 21 0.0	98,608 0 0.0
国債	アイルランド	2010年12月末時点の保有額 2011年9月末までの変動額 変動率（％）	12,466 -10 -0.1	518 29 5.5	18 — —	171 21 12.4	0 0 —
	ポルトガル	2010年12月末時点の保有額 2011年9月末までの変動額 変動率（％）	243 -147 -60.4	19,568 3,177 16.2	0 — —	369 -78 -21.0	5,012 -1,624 -32.4
	ギリシャ	2010年12月末時点の保有額 2011年9月末までの変動額 変動率（％）	40 -19 -46.6	1,412 -392 -27.8	54,447 — —	1,412 54 3.8	359 -105 -29.3
	イタリア	2010年12月末時点の保有額 2011年9月末までの変動額 変動率（％）	846 -604 -71.5	1,022 -62 -6.1	100 — —	164,011 -7,968 -4.9	6,415 533 8.3
	スペイン	2010年12月末時点の保有額 2011年9月末までの変動額 変動率（％）	335 -304 -90.9	253 -157 -62.0	0 — —	3,232 536 16.6	171,483 -3,905 -2.3
	フランス	2010年12月末時点の保有額 2011年9月末までの変動額 変動率（％）	1,196 -164 -13.7	567 -329 -58.1	160 — —	817 -534 -65.3	3,494 1,000 28.6
	ベルギー	2010年12月末時点の保有額 2011年9月末までの変動額 変動率（％）	215 -215 -100.0	11 0 1.5	0 — —	391 -200 -51.1	715 195 27.2
	ドイツ	2010年12月末時点の保有額 2011年9月末までの変動額 変動率（％）	598 -324 -54.1	11 -2 -21.5	411 — —	20,411 -391 -1.9	2,040 1,399 68.6
	オーストリア	2010年12月末時点の保有額 2011年9月末までの変動額 変動率（％）	475 -243 -51.2	11 8 70.8	15 — —	3,272 -335 -10.2	74 189 253.9
	オランダ	2010年12月末時点の保有額 2011年9月末までの変動額 変動率（％）	523 -164 -31.4	14 0 1.7	0 — —	167 14 8.7	183 535 293.3
	他のユーロ圏諸国	2010年12月末時点の保有額 2011年9月末までの変動額 変動率（％）	44 25 57.1	69 -26 -37.6	314 — —	4,814 -1,245 -25.9	505 -373 -73.9
	ユーロ圏	2010年12月末時点の保有額 2011年9月末までの変動額 変動率（％）	16,980 -2,169 -12.8	23,454 2,245 9.6	55,465 — —	199,069 -10,125 -5.1	190,281 -2,156 -1.1
	英　国	2010年12月末時点の保有額 2011年9月末までの変動額 変動率（％）	3,150 371 11.8	0 0 —	0 — —	123 284 231.6	4,411 8,269 187.5
	他のEU・EEA諸国	2010年12月末時点の保有額 2011年9月末までの変動額 変動率（％）	231 21 9.2	1,378 -720 -52.3	2,756 — —	10,445 2,594 24.8	260 2,612 1,003.2
	合　計	2010年12月末時点の保有額 2011年9月末までの変動額 変動率（％）	20,361 -1,776 -8.7	24,832 1,525 6.1	58,221 — —	209,637 -7,247 -3.5	194,952 8,725 4.5

注：1）上段は2010年12月末時点の国債保有額（単位：百万ユーロ），中段は2011年9月末までの変動額（単位：率（％）．
　　2）データは2011年7月（2010年12月末時点のデータ）と2011年12月（2011年9月末）の両方のストレス手銀行を除くほとんどがサンプルから除外されている．
出所：第1回EBAストレステスト（2011年7月公表，2010年12月末時点のデータ）及び第2回EBAストレス

第1章　金融危機としてのユーロ圏危機

かけての欧州主要銀行の国債保有の変動

フランス	ベルギー	ドイツ	オーストリア	オランダ	他のユーロ圏銀行	ユーロ圏	イギリス	他のEU銀行
171,861	28,708	114,317	19,913	71,975	12,466	649,890	240,098	85,665
－392	106	－113	0	－66	－5	－447	－428	－285
－0.2	0.4	－0.1	0.0	－0.1	0.0	－0.1	－0.2	－0.3
2,186	270	1,006	53	436	423	17,548	1,273	433
－392	106	－113	0	－66	－5	－447	－428	－285
－17.9	39.5	－11.2	－0.1	－15.1	－1.1	－2.5	－33.6	－65.8
4,751	2,086	3,576	136	841	196	36,779	2,649	263
－1,183	－92	342	－109	－183	－48	55	－810	－199
－24.9	－4.4	9.6	－79.9	－21.7	－24.5	0.1	－30.6	－75.9
10,072	3,906	7,934	461	1,170	5,932	87,144	2,710	209
－2,553	361	－1,666	－334	－300	－911	－60,311	－1,292	－78
－25.3	9.2	－21.0	－72.4	－25.6	－15.4	－69.2	－47.7	－37.2
53,004	21,401	36,824	1,203	10,177	2,525	297,527	26,367	1,056
－11,219	－2,953	－7,071	－153	－5,655	－994	－36,247	－3,823	213
－21.2	－13.8	－19.2	－12.7	－55.6	－39.4	－12.2	－14.5	20.2
14,630	2,874	18,610	209	2,276	256	214,157	12,354	290
－3,212	－267	－916	－112	－953	－68	－9,357	－5,041	267
－22.0	－9.3	－4.9	－53.6	－41.9	－26.5	－4.4	－40.8	92.1
118,261	3,761	13,572	404	23,598	556	166,386	45,697	3,025
－9,624	－1,457	3,666	－116	－763	305	－8,175	－2,512	1,617
－8.1	－38.7	27.0	－28.6	－3.2	54.9	－4.9	－5.5	53.5
33,039	29,567	6,486	436	12,248	597	83,734	6,316	422
1,659	－4,699	352	－40	2,826	－19	－142	925	134
5.0	－15.9	5.4	－9.3	23.1	－3.2	－0.2	14.7	31.8
45,592	13,725	315,313	1,444	26,393	299	426,237	35,508	26,905
－13,582	－1,233	－22,010	6	3,097	140	－33,311	11,176	－258
－29.8	－9.0	－7.0	0.4	11.7	46.9	－7.8	31.5	－1.0
4,857	2,220	11,285	14,590	2,394	613	39,807	2,089	468
－859	－157	－567	－2,956	683	－3	－4,256	806	142
－17.7	－7.1	－5.0	－20.3	28.5	－0.4	－10.7	38.6	30.3
13,658	355	4,386	125	45,217	238	64,865	12,067	566
408	－54	3,074	－9	10,205	9	14,019	1,318	827
3.0	－15.1	70.1	－7.3	22.6	3.9	21.6	10.9	146.0
5,091	3,282	4,254	6,668	1,603	7,173	33,817	3,617	18,702
－906	－951	－1,691	354	957	－1,362	－5,533	1,412	－3,138
－17.8	－29.0	－39.7	5.3	59.7	－19.0	－16.4	39.0	－16.8
305,142	83,475	423,245	25,729	126,353	18,807	1,468,000	150,644	52,339
－41,464	－11,396	－26,600	－3,469	9,849	－2,954	－143,705	1,731	－758
－13.6	－13.7	－6.3	－13.5	7.8	－15.7	－9.8	1.1	－1.4
8,618	147	7,220	7	1,341	83	25,101	120,156	1,883
－3,129	351	42	1	－158	－83	5,949	3,822	2,056
－36.3	238.4	0.6	19.9	－11.8	－100.0	23.7	3.2	109.2
17,105	21,891	19,580	20,571	8,699	445	103,363	9,797	104,921
－7,774	－1,013	－2,433	－577	－70	－68	－10,183	422	－26,045
－45.5	－4.6	－12.4	－2.8	－0.8	－15.2	－9.9	4.3	－24.8
330,865	105,513	450,046	46,307	136,394	19,335	1,596,464	280,597	159,143
－52,368	－12,057	－28,991	－4,045	9,621	－3,105	－147,939	5,976	－24,747
－15.8	－11.4	－6.4	－8.7	7.1	－16.1	－9.3	2.1	－15.6

：百万ユーロ．マイナスの場合は売却額．下段は変動額の2010年12月末時点の国債保有額に対する比
テストで結果が公表された銀行のみを比較している．ギリシャは全行が，スペインについては一部の大
テスト（2011年12月公表，2011年9月末時点のデータ）．

39

国債は大きく減少させたものの，ユーロ圏全体や，欧州全体への国債保有を大きく減少させていない．

図1-3は表1-4と同様のデータから，ユーロ圏と非ユーロ圏のEU主要国の銀行部門によるGIIPS諸国国債保有と全ユーロ圏加盟国国債保有の変化を図示したものである．

まずGIIPS諸国国債保有については，GIIPS諸国（ギリシャ銀行部門は2011年9月末のデータが欠如しているため除外）自身の銀行部門はほとんど減少していないものの，その他のほとんど全ての主要国の銀行部門で高い減少率を示している．特にオーストリアの銀行部門で30%超，オランダの銀行部門で50%弱の極端に高い下落率を示している．

次にユーロ圏諸国全ての国債保有については，フランス，ベルギー，オーストリアの銀行部門，そしてその他のユーロ圏銀行部門で10%を超えるユーロ圏国債保有の減少率を示している．これに対して，ユーロ圏ではないEU諸国は英国を含めてユーロ圏国債の保有残高はほぼ一定である．

以上の国債保有の変動は，ユーロ導入以来の域内大手銀行によるかつての積極的なクロスボーダーの国債保有の急激な解消プロセスが，2011年初めから同年9月末までのたった9カ月の間に起きていたことを強く示唆するものである．

6. ECBにおける金融システム安定の役割

以上のように，ユーロ圏危機の背景の一つには，ユーロ導入以来の欧州主要銀行による積極的なクロスボーダーバンキング，特に積極的なユーロ加盟国国債の保有があり，これがユーロ圏内インバランスの拡大を支える一因であったと考えられる．このユーロ圏内の積極的な国債保有の中心にあったのは，ドイツ，フランス，ベルギー，オランダといった，いわゆる中核国のユーロ圏加盟国の主要銀行であった．

そして2007年以降の米国サブプライム・ローン危機の顕在化はこれらの欧州主要銀行に大きな損失をもたらし，ユーロ圏内の銀行部門の財務状態が脆弱化した．そして，2010年に始まるギリシャ問題の進展と共にユーロ圏

第1章 金融危機としてのユーロ圏危機

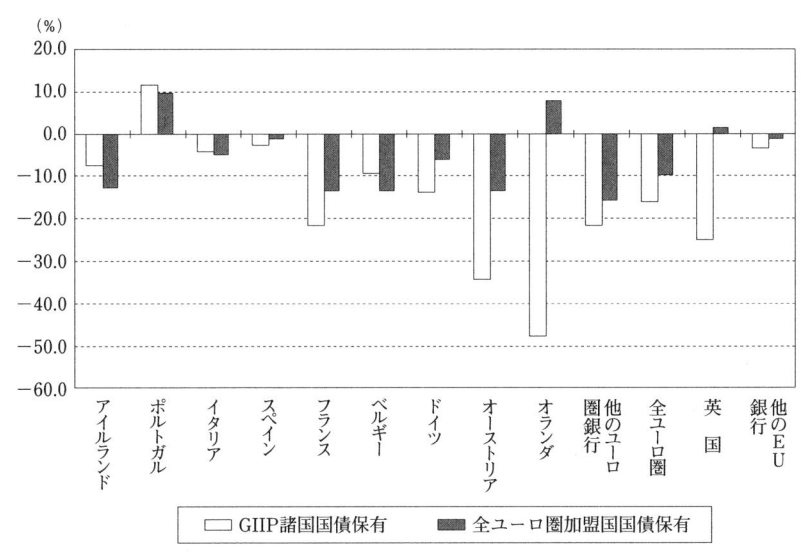

図1-3 欧州主要銀行による 2010 年 12 月末から 2011 年 9 月末にかけての
ユーロ圏加盟国国債の売却状況

注：GIIPS とはギリシャ，アイルランド，イタリア，ポルトガル，スペインの5カ国を表す．
出所：第1回 EBA ストレステスト（2011 年 7 月公表，2010 年 12 月末時点のデータ）及び第2回 EBA ストレステスト（2011 年 12 月公表，2011 年 9 月末時点のデータ）．

　危機国の債務再編に初めて大幅なヘアカットが適用されるようになり，それまで積極的であった欧州銀行部門によるクロスボーダーの国債保有行動に根本的な変化が生じ，潜在的な危機国の国債を売却するという急激な解消のプロセスが発生した可能性がある．

　もしユーロ圏内インバランスを支えた欧州銀行部門の脆弱性やクロスボーダーの国債保有の急激な解消のプロセスがユーロ圏危機の一側面として存在するならば，単純な財政再建，あるいはデフレによる競争力の強化といったサプライサイドの施策だけではない金融危機対応の施策が求められることになるだろう．その中には金融監督体制の強化と共に，中央銀行による金融システム安定のための政策が含まれる．

　実際に，2011 年まで小規模ではあったものの断続的の行われていた SMP はイタリアやスペイン国債の利回りを一定のターゲットに低下させる効果を発揮していた．そして，2011 年 12 月 8 日に ECB からアナウンスされ，12

月21日と2012年2月29日の2回に渡って総額1兆ユーロの規模で実施された長期資金供給（リファイナンス）オペレーション（LTRO）は，ユーロ圏の危機国の国債利回りを一定期間以上鎮静化させ，銀行部門の株価を押し上げ，ユーロ圏危機を鎮静化させる顕著な効果をもたらした．

LTRO の顕著な効果は，銀行部門がそのクロスボーダーの国債保有戦略を急激に変化させる状況の中で，通貨同盟の中央銀行が流動瀬供給を通じて果たしうる金融システム安定の役割が存在することを強く示唆するものである．

さらに 2012 年 7 月には ECB のドラギ総裁によるユーロ圏の安定のための積極的な発言があり，同年 9 月の新たな特定国の国債に対する国債購入プログラム（Outright Market Transaction：OMT）の公表へと繋がっていった．この OMT は，ユーロ圏諸国に対し EFSF や ESM による支援を要請した危機国が，支援の前提となる財政再建等に取り組むことを条件として，その危機国の国債を無制限に購入するというプログラムである．この OMT はその後一度も発動されていないにも関わらず，OMT 正式発表前後の 2012 年 9 月を境として，ギリシャやポルトガルを初めとするユーロ圏危機国の国債利回りは急速な低下を始めた（序章の図序-3 参照）．これらは，ユーロ圏全体としての物価安定だけではなく，金融システム安定の目的の下での流動性供給が実質的に ECB の政策の中に盛り込まれたことを市場参加者が広く認識した結果であると解釈できるだろう．

7. おわりに

本章では，ユーロ圏という通貨同盟内の対外収支のインバランスの背後にある実物面と金融面という二つの側面のうち，そうしたユーロ圏内の中核国と周辺国の間のインバランスを支えた金融面の要因としてユーロ圏の加盟国間での資金フローに注目した．考察は以下の三つにまとめられる．

第 1 に，中核国から周辺国への資金フローを支えたのは，ユーロ導入以来活発化した中核国の主要銀行による積極的なクロスボーダーの国債保有戦略であった．結果としてユーロ圏危機がギリシャ問題と共に深刻化した 2010

年までに，ドイツとフランスを中心とする中核国の主要銀行部門が自国国債以外にユーロ圏内の多様な加盟国の国債をも多額に保有するという状況が発生していた．

　第 2 に，こうした状況にあって，ギリシャ問題の進展と共に，通貨同盟であるユーロ圏加盟国が財政危機に陥った場合に，実際にどのような債務再編がなされるかが顕在化し，民間部門の保有する国債の大幅なヘアカットが不可避であることが明らかになった．これを受けて欧州銀行部門の国債保有行動が急激に変化し，危機国のみならず潜在的に同様の危機が見込まれる他の周辺国国債のリスクプレミアムが認識された．そして実際に，2010 年末からギリシャ問題が深刻化した 2011 年 9 月までの 9 カ月という短期間の間に，多くの中核国の主要銀行がユーロ圏加盟国の国債保有を 10％ 以上も減少させるという状況が発生した．

　第 3 に，それまでユーロ圏全体の物価安定の役割に専従していた ECB が段階的に銀行部門への大規模な流動性供給及び国債購入プログラムを履行・表明することにより，拡大していた中核国と周辺国との間の国債利回りの乖離は急激に縮小した．これは金融システム安定の役割が ECB のような通貨同盟の中央銀行の金融政策に盛り込まれることが重要であったことを強く示唆するものである．

参考文献
小川英治 (2015)，「ユーロ圏における財政危機とその対応」小川英治編『ユーロ危機と世界経済――信用回復政策とアジアへの影響』本書序章，東京大学出版会．

第2章

ユーロにおける金融規制と
ユーロ圏危機の影響

佐々木 百合

1. はじめに

　2008年のリーマンショックを中心とした金融危機を経験し，各国金融当局は今後どのようにしたら金融危機を防ぐことができるのかと頭を悩ませてきた．そしてその結果，多くの国において金融規制は大きく改正された．さらにその後にユーロ危機が勃発し，欧州では危機を乗り越えるために必要な制度，規制が整備されることになり，リーマンショックからわずか5年で金融をとりまく状況は大きな変化をとげた．本章ではこの変化を振り返り，新しい金融規制，制度がどのように改正されたのかを欧州に焦点を当てて考察する[1]．

　まず第2節ではバーゼル規制適用前の欧州における金融規制について概観する．第3節ではバーゼル規制について説明し，欧州のバーゼル規制とのかかわりについて説明する．第4節では，金融危機後の欧州の金融規制改革について説明する．第5節ではユーロ危機後に制定された銀行同盟について，第6節では，シャドーバンキング規制，金融取引規制について説明する．最後に結論を述べる．

＊本章の研究はJSPS科研費22530325の助成を受けた研究の結果を一部利用している．
1) 本章では当初，ユーロ危機による金融規制への影響のみに焦点を当てようとしたが，金融規制への影響という意味では，2008年の金融危機の影響の方が大きいため，両方の危機の影響について合わせてまとめることとした．

2. 欧州における金融規制の経緯

　まず昨今の欧州における金融規制について説明する前に，第2次大戦後からの欧州における金融規制の経緯について簡単に振り返る．欧州各国では似たような規制体系をとってきていると思われることもあるが，実際には各国の異なる体制下でそれぞれに見合った規制を採用してきた．

　そもそも第2次大戦後，欧州では資本移動が規制され，銀行貸出までもが直接的にコントロールされていたという[2]．また，競争制限的規制，特に金利規制も厳しかったうえ，国債を多く保有しており，事実上銀行業は国営化されているような状態であった．そのような状況下で，銀行は本店を自国におき，銀行業はかつての植民地などを除いてはほとんど自国内で行われており，1965年の時点でもロンドンにはほんの2，3の外国銀行があるだけだった．したがって，他の国の金融機関と調和する必要もなく，金融規制や監督は各国で独自に発展した．

　西ドイツでは，戦前からの信用制度法がそのまま各州で使われ，日米のような銀行・証券の分離はなく，典型的なユニバーサルバンク制度が採用されていた．また，西ドイツでは非常に早い時期に店舗設置や利子率設定の自由化が進展していた．自由化が早くに進展していた西ドイツでは，それに対応した規制が必要になり，バーゼル規制以前からバランスシート規制が発展していた．そして，すでに短期，中期の資産については，当時の算出方法による自己資本の18倍以内でなければならないという規制がつくられていた．それはさらに1970年代になると，リスクウェイトを考慮したリスクベースアセットを使って計算されるようになり，現在のバーゼル規制の基礎となった[3]．

　一方，フランスの銀行は戦後国営化されていたところが多く，いったん民営化されたあともまた，1982年に社会党政権のピエール・モロワ内閣によって国営化に戻ったところが多かった．しかし，1984年の銀行法施行で，原則として銀行制度は市場原理に基づくものとなり，国立銀行だったパリ国

---

[2]　詳しくはGoodhart（2013）を参照のこと．
[3]　山村・三田村（2005）を参照．

立銀行（BNP）やパリバ，ソシエテ・ジェネラルなどの主要銀行も，80年代終わりから90年代初頭にかけて民営化された．金融規制については，銀行法が制定されたときに業際規制が緩和された．

このように，戦後それぞれの国で独自に規制監督は発展したが，1970年代になり，ユーロドルの影響でグローバル化が進み始める．戦後の復興期に，アメリカだけは資金が豊富にあり，欧州の大企業のいくつかはドルで資金を調達するようになった．さらに冷戦中に資産凍結を恐れてドルが欧州に預け替えられたために，ユーロドル市場が発展した．しかしユーロドル市場が発展すると，やがてブレトンウッズ体制下の固定相場の維持が難しくなり，さらに金融政策をとることも難しくなっていった．また，アメリカとユーロの規制の違いが様々な面で特にユーロ市場をより魅力的にし，米銀の支店はユーロに多く開設され，グローバル化が進展したのである．その後のIT技術の発展もまた金融のグローバル化に拍車をかけた．

さらに，ドイツやフランスのように独自の規制を守ってきた国々が，欧州内でそれら独自の規制を統一する方向に進めるきっかけとなったのが，単一欧州議定書（Single European Act）である．1980年代，当時のECでは，EC域内の結束を強くすることで，世界経済のなかでの欧州経済の位置を再び上昇させたいという機運が高まっていた．そのためには思い切った域内での市場の統一が必要であり，そのための合意と，プロセスの検討，目標の決定が重要であった．1987年に発効された単一欧州議定書は，このような考えをもとに，1992年を目標としてECの市場統合を行う，ということを宣言し，その過程をまとめたものであった．単一欧州議定書は，単一市場の成立には各国間に残る障壁をできるだけ減らすこと，制度面を調整することを主に求めている．

銀行規制に限っては，第1次銀行指令（First Banking Directive）と，第2次銀行指令（Second Banking Directive）をもとにして，規制の緩和と調和が進められた．しかし，各国の規制緩和のタイミングは様々である．表2-1には，第1次銀行指令と第2次銀行指令の適用時期および，資本規制の撤廃，金利規制の撤廃時期を示してある．この表によると，ドイツの資本規制撤廃と金利自由化は1967年，1981年と，相当早い時期であることがわか

表2-1 EU各国の銀行分野における自由化の進展

(年)

	資本規制撤廃	金利自由化	第1次銀行指令	第2次銀行指令
ベルギー	1991	1990	1993	1994
デンマーク	1982	1988	1980	1991
フランス	1990	1990	1980	1992
ドイツ	1967	1981	1978	1992
ギリシャ	1994	1993	1981	1992
アイルランド	1985	1993	1989	1992
イタリア	1983	1990	1985	1992
ルクセンブルク	1990	1990	1981	1993
オランダ	1980	1981	1978	1992
ポルトガル	1992	1992	1992	1992
スペイン	1992	1992	1987	1994
英　国	1979	1979	1979	1993

出所：Buch and Heinrich (2002).

る．また，ドイツ以外では，デンマーク，オランダ，イギリスの金利自由化が早い．そして，ほぼすべての国において，第2次銀行規制の制定時には自由化が完了していることがわかる．第2次銀行規制までは，欧州における単一免許が認められたが，規制監督については母国主義が貫かれ，免許を出した母国が監督に責任をもつという形がとられた．

その後，1995年に単一の「金融サービス行動計画」（Financial Service Action Plan：FSAP）が採択され，ホールセール市場の完成，オープンで安全なリテール市場の構築，最高レベルの健全性規則と監督体制の確保という3つの戦略目標，最善の単一金融市場に向けての条件整備という一般目標，そして，この4つの目標に取り組むための42項目の行動（Actions）が示された[4]．このFSAPのもとで，さらに欧州金融市場の統合は進化した．さらに2001年のラムファルシー・レポートによって，規制の統合がはかられて，EU規制監督の枠組みが調整された．

---

4) 大橋 (2009).

3. 欧州におけるバーゼルアコード

　第2節でみたように，欧州ではドイツのように早くから規制が緩和され，それゆえにプルーデンシャルポリシーが早くから発展していた国がある一方で，フランスのように国営銀行が中心であった国や，第2次銀行指令までは規制緩和がまったく進んでいなかった国がある．また，単一議定書以降，幾度にもわたり，規制監督の調和がはかられてきている．そのプロセスのなかで，EU レベルではなく，世界レベルで統一した規制であるバーゼル規制が導入されることになった．本節では，これまでのバーゼル導入のプロセスを振り返りつつ，EU とバーゼル規制の関係をまとめる．

3.1　バーゼル I

　バーゼル I（BIS 規制）は，G10 の中央銀行によって構成されていたバーゼル銀行監督委員会（Basel Committee on Banking Supervision）によって 1988 年に作成されたものである．このバーゼル I を作成した銀行監督委員会とは，そもそも 1974 年のドイツのヘルシュタット銀行の破綻を教訓につくられたものである．ヘルシュタット銀行が破綻した際には，時差の関係で決済中の資金が不渡りになる国際的なシステミック・リスクが顕在化し，国際的に活動する銀行に対する統一した規制の必要性が明らかになった．そのため，1974 年に現在のバーゼル銀行監督委員会の前身にあたる「銀行業の規制と監督実務に関する委員会（Committee on Banking Regulation and Supervisory Practice）」が設けられることになった．1975 年に第 1 回の委員会が開催されてから，これまでに国際的な銀行活動についての議論を重ねてきている．

　この委員会では，1984 年頃から国際的な自己資本比率規制についての議論が行われてきたが，なかなか具体的な規制の提案にいたらなかったという．厳しい規制を提案して自国でそれを先駆けて実施すれば，他の国の銀行に対して自国の銀行の競争力が阻害されるのではないかということをいずれの国も心配していたことが一つの理由と考えられる．また，そもそも厳しい規制を望まない自国の銀行からの圧力もあり，なかなか具体的な規制についての

提案ができなかったという面もあっただろう．しかしそのようななかで，1986年にアメリカとイギリスが共同提案をし，バーゼル規制の初めの像が作られた．その提案は自己資本の低い日本にはとてもクリアできないものだったため，その後日本が個別に有価証券含み益の算入という独自ルールを入れられるように働きかけ，最終的には日本，アメリカ，イギリスが主導してバーゼルIをまとめたといわれる．

バーゼル規制については，EC諸国は，まずEC内で指令を制定し，この指令を国内法で実現するという間接的な手続きがとられていた．前述のように，西ドイツではすでに自己資本比率規制は存在していたが，EC内では，フランスと西ドイツの主導で，自己資本比率規制については，最低限の自己資本を確保することを目的に規制のあり方が議論されていた．そのような立場にあった西ドイツは，日本が独自ルールとして有価証券含み益を算入しようとしたときに懸念を示したといわれている．さらに，累積債務国向け債券引当金などを加えることにも反対し，正式決定でも自説を譲らず，将来の定義の見直し論があったことをあえて少数意見として付け加えさせたという．そして西ドイツは，自国内の金融機関側からの要望にも関わらず，含み益の算入は限定的なものにとどめ，より厳しい形で自己資本比率を導入したということである[5]．

さらに西ドイツでは，バーゼルIの導入後間もない頃から，いくつかの問題点が指摘されていた．そのなかで，もっとも批判が大きかったのが，リスクウェイトの問題であった．バーゼル規制に用いられる自己資本比率の分母は，リスクアセットといって，リスクウェイトを使って貸出などの資産を加重平均した値が用いられている．このリスクウェイトのうち民間企業への貸出のウェイトが等しく100％であることが特に問題だとされていた．これは日本でも特に不良債権処理が進む前の1990年代前半には深刻な問題を引き起こしていたと考えられる．自己資本比率規制の本来の意味を考えれば，リスクアセットを圧縮するときは，なるべく危ない企業への貸出から先に抑制されていくべきである．しかし，日本では当時はまだ不良債権の開示も徹底

---

[5] 氷見野（2005）．

第 2 章 ユーロにおける金融規制とユーロ圏危機の影響

表 2-2 不良債権の貸出への影響

	リスク管理債権残高 （単位：兆円*1）	自己資本比率と 貸出額の連動性*2
不動産	5.8	0
サービス	4.6	−6
卸売小売	3.4	4
建　設	2.3	0
製　造	2.0	15
金融保険	1.1	31
運輸交通	0.4	20

注）＊1 リスク管理債権残高：日本銀行「全国銀行の平成 12 年度決算と経営上の課題」（図表Ⅱ-5）のデータから著者作成（都長信 15 行，地銀・第二地銀 54 行，平成 13 年 3 月の値）．
　　＊2 自己資本比率が 1％ 減少するときに，何％ 減少するかを示している．
出所）注 ＊1 に同じ．

されておらず，危ない企業への貸出を減らすことで不良債権問題が表面化するのをためらい，銀行はむしろ優良企業への貸出を減らし，クレジットミスアロケーションが生じていたと考えられている．表 2-2 には，産業別の不良債権残高（2001 年 3 月末）と，産業別の貸出残高が自己資本比率の動きにどれくらい連動していたか，という指標が示されている．不良債権残高が多いほうから順に産業を並べてあるが，これをみると，不良債権残高の大きい産業ほど貸出額の自己資本比率との連動性が低い．すなわち，自己資本比率が低下したときに，比率を回復するために貸出を減らされていたのは，不良債権の相対的に少ない産業だったということになる[6]．このようなクレジットミスアロケーションを防ぐためにも，リスクウェイトの見直しは急がれた．ドイツでは，すでに当時，バーゼルⅡの内部格付手法のベースともいえる，格付けによる貸出先の評価が模索され始めていた．したがって，バーゼルⅠを積極的に改良し，新しいバーゼルⅡを，むしろ積極的に導入したいという姿勢であったと考えられる．

---

[6]　佐々木（2010），Sasaki（2014）．

3.2 バーゼルII

2007年3月から日本は予定通りバーゼルIIを導入した．バーゼルIIは，先述のリスクウェイトの問題を解決するため，自己資本比率の分母のリスクアセットの計算方法を大きく変更したところに特徴がある．それまで等しく100%のリスクウェイトだった民間企業向け貸出は，リスクの度合いによって異なるウェイトをつけることとなり，さらにそのリスクの度合いの評価は内部評価が利用できるようになった．また，対象となるリスクを信用リスクだけでなく，マーケットリスク，オペレーショナルリスクにまで拡大している．マーケットリスクについては，1997年末からすでに規制がはじまっており，銀行がトレーディング目的で保有する資産・負債価格の変動リスク（マーケットリスク）に見合う金額の自己資本の維持を求めるものである．バーゼルIIではこれを国内基準行にもひろげ，さらに対象範囲などの見直しも行った．オペレーショナルリスク規制はバーゼルIIで新たに導入されたものだが，事務事故や不正行為などによる損失が生じるリスク，すなわちオペレーショナルリスクを対象とする．さらに，情報開示をすることで市場規律を導入している点も，バーゼルIにはなかった特徴である．具体的には，自己資本比率の算出根拠や，リスク管理方針などの情報を開示することが義務付けられている．情報開示によって市場規律が働き，銀行の行動が自律的に良い方向に向かうことを狙った規制といえる．

　このようにバーゼルIの欠点を，時間をかけて克服できる形にしたバーゼルIIだが欠点もあった．一つはバーゼルIIのプロシクリカリティである．バーゼルIIでは，リスクウェイトが格付けに依存しているため，景気がよくなるとリスクウェイトが小さくなり分母が小さくなり，比率は上昇するため，貸出を増やしやすくなる．反対に景気が悪くなりリスクウェイトが高くなると比率は下落し，結果として貸出は引き締められ，景気はより悪くなる．バーゼルIIは，このような景気循環の波を大きくする，プロシクリカルな働きをもっている．この点について，日本ではかつて有価証券含み益が同様の性質をもつために批判されてきたが，その問題がより大きく広い範囲に関係するようになってしまったのだ．

第2章　ユーロにおける金融規制とユーロ圏危機の影響

　第2の問題点は制度の複雑さである．バーゼルⅡは300ページに及ぶ規制で，金融機関がこの内容を消化して自行に適用するのには相当のコストが必要だった．さらに「そのコストに比べて規制のもたらすベネフィットは小さいのではないか」「それくらいならもっと単純に算出された自己資本比率を使えばいいのではないか」という批判が噴出した．

　それでも，バーゼルⅡはバーゼルⅠの欠点を克服すべく改良を重ねたもので，利点も多くあり，欧州や日本などは予定通り導入した．一方アメリカは，とうとうバーゼルⅡを導入しないままに金融危機を迎えたのである．アメリカでは，バーゼルⅡが相対的に大銀行の資本を押し上げ，中小銀行には不利になる，といったことが包括的な定量的影響度調査によって明らかになった．そのためバーゼルⅡをそのまま導入すれば大銀行を優遇していると批判されるだけでなく，一部の中小金融機関は国際業務ができなくなってしまうと判断し，その導入時期を先延ばししてきたと述べている．バーゼルⅡはあくまでも国際的な「合意」であるため強制力はなく，導入時期も国により調整は可能である．とはいえ，アメリカが導入できなかった背景には，すでに証券化商品を銀行が大量にもっていたことが大きく影響しているのではないかと言われている．

　アメリカではバーゼルⅠを導入したときにはクレジットクランチが起こることを懸念した批判が強くなされ，クレジットクランチが起きたことを証明するための実証研究も多く行われた．また，導入当初から，この規制の複雑さに対する批判も多く，バーゼルⅡについても，導入コストが高いばかりで，役に立たない規制である，といった批判がいたるところでみられた．このようにアメリカがバーゼル合意に関して批判的であった理由の一つとして，バーゼル銀行監督委員会における欧州の力への反発もあったといえるだろう．EU加盟国は国の数が多いため，委員会で多数決をとったり，意見を募ったりするときに優勢になりやすい．そのため，ドイツが提案するような規制が採用されやすいといった傾向があり，それに対する反発を反映していたのかもしれない．

3.3　バーゼル III

しかし，2008 年に金融危機が発生すると，アメリカのバーゼルへの姿勢が変化した．突然オバマ大統領が出てきて，金融規制は厳しくする，バーゼル II を改正して新しく，より厳しい規制をつくる，と表明したのである．バーゼル II に反対で，導入すらしていないアメリカがこのような表明をしたことについて，例えば当時のバーゼル委員会委員長のホセ・マリア・ロルダン氏は，「バーゼル III などとんでもない．我々にとって重要なのは，バーゼル II を強化し，本当の意味で実行することだ」と述べている．当時コストをかけてバーゼル II に対応したばかりだった欧州や日本の銀行にとっては，また規制が変わるのか，といった感が強かったのである．

結局，金融サミットでの合意を経て，2007 年からやっと施行されたバーゼル II を大幅に改訂してバーゼル III が作成されることになった．このように，金融規制は，現実の経済の動向や，政治判断，国際的な力関係や交渉に大きく左右されている．そのような金融規制について，金融危機後，経済学界でも「金融規制の見直し (Rethinking Capital Regulation)」についての議論が盛んになってきている[7]．

新しく作られたバーゼル III へのバーゼル II からの変更点は，第 1 に分子の改良である．バーゼル II へ改訂されたときは分母の改良がなされたが，分子についてはほぼそのままであった．バーゼル III は分子の資本について，(1) 全体の比率は 8% のままだが，Tier 1 比率などを定めることで資本比率を上昇させ，(2) 資本の質を向上させるため，普通株等 Tier 1 に調整項目を適用し，Tier 1，Tier 2 の適格要件を厳格化した．また，流動性規制を導入し，流動性カバレッジ比率と安定調達比率を規制した．さらに，プロシクリカルな面を緩和するためにカウンターシクリカルなバッファーを設けたり，システム上重要な銀行については追加措置を講じるなどした．

2013 年になり，予定通り日本はバーゼル III を導入した．カナダ，オーストラリア，中国といった国々も導入したが，米国と欧州は導入を 2014 年 1

---

[7]　佐々木 (2012).

表 2-3 バーゼルIII適用に関する試算

	銀行数	狭義の中核的資本比率 現行	狭義の中核的資本比率 バーゼルIII適用	Tier 1 比率 現行	Tier 1 比率 バーゼルIII適用	総合比率 現行	総合比率 バーゼルIII適用
グループ1	41.0	11.1	7.8	12.6	7.9	14.7	8.8
グループ2	110.0	11.5	8.0	12.2	8.7	15.0	10.3

出所) EBA Basel III monitoring exercise Results based on data as of 30 June 2012.

月まで伸ばした．米国については，バーゼルIIのときと同様に，中小銀行からの反発が大きいことを主な理由として導入を遅らせた．その後2013年7月に米連邦準備理事会は導入に向けた最終規則を承認し，負担が大きいとする地方銀行のために一部基準を緩めるなど，一定の柔軟性を持たせた形で導入することが決定した．欧州については，理由はいくつか考えられるが，一つは欧州内での規制の調整に遅れが生じており，期限に間に合いそうもなくなったこと．もう一つは，米国が導入を遅らせることが明らかになり，米国より先に導入するデメリットを回避したい，または，米国が遅らせることを理由に欧州内の調整を無理に急がなくて済む，という消極的理由，そして，もう一つは，ユーロ危機を迎え，域内の銀行の資本増強が難しくなったことがあげられる．表2-3には2012年のデータをもとに欧州銀行当局（EBA）が試算した一部の域内銀行の自己資本比率が示されている．表には，狭義の中核的資本比率（CET），Tier 1 比率，総合比率について，それぞれ現行の比率の平均値と，バーゼルIIIの方式で計算しなおした比率の平均値が書かれている．これをみると，現行の状態のままでバーゼルIIIを適用した場合，定義の変化によって比率は大きく下がることがわかる．もちろん，バーゼルIIIを本格的に適用するまでには資本を増強するなどの対策がとられる計画になっていたが，それでもバーゼルIII適用までにそれなりの準備が必要であったことが伺える．

4. 金融危機後の規制改革

2008年の金融危機後，第3節のようにEUは他国と協調しつつバーゼル

```
┌─────────────────────────────────────────┐
│         欧州金融監督制度                  │
│ (European System of Financial Supervisors: ESFS) │
└─────────────────────────────────────────┘
              │
      ┌───────┴───────┐
      │               │
┌───────────┐   ┌───────────┐
│ミクロプルーデンス監督│   │マクロプルーデンス監督│
└───────────┘   └───────────┘
      │               │
┌───────────┐   ┌─────────────────────┐
│欧州監督局(ESAs)│   │欧州システミック・リスク理事会│
│           │   │(European Systemic Risk Board:│
│           │   │ ESRB)              │
└───────────┘   └─────────────────────┘
      │
┌───────────────┐
│EBA(欧州銀行監督機関)│
└───────────────┘
      │
┌─────┼─────┐
│     │     │
┌───────┐ ┌───────┐ ┌───────────┐
│欧州銀行 │ │欧州証券│ │欧州保険企業年金│
│監督当局 │ │監督当局│ │監督当局委員会│
│委員会  │ │委員会 │ │(CEIOPS)    │
│(CEBS) │ │(CESR)│ │           │
└───────┘ └───────┘ └───────────┘
    │         │          │
┌───────┐ ┌───────┐ ┌───────────┐
│欧州銀行 │ │欧州証券│ │欧州保険企業年金│
│監督当局 │ │監督当局│ │監督当局委員会│
│委員会  │ │委員会 │ │(CEIOPS)    │
│(CEBS) │ │(CESR)│ │           │
└───────┘ └───────┘ └───────────┘
```

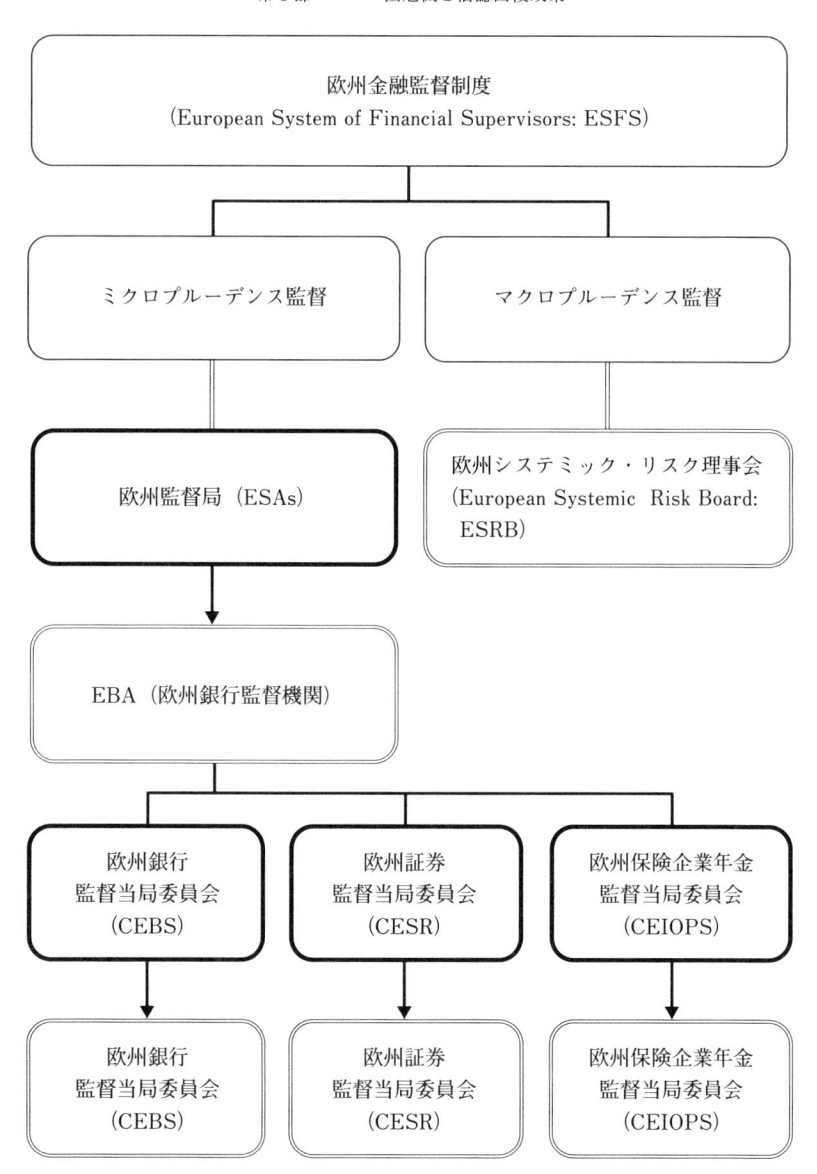

図2-1　金融危機後のド・ラロジェール (de Larosière) 報告に基づく監督制度

IIIの作成と導入を進めてきた．そしてそれと並行して，米国，英国と同様にEUもまた独自の規制改革を行った．2008年8月の監督カレッジの導入，証券化商品のリスク管理強化などを経て，2009年2月のド・ラロジェール（de Larosière）報告がEU全体の規制の見直しと，新しい統合された監督体制を提案した．それは，新たなマクロプルーデンスに関する監督機関の創設と，これまでのミクロプルーデンスに関する監督機関の改組に分けることができる（図2-1）．これらをあわせて欧州金融監督制度（European System of Financial Supervisors, 以下ESFS）と呼ぶ．これはミクロ面，マクロ面をまとめたパッケージ法案として，2010年9月22日に欧州議会で可決され，2010年11月17日に理事会で最終的に採択された．

4.1 マクロプルーデンス監督

2008年の金融危機を経験した後，これまでのバーゼルのようなミクロ規制・監督には限界があり，今後金融危機を抑えるためにはマクロ的に状況をとらえて監督する，マクロプルーデンス監督が重要であることが議論されてきた．それを受けて，欧州では2010年12月に欧州システミック・リスク理事会（European Systemic Risk Board, 以下ESRB）を設立した．その目的は第1に，早期にシステミックな脅威をみつけること，そしてそれに対処し，コントロール不能なインパクトを抑えていくことである．つまり，マクロレベルで金融機関の健全性をチェックし，全システム規模のリスクを管理し，早期警戒システムを発動することである．より具体的にその任務をあげると，①関連情報の確定・収集・評価，②システミック・リスクの調査・序列付け，③リスク警告の作成・公表，④リスク除去措置の制定・公表，⑤閣僚理事会に対する秘密警告の発動・状況見積りの作成，⑥警告・勧告の実施措置の監督等である．有意なシステミック・リスクが確認された場合には，警告を発するほか，必要に応じてリスク除去措置や立法措置の勧告を行うことがあげられる[8]．

マクロプルーデンスについて実際どのような形で評価しているかを示す例

---

8) JETRO（2011）．

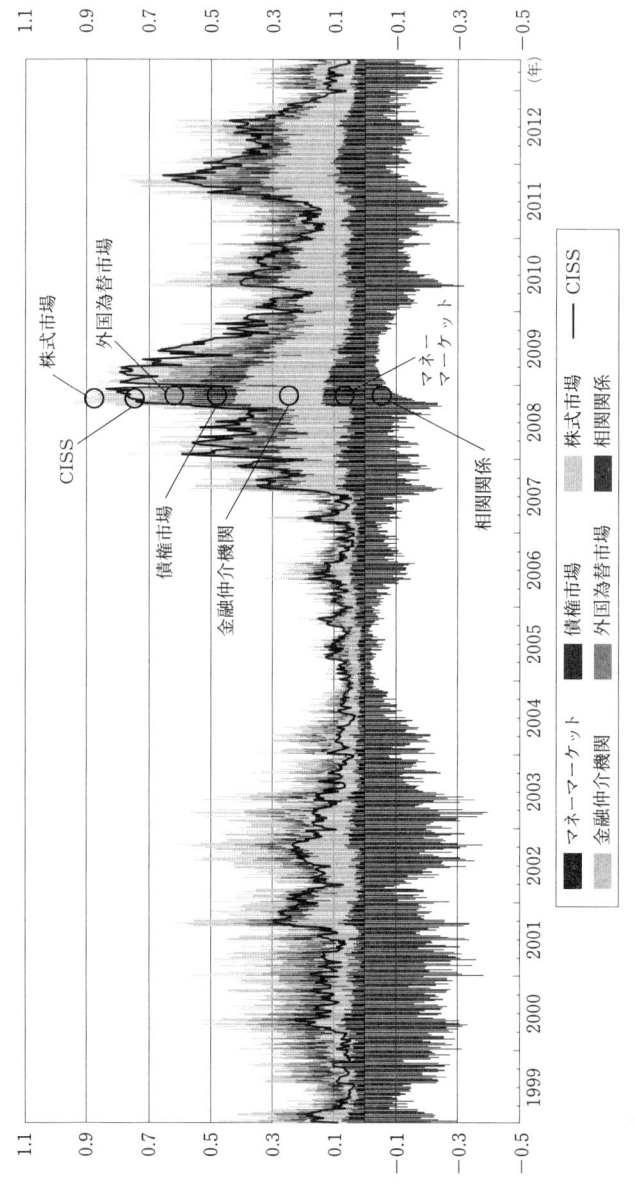

図2-2 システミック・ストレス指数（Composite indicator of systemic stress：CISS）の推移

注：数値はトムソン・ロイター，ECB，ECBによる算出。CISSは15の主に生のマーケットベースの金融ストレスメジャーを含んでおり，金融仲介機関，マネーマーケット，株式市場，債券市場，外国為替市場の五つのカテゴリーに等しく分けられている。よってCISSは主に，いくつかのマーケットセグメントにストレスが同時に広がるような状況に重きを置いているのである。この値は0～1の間をとる。より詳しくは，Holió et al. (2012) を参照。

出所：Holió et al. (2012).

として，ECBが作成しているシステミック・ストレス指数（Composite Indicator of Systemic Stress，以下CISS）をみてみよう．CISSとは，ECBによって作られた金融市場におけるシステミック・リスクをとらえるための新しい指数のことである[9]．この指数は，15のストレス指標をベーシックなポートフォリオ理論をもとに組み合わせたものである．図2-2には，1999～2013年初頭までのCISSが示されている．これをみると，2008年の金融危機の際に上昇した後，2011年に再び上昇したものの，現在ではその値は2008年の危機前の状態にまで戻っていることがわかる．

このようにESRBでは様々な角度からマクロ金融状況についてのアセスメントを行っている．まだその方法には問題も含まれており批判も多く聞かれるが，今後マクロプルーデンスを強化していく他国の見本になっているといえるだろう．

4.2　ミクロプルーデンス監督

ミクロプルーデンス監督については，これまでもすでに監督を行ってきているため，既存の機関を再構築した形になっている．欧州監督当局（ESAs）が，従来の欧州銀行監督当局委員会（CEBS），欧州保険企業年金監督当局委員会（CEIOPS），欧州証券監督当局委員会（CESR）を改組した欧州銀行監督機関（EBA），欧州証券及び市場当局（ESMA），欧州保険・年金当局（EIOPA）の三つの監査機関をもつ形になっている．

これらの機関は，まず各国が守るべき規制やその運用のスタンダードを欧州単一ルールブック（European Single Rulebook）として作成し，各国金融当局はそのスタンダードに合わせて監督する．しかし，各金融機関の監督権限は各国当局にあり，これら三機関は，国内金融監督当局の連携の調整役といえる．ただし，金融危機などが発生したときには直接金融機関に対して指令をだす権限を持つ．これにより，個々の銀行のミクロ的な監督については，EBAが中心になって行うことになった．

---

[9]　詳しい説明はHolló et al. (2012) を参照のこと．

5. ユーロ危機後の規制——銀行同盟について

　本節では，ユーロ危機の影響を受けてつくられた銀行同盟（Banking Union）について述べる．銀行同盟とは，EU における銀行に関わる法律や規制を統一するための取り組みである．バーゼルアコードによる国際的な銀行規制により，部分的な統一化は導入されていたが，基本的には銀行に関する法律や規制監督は母国主義に基づいてきた．銀行同盟を確立することで，この母国主義を見直し，統一化を図ることが試みられているのである．2008 年の金融危機を受けて，金融規制が大きく整備されているなかでユーロ危機が発生したため，どこからがユーロ危機の影響であるかをはっきり線引きするのは難しいが，2012 年 6 月に開かれた EU 首脳会議で提案された銀行同盟は，時期的にも内容的にもユーロ危機の影響を受けて出てきたものといえる．その会議では，銀行同盟，財政同盟，経済同盟，政治同盟という四つの面からユーロ域内の統合を進めることが合意され，債務危機の対応はもちろん，信用回復や，今後の成長と雇用の促進のための対策がとりいれられた．具体的には図 2-3 のような構成となっている．本節では，銀行同盟を構成する単一監督メカニズム（SSM），単一破綻処理メカニズム（SRM），預金保険制度について説明する．

5.1　単一監督メカニズム（Single Supervisory Mechanism：SSM）

　EU の経済財務相理事会は，2012 年 12 月にユーロ圏の銀行監督を欧州中央銀行（ECB）に集中させる単一監督メカニズム（Single Supervisory Mechanism：SSM）の法案に合意した．銀行監督を EBA に任せるか，ECB に任せるかは議論となったが，結局は ECB が監督することになった．ソブリン危機と銀行危機が相互に悪影響を及ぼすことへの恐れから，欧州安定メカニズムの資金で銀行を支援する案があるが，その案を実行する前に，銀行監督をユーロ圏で統一することが条件とされているため，この制度が合意されたことはユーロ危機収拾のためにも意味がある．また背景には，EBA 監督下でストレステストを行っていたにもかかわらず，ベルギーとフランスを中心とする大手金融機関であるデクシアが破綻したことがあると考えられる．

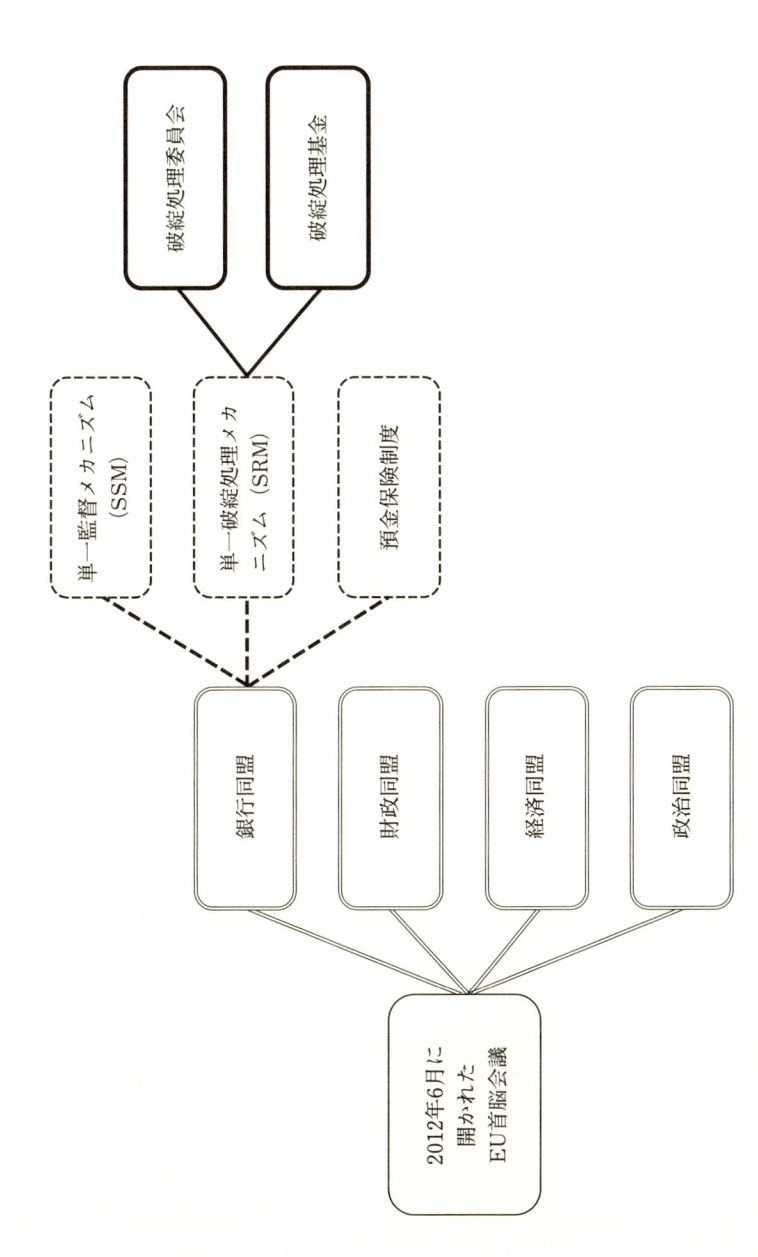

図2-3 銀行同盟の位置付け

この単一監督メカニズムは，当初ユーロのすべての銀行を対象にする予定であった．しかしなかなか合意が得られず，最終的には，各国の経済規模と比較して資産が多い，国境を超える活動が大きい，公的支援を受けている，などといった条件を満たす銀行のみが対象となることになった．対象以外の銀行については，各国の監督機関が直接的に監督を行うが，ECB はこれらの銀行についても監督に関する権限を持っている．この SSM は，当初のスケジュールから遅れて 2014 年 11 月に導入された．

5.2　単一破綻処理メカニズム（SRM）と預金保険制度

　次に，単一破綻処理メカニズム（SRM）は，ユーロにおける統一された破綻処理制度である．ユーロ危機を経て，銀行破綻についても統一化が急がれたことが背景にある．具体的には，「銀行再生・破綻処理指令」によるEU 加盟国の破綻処理ルールの共通化が進められ，単一破綻処理委員会（Single Resolution Board）と単一破綻処理基金（Single Resolution Fund）からなる共通の銀行破綻処理制度が設立され，2015 年 1 月から導入された．

　預金保険については預金保護の金額が 2009 年 3 月に 2 万ユーロから 5 万ユーロ，2010 年末にはそれが 10 万ユーロにまで引き上げられた．ベイルインのガイドラインとしては，預金保護以外に，個人，中小企業預金，欧州投資銀行（EIB）への返済は優先するなどといった部分で合意している．さらに 2014 年 4 月には，さらなる調和をはかるためにいくつかの制度改正が行われた．しかし，域内の預金制度を完全に統一するのはかなり先になるのではないかと考えられている．ベイルインについては，次節で詳しく述べる．

5.3　ベイルインへの流れ

　銀行同盟の設立が急がれた理由の一つが，ベイルインを可能にするためであるといわれている．金融危機後，アメリカのドットフランク法，バーゼル III の G-sifis への規制，日本の預金保険法改正など，世界的にベイルイン方式への動きがみられる．

　そもそも，金融危機が発生したときなどに，金融機関に公的資金を投入して救済することをベイルアウト（Bailout）と呼んでいる．この場合，ベイ

ルアウトに使われるのは公的資金であり，納税者の負担となる．このとき，預金者，債権者，株主などは銀行とともに救済される．これに対してベイルイン（Bailin）というのは，外部からの資金で救済するのではなく，預金者，債権者，株主が，例えば預金の一部削減，債務の減免，返済猶予などにより損失を負担することである．

　一般的に考えて，ベイルアウトの特徴は，金融機関を守ることで金融市場への動揺を抑えることができる一方，デメリットとして，納税負担に対する広く国民からの不満がでること，金融機関が助けてもらえることを前提にモラルハザードを起こすこと，また，財政赤字が増大することなどが考えられる．一方，ベイルインの特徴は，ベイルアウトのデメリットを抑えられるものの，預金者の不安や不満の高まり，預金者，債券保有者，株主が慎重になることで，金融機関のファンディング・コストが増大する可能性が高いことである．

　日本のバブル崩壊後は，1995年に住専問題が生じたときに公的資金を投入するか，あるいは母体行が責任を持つか，母体行を含めた全貸し手が責任を持つか，つまりベイルイン方式をとるべきか，ということが議論になった．当時は農林系の金融機関への公的資金投入が問題視され，納税者からの批判が相次いだ．これが間接的に銀行への公的資金投入を遅らせる一つの要因になり，銀行への公的資金投入は1998年，1999年を中心に行われた．当時，都市銀行への多額の公的資金投入に批判はあったものの，金融機関を早く健全な状態に戻してほしいという声も聴かれ，ベイルインに関する議論は特に進展することはなかった．ベイルインに関する動きとしては，2002年からペイオフ方式が導入され，2013年には預金保険法が改正され，ベイルインの対象として，劣後債，優先株式，劣後ローンの3種類が加えられたが，シニア債務や預金，既存の債券などは，今のところ対象外となっている．

　2008年の金融危機後のアメリカでは，思い切った形で早期に公的資金が投入された．日本のバブル崩壊の経験やそれ以前のS&L危機の経験を踏まえた対応が評価されたが，一方で，平均賃金の何倍もの給料を得ているウォール街の金持ちを守るために税金が使われた，という批判も多く噴出し，また，アメリカの財政赤字は大きくなっている．そのことから，アメリカでは

TBTF問題（大きすぎてつぶせない，Too Big To Fail問題）を解決することが急がれ，ドットフランク法にそのことが盛り込まれた．これは大きな金融機関が危機になったときに，ベイルイン方式でどのように処理していくかの道筋を示したものといえる．

ユーロでは，リーマンショック直後は，ドイツ，イギリス，ベルギー，フランスなどを中心に公的資金投入が相次いだが，2010年のギリシャ危機以降は，EU，ユーロ圏当局による危機国への救済が続いた．これらの救済に対する当該国以外からの批判は激しく，また実際に，ユーロ加盟国は，金融危機と，公的資金投入から生じた財政危機の両方に悩まされるようになった．そしてキプロスの危機の際には，大口預金者に資金提供を求めるベイルイン方式が導入された．そして，銀行同盟を設立するにあたり，ベイルイン方式をそこに盛り込まなければいけないということが急務になったのである．結果として，銀行同盟にはベイルイン方式が詳細にわたって盛り込まれることとなった．

しかし，このような動きに警笛をならす意見もある．例えばDewatripont（2014）は，ベイルイン方式のもとでは，金融危機が発生することを感知したときに，市場が過剰反応する恐れを考慮にいれるべきだとしている．そのため，マクロショックによって金融危機が発生するときには，ベイルアウト方式で対応するか，少なくとも併用することを推奨している．

6. 銀行以外の金融規制

最後にここまで触れてこなかった銀行以外の金融機関に関する規制のうち，シャドーバンキング規制と先物取引に関する規制について説明する．

6.1 シャドーバンキング規制

2008年の金融危機でも，シャドーバンキングが危機の規模を大きくしたことが問題になった．また，シャドーバンキングに対する規制監督が整備されていないために，ディスクロージャーがすすんでいなく，危機が起こったときや，危機を予測するときに，不確実性の度合いを高めることが問題を大

きくしている．そもそも，1998年のアジア通貨危機時から問題とされてきたシャドーバンキングであるが，今回の金融危機を受けてG20がシャドーバンキングに関する監督強化を積極的にとりあげ，金融安定化理事会（FSB）が中心となって危機防止を目指している．

　欧州では先に説明した「ド・ラロジェール・レポート」において，ヘッジファンド規制の強化について提言している．提言内容は主に，EU及び国際レベルで，登録と情報開示の制度を導入することや，関係機関に自己資本規制を導入することなどである．そして，その後の2009年4月に，欧州委員会は「オルタナティブ投資ファンド運用者指令」（Directive on Alternative Investment Fund Managers：AIFM）を発表した．AIFMでは，ヘッジファンドだけでなく，不動産ファンドや商品ファンドなど，広く規制をかけることで，ヘッジファンドが姿を変えて同じ活動をすることを防止している．また，開示条件や，自己資本比率を満たすなどの条件をクリアしたうえで許可を得なければならない．年次報告書で情報を開示することや，監督受け入れなどについても詳しく提言されている．このAIFMはG20で話し合われてきた内容をさらに一歩進めたものであり，比較的自由な活動を確保するため，あるいはヘッジファンドを保護するために規制を厳格にしないことを望むアメリカに対する，ドイツやフランスの強い意向が示されているといえる．さらに，欧州委員会で2010年9月にOTCデリバティブ規制（European Market Infrastructure Regulation：EMIR）の法案を発表し，中央清算機関（Central Counter Party：CCP）に対して資本金規制や内部統制等の健全性規制を課すことなどを提案している．

6.2　金融取引に関する規制

　2008年の金融危機以来，ネイキッドショートセリングを規制する動きがいろいろな国から出てきていた．ネイキッドショートセリングは，売付けの際に株の手当てがなされていない空売りなので，大量の空売りによって価格を大きく動かす投機的な性格を持つ．現在多くの国で規制されているもので，日本でも時限的に規制していたのを2014年になって見直し，恒久的に規制することが決まった．

ドイツでは金融危機後に規制を設けたが，次第に危機による影響が落ち着いてきたとして，いったん 2010 年 2 月にネイキッドショートセリング規制などを解除した．しかしその後，ギリシャ危機の深刻度が高いことがわかると，5 月から単独でネイキッドショートセリング規制を復活させ，ユーロ圏のソブリン債のネイキッド CDS について，ヘッジ目的でないものを禁止するとした．このドイツの単独行動のインパクトは大きく，市場を混乱させるとともに，欧州各国から批判が相次いだ．しかし，結果的にはその規制の影響はそれほど大きくないことや，当初批判的であったフランスなどもやがて理解を示すようになり，EU 全体として同様の規制を検討することとなった．

2012 年 3 月に，EU は，空売りと CDS に関する規制の最終ルールを公表した．これは主に，ネイキッドショートセリングを規制し，ネイキッドのソブリン CDS を禁止するものである．ネイキッドのソブリン CDS とは，投機目的のソブリン CDS のことだが，投機目的であるか否かの判断が難しく，その点が議論になった．2012 年 11 月にはこの最終ルールを元に，ネイキッドショートセリングとネイキッド CDS が規制された．

7. おわりに

本章では，バーゼル以前からの欧州における金融規制の傾向を振り返り，バーゼル規制の経緯と欧州へのインパクトについて説明し，その後の金融規制改革について述べた．

本章をまとめるにあたり，第 1 に，欧州の金融規制がいかに複雑なものであるかということをあらためて感じた．これまでの規制への様々な合意をみていると，各国の事情や，それまでの欧州での規制を，いかに整理し，いかに統合していくか，という努力が重ねて行われてきていることがわかる．それでも，各国の事情や既存の制度規制を考慮しながら作られていく規制はやはり複雑なものとなっており，通貨統合のコストの大きさを再認識した．しかし，もちろん今これだけのコストをかけながら統合していくことが，長期的には大きなベネフィットをもたらすのかもしれず，そのような目標に向かって複数の国が協調していること自体が壮大な試みであるといえる．第 2 に，

バーゼル規制の国際的な調整をみていると，望ましい規制を目標としつつも，メンバー国間の調整が行われるなかで，規制内容が交渉力や政治的影響に常に左右されていることがわかる．欧州の場合は，ECB や EBA など中枢となる機関が望ましい規制についての議論を重ねているように見えるが，バーゼル規制の場合は，既存の規制をいかによい方向に導くかという調整は行われているものの，超越的に望ましい規制の方向性を探る機関が存在せず，今後そのような機関を新しく設立するか，あるいはバーゼル委員会にそのような機能をもたせることが期待される．

ユーロ危機による規制への影響はまだ進展途中である．今後，規制の動向がどのような方向にいくのか，データを使った分析をするとどのようなことがわかるのか注目していきたい．

参考文献

Buch, Claudia M. and Ralph P. Heinrich (2002), "Financial Integration in Europe and Banking Sector Performance," Kiel Institute of World Economics, January 2002. ftp://ftp.zew.de/pub/zew-docs/div/buch.pdf

Constâncio, Vítor (2014), "The European Crisis and the Role of the Financial System," *Journal of Macroeconomics*, Vol. 39, pp. 250-259.

Dewatripont, Mathias (2014), European Banking: Bailout, Bail-in and Atate Aid Control," *International Journal of Industrial Organization*, Vol. 34, pp. 37-43.

Goodhart, Charles A. E. (2013), "From National towards European/Global Financial Regulation," *50 Years of Money and Finance: Lessons and Challenges*, SUERF 50th Anniversary Volume, The European Money and Finance Forum.

Holló, Dániel, Manfred Kremer and Marco Lo Duca (2012), "CISS-A Composite Indicator of Systemic Stress in the Financial System," Working Paper Series, No. 1426, European Central Bank.

Makri, Vasiliki, Athanasios Tsaganos and Athanasios Bellas (2012), "Determinants of Non-Performing Loans: The Case of Eurozone," Panoeconomicus, Vol. 61(2), pp. 193-206.

Reichlin, Lucrezia (2014), "Monetary Policy and Banks in the Euro Area: The

Tale of Two Crises," *Journal of Macroeconomics*, Vol. 39, pp. 387-400.

Sasaki, Yuri N.（2014）,"The disclosure of non-performing loan prevented banks' evergreening policy?: Lessons from Japanese banks' experiences," *Keizai Kenkyu*（The society of Economics, Meiji Gakuin University）, No. 147, pp. 71-86.

伊豆久（2013），「ベイルアウトとベイルイン」『証研レポート』（日本証券経済研究所大阪研究所），第 1680 号，pp. 38-53．

伊藤さゆり（2013），「ユーロ圏の銀行同盟――注視すべきは進展スピードだけではない」，Weekly エコノミスト・レター（ニッセイ基礎研究所），2013 年 7 月 19 日．

伊藤さゆり（2014），「動き出すユーロ圏の銀行同盟――制度の脆弱性克服の決め手となるか？」，基礎研レポート（ニッセイ基礎研究所），2014 年 5 月 30 日．

井上武（2013），「銀行同盟の第一歩，ユーロ圏への単一銀行監督制度の導入」『野村資本市場クォータリー』（野村資本市場研究所），第 16 巻第 3 号（2013 年冬号），pp. 47-55．

太田瑞希子（2014），「銀行同盟：EU 銀行監督と破綻処理」，明治大学国際総合研究所「第 6 回 EU 研究会」議事録．

大橋善晃（2009），「金融サービス行動計画（FSAP）の経済的インパクト――欧州委員会による FSAP の包括的評価」日本証券経済研究所レポート，2009 年 12 月 16 日．http://www.jsri.or.jp/publish/topics/pdf/0912_01.pdf

佐々木百合（2010），「バーゼルⅢにみる 3 つの問題点」『月刊金融ジャーナル』第 51 巻第 12 号（2010 年 12 月号），pp. 28-31．

佐々木百合（2012），「金融規制強化は必要か（下）」，日本経済新聞「経済教室」2012 年 6 月 22 日．

佐藤秀樹（2013），「欧州銀行同盟の視角と金融監督体制の革新――ユーロ危機に対する 1 つの resolution」国際経済学会 2013 年度春季大会報告論文．

JETRO（2011），「欧州金融監督制度（ESFS）の概要」『ユーロトレンド』（JETRO：日本貿易振興機構），第 98 号（2011 年 2 月号），Report 4．

中川辰洋（2013），「フランス銀行改革の意義と問題点――銀行規制・監督体制は強化されるか」『証券経済研究』（日本証券経済研究所），第 82 号（2013 年 6 月），pp. 69-90．

氷見野良三（2005），『〈検証〉BIS 規制と日本（第 2 版）』金融財政事情研究会．

山村延郎・三田村智（2005），「ドイツ・リテール金融業務における自己資本比率規制とリレーションシップ・バンキングの意義」『FSA リサーチ・レビュー』（金融庁金融研究研修センター），第 2 号，pp. 29-58．

第3章
ユーロ圏危機への法的対応

中西 優美子

1. はじめに

　現在の単一通貨ユーロの紙幣・硬貨が流通を始めたのは，2002年1月1日である．それから10年たった，2012年，ユーロは最大の危機に直面した．2008年に発生したリーマン・ショック以前は，ユーロはドルに次ぐ国際通貨としてその信用を得ていた．そのようなユーロに危機をもたらしたのが，ギリシャの危機である．ギリシャ及びユーロ圏の危機については経済学者による論文が多数公表されている．

　本章では，なぜギリシャ危機及びそれに端を発するEUの金融危機が起こったのかを踏まえた上で，ユーロ圏危機に対してEU（及びEUの諸機関）とその構成国がどのような法的措置をとってきたのか，また，とりつつあるのかを，とくに，権限にかかわる法的諸問題に留意しながら明らかにしたい．ここでは法的な対応措置を救済措置，再発防止措置，金融の監督・安定化措置に分けて見ていくことにする．

　より具体的には，以下のとおりである．救済措置（II）においては，ESM条約及びOMTを，再発防止措置（III）では，いわゆるシックスパックとツーパック，財政規律条約及びヨーロピアン・セメスターを取り扱う．さらに，金融の監督・安定化措置（IV）においては，真の経済・通貨同盟，銀行同盟，欧州金融監督制度及び金融取引税を取り扱う．それらの措置はそれぞれ単独に存在するのではなく，有機的に結びついている．

また，それらの措置は，欧州委員会，理事会，ECB（欧州中央銀行）及び下部機関並びに EU 構成国が，それぞれに与えられた権限を最大限に用いつつ，ユーロ圏危機に対応した結果でもある．それらを通じて，欧州統合の中での最大の危機の一つとして捉えられるユーロ圏危機への EU 及びその構成国の危機対応能力のしなやかな強靭さ，並びにそれを支える法制度を提示したい．

2. ギリシャ及び EU の債務危機の発生原因

2.1 単一通貨ユーロの歴史

1958 年に発足した EEC（欧州経済共同体）は 1969 年には関税同盟を完成させた．そして次に経済・通貨同盟（EMU）を実現するために，ピエール・ウェルナーを委員長とする特別検討委員会を設置し，1970 年にウェルナーは，EMU に関する報告書を提出した．しかし 1970 年代には二度のオイル・ショックやニクソン・ショックなどが起き，ウェルナーの計画は採用されなかった．

1985 年から欧州委員会の委員長を務めたジャック・ドロールは，当時の EC の経済的停滞を打ち破るために「域内市場白書」をまとめ，それが 1986 年に署名された単一欧州議定書へとつながっていった．単一欧州議定書は，人，物，サービス及び資本の四つの自由移動を確立する域内市場を創設することを第 1 の目的としていたが，真の域内市場の達成には単一通貨の導入が不可欠であり，ドロールは，経済・通貨同盟の設立に関する報告書も発表した（1989 年）．

1992 年に署名されたマーストリヒト（EU）条約は，欧州中央銀行（ECB：ドイツ・フランクフルト）を設立し，経済・通貨同盟を発足させ，単一通貨を導入するまでを 3 段階に分けて規定した．実際それらの段階を踏んで，1999 年 1 月にまず決済通貨として単一通貨ユーロが導入された．当時の EU の構成国は 15 カ国であったが，英国，デンマーク及びスウェーデンは経済・通貨同盟からオプト・アウトし，ギリシャは，ユーロ導入の基準

を満たせなかったため，11カ国でスタートした．

　ユーロ導入の基準（経済収斂基準）は，以下の四つの判定基準からなっている．①消費者物価指数でみたインフレ率が，構成国中もっとも低位安定している3カ国の平均インフレ率から過去1年以上にわたり1.5%以内にあること（物価安定），②年間の財政赤字額が，国内総生産（GDP）の3%以内で，政府債務残高がGDPの60%以内であること（財政状況），③少なくとも2年間，ERM（為替相場メカニズム）の標準変動率を厳守し，他のどの構成国通貨に対しても切り下げられていないこと（為替相場），④長期国債あるいはそれに相当する証券の金利が，構成国中もっとも安定的な物価を維持している3カ国の長期金利から過去1年以上にわたって2%を超えていないこと（長期金利）である（旧EC条約109条1項，「過剰な赤字手続に関する議定書」（マーストリヒト条約附属第5議定書）第1条)[1]．

　ギリシャは，2001年から経済・通貨同盟への参加が認められ，今日に至っている．ただギリシャは，このうち②の条件につき，偽りのデータを作成していたことが分かった．さらに，2009年10月にギリシャにおいて政権交代が行われ，その結果，旧政権下の財政赤字は基準の3%を大幅に超えるものであったにもかかわらず，それを隠ぺいしていたことが明らかになった．また，同時に債務残高も基準の60%を超える100%超となっていた．

2.2　財政政策と金融政策

　マーストリヒト条約は，欧州中央銀行に通貨ユーロの発行に対し排他的な権限を付与した（現EU運営条約128条）．よって，金融政策分野においては，EUが排他的な権限を有することになった（現EU運営条約3条1項）．一方で財政政策（経済政策）分野は，原則的に構成国が排他的な権限を有することとされた．それゆえ，EUと構成国の双方が車の片輪しかもたず，危機が起きたときに，金融政策手段と財政政策手段の両方を利用することはできない状況になった．

　もっとも，このような権限の分割を基礎にした経済・通貨同盟制度には弱

---

[1]　藤井（2010）のⅢ章においてユーロについて簡潔にまとめられている．また，歴史的概括を知るのには，小林（2010），p.56以下を参照．

点があるものの，マーストリヒト条約が段階を定め，それに基づき通貨統合が進められ，実際にユーロ導入という偉業に至った．この際，法制度が経済・通貨同盟の設立に果たした役割は見過ごしてはならない[2]．なお，財政政策と金融政策は，常に明確に区別されるわけではなく，後述するように，この区別が判例等においても争点になっている．

2.3　安定・成長協定

経済・通貨同盟を促進・維持するために，ドイツの要望で，安定・成長協定（Stability and Growth Pact）が導入されることになった．

安定・成長協定は，1997年6月17日の欧州首脳理事会の決議，1997年7月7日に採択された二つの理事会規則，すなわち，予算状況の監視並びに経済政策の調整及び調整の監視の強化に関する理事会規則1466／97[3]，過剰財政赤字是正手続の実施の迅速化と明確に関する理事会規則1467／97[4]から構成される（これら規則はいずれも旧EC条約の条文を法的根拠条文として採択されている）．前者の理事会規則1466／97は，過剰な一般政府赤字の発生を早い段階で防ぎ，かつ経済政策の監視と調整を促進するために，ユーロ圏構成国には安定計画の策定を求め，非ユーロ圏構成国には収斂計画の策定を求めるものであった．後者の理事会規則1467／97は，過剰財政赤字を防ぎ，かつ生じた場合には迅速に是正するために期限の設定を含めた手続を定めていた．

理事会規則1467／97は，財政赤字がGDP比3％を超えた場合に，GDP比の0.2％から0.5％の無利子の預託金を支払わなければならないという制裁を定めていた．この手続においては，欧州委員会が勧告をし，それに基づいて理事会が過剰赤字の存在の決定を特定多数決で行う仕組みになっていた．

しかし，2002年，ドイツとフランスの財政赤字が3年連続でGDP比で3％を超えることが見込まれ，欧州委員会は過剰財政赤字是正手続に基づき，理事会に勧告をした．ドイツとフランスを含む構成国の代表から構成される

---

2) Kobayashi (2011).
3) OJ of the EU 1997 L209/1.
4) OJ of the EU 1997 L209/6.

理事会は，これを 2003 年 11 月に否決した（理事会の決定は，通常特定多数決でなされる．大国が反対すると可決するのが困難である）ため，欧州委員会が欧州司法裁判所に提訴した．欧州司法裁判所は，欧州委員会の全面勝訴を判示したわけではないが，ドイツとフランスに関して採択された理事会の当該決議自体は無効であるとの判示を行った[5]．

このような判示を受けたものの，この後理事会は，欧州委員会の勧告を受け入れるということはしなかった．逆に，欧州委員会の勧告の基礎となっている安定・成長協定そのものを改正するための行動をとった．具体的には，2005 年 3 月 20 日に理事会が「安定・成長協定実施の改善」と題される報告書を採択し，同年 3 月 23 日の欧州首脳理事会により承認された．これを受け，理事会は同年 6 月 27 日に規則 1467／97 を修正する理事会規則 1056／2005[6] を採択した．この修正により安定・成長協定の基本的枠組が維持されたものの，深刻な不況の場合などには同協定の義務が免除されることになり，過剰財政赤字是正手続が開始されないことになった．

3. 債務危機に対する救済措置

3.1 ギリシャ支援

2009 年 10 月にギリシャでは政権交代がなされ，財政データの粉飾が明るみに出た．2010 年 4 月，ギリシャは EU と IMF（国際通貨基金）に金融支援を要請した．2010 年 5 月，EU では 800 億ユーロの支援，IMF は 300 億ユーロ，計 1,100 億ユーロのギリシャ支援（第 1 次金融支援）が決められた．EU では，金融支援の枠組として，EFSM（欧州金融安定メカニズム）と EFSF（欧州金融安定ファシリティ）が設立された．前者の EFSM は，重大な困難に陥っている構成国に財政支援を与える EU 運営条約 122 条 2 項を法的根拠条文にして，2010 年 5 月 10 日の理事会規則 407／2010 により設立された．後者の EFSF は，財務相理事会の枠組における 2010 年 5 月 9 日の

---

5) Case C-27/04 Commission v. Council［2004］ECR I-6649；須網（2005）．
6) OJ of the EU 2005 L174/5.

決定に従い，ユーロ圏の EU 構成国により創設された．

その後，ギリシャのパパンドレウ首相が，債務削減に関する包括政策の是非を問う国民投票を行うと発表したが，EU 諸国及び国内政権内からも批判を受け，取りやめるという政治的混乱の経緯があり，2011 年 11 月パパデモス ECB 前副総裁が首相になった．

第 2 次金融支援を受けるためには，ギリシャの抜本的な財政再建，年金改革，金融規制及び構造改革が必要であるとされた．逆に，この条件をのまない限り，無秩序なデフォルト（政債務不履行）に陥るところまでギリシャは追い込まれた．結局，ギリシャは，これらの条件を満たす措置をとり，2012 年 2 月 21 日ユーロ圏財務相会合で，EU と IMF によるギリシャ向け第 2 次金融支援が合意された．同支援額は，1,300 億ユーロとなった．これを受け，下がり続けていたユーロの価値が上昇に転じることになり，債務危機が一段落した様相を見せた．

3.2　ESM（欧州安定メカニズム）条約

(a) ESM 条約とは

ギリシャ危機の対応に当たって，暫定的に EFSM（欧州金融安定メカニズム）と EFSF（欧州金融安定ファシリティ）が設立された．ゆえに，EFSF の期限が 2013 年夏までであるため，それ以降の欧州安定に必要なメカニズムが必要として ESM の設立が決定された．

その経緯はこうである．2010 年 10 月 28 日及び 29 日の欧州首脳理事会の会合において，国家又は政府の長は，一体としてのユーロ圏の金融安定を保護するためには，恒久の危機対応メカニズムを設定することが必要であるということに合意した．そこには，次のような認識があった．ユーロ圏においては，強い相互関係が存在している．ユーロを導入している構成国の財政安定に重大な危険がある場合，それが一体としてのユーロ圏の財政安定を危機に陥らせるかもしれない．そこで，財政支援を与えることのできる金融安定網の構築が不可欠であると．

そして 2010 年 12 月 16 日，ベルギー政府は，簡易改正手続を定める EU 条約 48 条 6 項に基づき，EU 運営条約 136 条を改正する提案を行った．

2011年3月25日の欧州首脳理事会の決定により，同条の改正，つまり同条に3項が追加されることになった．「通貨がユーロである加盟国は，一体としてのユーロ圏の安定を維持するのに不可欠である場合，安定メカニズムを設定することができる．メカニズムの下で必要とされる財政支援の要求の受け入れは，厳格な条件に服する」．なお，これはEU運営条約48条6項に基づく簡易条約改正手続[7]によるものであった．この改正により，恒久の安定メカニズムを設立することが可能になった．これを受け，ユーロを既に導入しているEU構成国17カ国[8]は，2012年2月2日に欧州安定メカニズムを設立する条約に署名した．ESMは，2012年10月8日に正式に活動を開始した．

ESM（欧州安定メカニズム）条約は，資金基盤と金融安定を堅固にするために恒久の国際金融機関を設立することを目的としている．ESMを銀行として機能させれば，欧州中央銀行からの資金供給を得て，融資能力を大幅に拡大できると考えられている．また，同機関はルクセンブルクに置かれる．ESM条約は，前文と48カ条から構成されている．条約の締約国は，ESMの構成員となる．現在非ユーロ圏構成国であっても，後にEU運営条約140条2項に従い経済・通貨同盟に加入すれば，ESMの構成員となる道が開かれている[9]．ESMの構成員の投票は，ESM条約の附属書IIに定められる出資額[10]により配分された加重投票による（ESM条約4条）．また，同条約は，附属書IIに定められる総出資額の90％を代表とするESMの構成員が批准したときに発効すると定められており，2012年9月27日に発効した．投票

---

7) リスボン条約による改正により，通常の条約改正手続とは別に簡易条約改正手続が導入された．簡易条約改正手続の場合は，諮問会議が招集されず，欧州首脳理事会の決定が各構成国における憲法上の規定により承認された後に発効する．本改正についての決定は，OJ 2011 L91/1.

8) ベルギー，ドイツ，フランス，ルクセンブルク，オランダ，イタリア，スペイン，フィンランド，アイルランド，ポルトガル，オーストリア，ギリシャ，マルタ，キプロス，エストニア，スロベニア，スロバキアの17カ国である．

9) 2014年1月1日よりラトビアがユーロを導入し，2014年3月13日によりESMの構成国となった．

10) 出資額については，http://www.esm.europa.eu/about/governance/shareholders/（2015年2月1日アクセス）参照．

においても発効においても，民主的政治的というよりも経済的現実的な観点から決められている[11]．

ESM の融資能力は，初期には 5,000 億ユーロであるが，この上限は定期的に審査して変更される予定である．ESM 条約及び附属文書の解釈と適用についての問題が生じた場合は，理事会（Board of Governors）に提出され，同機関が紛争を判断するが，その判断が争われるときには，紛争は EU 司法裁判所に付託される．裁判所の判決は拘束力を有し，当事者は，裁判所が設定する期限内に判決を遵守するために適当な措置をとらなければならない（ESM 条約 37 条）．

ESM の役割は金融支援を与えることであるが，これに関しての ESM の重要な点がある．2013 年 3 月 1 日以降，ESM の下での新しいプログラムの枠組における財政支援は，後述する経済・通貨同盟における安定，調整及びガバナンスに関する条約（財政規律条約：TSCG）の批准を条件としている（ESM 条約前文 5 段）．金融支援を受けたい国は，まず厳格な財政規律を定めた TSCG を批准しなければならない．ユーロ圏 EU 構成国は，今後新財政規律条約に服することなく，財政支援を受けるのが難しくなる．これは，今回のギリシャのように財政規律不遵守国に釘をさすものとなっている．

(b) ESM 条約とドイツ連邦憲法裁判所

ユーロ危機の対応措置として，まず EFSM（欧州金融安定メカニズム）と EFSF（欧州金融安定ファシリティ）が設立された．前者の EFSM は，重大な困難に陥っている構成国に財政支援を与える EU 運営条約 122 条 2 項を法的根拠条文にして，2010 年 5 月 10 日の理事会規則 407／2010 により設立され，後者の EFSF は，財務理事会の枠組における 2010 年 5 月 9 日の決定に従い，ユーロ圏の EU 構成国により創設された[12]．ドイツでは，これらに基づきギリシャへの財政支援を実施するために二つの国内法律[13]が制定さ

---

11) このことの問題を指摘するものとして，中村（2014），p. 145.
12) 中西（2012），pp. 69-70.
13) 通貨同盟における金融安定に必要なギリシャの支払い能力の維持のための保証引き受けに関する法律（das Gesetz zur Übernahme von Gewährleistungen zum Erhalt der für die Finanzstabilität in der Währungsunion erforderlichen Zahlungsfähigkeit

れた．これらの法律がドイツ基本法（憲法）に違反するか否かが争われたのが，2011年9月7日のドイツ連邦憲法裁判所の判決であった[14]．判決においては，合憲の判断が下された．

ESM条約とTSCGの署名後，これらを批准する手続きがとられた．これらの批准のために関連法律が連邦議会と連邦参議院により採択されたが，ドイツ連邦大統領がこれらに署名し，これらの国際条約の批准を終了する前に，複数の原告により差し止め仮処分の申立てが出された．原告らは，関連法律がドイツの憲法である基本法（Grundgesetz）79条3項と結びついた38条1項並びに20条1項及び2項に違反すると主張した．基本法79条3項は憲法改正における限界について定め，38条1項は選挙権を定めている．

ESM条約・TSCG事件[15]では，2011年9月7日判決と同様に選挙権，民主主義の原則，連邦議会の予算権という文脈で議論された．審査の対象が，2011年9月7日の判決では，財政支援を可能にする暫定的な措置であったが，本件では，ESM条約が，永続的な金融安定を確保するために締結された国際条約上のメカニズム，すなわち独立しかつ永続的な国際機関の設立を予定するものであったために，より詳細で具体的な判断枠組が示され，審査されることになった．具体的には，ドイツ連邦憲法裁判所は，連邦議会の財政政策上の全面的責任（Haushaltspolitische Gesamtverantwortung）が確保される否か，逆に言うと，そのための連邦議会の権限が空洞化しないか否かを重点的に審査した．また，その全面的責任を担保する手段として，連邦が「決定の主人」であり続けるための前提条件である，条約に定められた分担金を超す支払いが要請される場合には連邦議会の事前の同意を要するものとなっているかという事項，また，連邦議会が十分な情報を有することが確保されているかという事項が審査の焦点となった．

ドイツ連邦憲法裁判所は，ユーロ圏相互支援のために恒久的なメカニズム

---

der Hellenischen Republik）と，欧州安定メカニズムの枠組における保証引き受けに関する法律（das Gesetz zur Übernahme von Gewährleistungen im Rahmen eines europäischen Stabilisierungsmechanismus）である．
14) BVerfG, 2 BvR 987/10 u. a. vom 7. September 2011；小場瀬（2012）．
15) BVerfG, 2 BvR 1390/12 u. a. vom 12. September 2012. この項目は，中西（2013 a）を基礎にしている．

を国際条約により設定することは，これまで通貨同盟を特徴づけてきた国内財政政策の独立性の原則から完全な形でないにしても離脱することを意味することになるとしつつも，EU 運営条約 136 条 3 項の挿入により通貨同盟の安定を目指す路線が放棄されるわけではないとした．とりわけ，ECB の独立性，その物価安定優先義務及び金銭的財政支援の禁止は変更されない．また，国際条約の締結により安定メカニズムを設立することは，国内の予算の自律性を損なわないとした．それによりドイツ連邦議会は他のアクターに財政政策上の権限を移譲するわけではないとした．

ESM 条約がドイツ憲法（基本法）に違反するものか否かについて，ESM 条約に関する法律は，基本法 38 条 1 項並びに 20 条 1 項及び 2 項の要請を実質的に考慮したものとなっているとしつつも，ドイツ連邦憲法裁判所は，連邦議会の財政政策上の全面的責任を確保するために，その担保手段としての事前の合意と情報供与に関して以下のような解釈の留保[16]をなすことで，合憲の判断を下した．

1 つ目の問題点が，ドイツに割り当てられる分担金の限度額についてであった．ESM 条約 8 条 5 項 1 文と付属書 II により，ドイツの分担金は 190,024,800,000 ユーロとなる．これを超える場合として，同条約が規定しているのは，ESM 条約 10 条に基づく ESM の資本金変更の場合と，同 8 条 2 項 4 文に基づいてとられる決定の場合である．ドイツ連邦憲法裁判所は，ESM 条約を審査した結果，これら 2 つの場合を別にして，さらに限度額が超えてしまう可能性を示した．すなわち，同条約 252 条 2 項と結びついて 9 条 2 項及び 3 項に基づく資本金引き上げに伴う出資要求がなされる場合，ESM 条約 8 条 5 項 1 文が適用不可能となり，限度額が固定されていないという解釈が可能であることを示した．裁判所は，このような解釈の可能性が，ドイツ連邦議会の財政政策的な全面的責任を侵害することを危惧して，ESM 条約 9 条 2 項と 3 項 1 文は，ドイツに対し限度を超えた支払義務を根拠づけるように解釈されたり，そのために適用されたりしないことが確保されない限り ESM 条約の批准は憲法上許容されないとした．この留保により，

---

16) Leosius (2012); Schorkopf (2012); Ruffert (2012); Tomuschat (2012).

財政政策上の全面的責任を引き受ける，ドイツ連邦議会の同意なくしては，超過的な歳出は許されないということが明確に示された．

2 点目は，ドイツ連邦議会に対する情報の提供であった．ESM 条約 32 条 5 項は，公的文書と書類の秘密性を定めているため，ESM の意思なくしてあるいはその意思に反して要請されたり，閲覧されたりすることはできない．また，ESM 条約 34 条は，守秘義務を規定している．さらに，ESM 条約 35 条 1 項から特権・免除が生まれる．ESM 条約 32 条 5 項，34 条及び 35 条 1 項が国内議会に対して言及していないため，ドイツ連邦憲法裁判所は，これらの権利が結果としてドイツ連邦議会及び参議院が必要とする情報が同議会と参議院に届かないという事態になることを懸念した．そこで，裁判所は，意思決定に必要な情報が両機関にいきわたることが確保されない限り，ESM 条約の批准は許容されないとした．この留保は，財政政策上の全面的責任を負う，連邦議会がその決定を行う際の本質的な基礎となり，結果の分析に不可欠な情報が連邦議会と参議院に提供されなければならないことを明確にした．

(c) ESM 条約と EU 司法裁判所（欧州司法裁判所）

ESM 条約については，ドイツ連邦憲法裁判所は，解釈の留保を付けたうえで合憲の判断を下した．同条約はさらに欧州司法裁判所で Pringle 事件[17]として争われることになった．

2012 年 4 月 13 日に，アイルランドの議会議員である Pringle が，アイルランド高等裁判所に欧州首脳理事会決定 2011／199 が合法的に採択されておらず，また同決定は EU 法に違反するとして訴えを提起した．この主張は棄却され，Pringle は，アイルランド最高裁判所に上訴した．同裁判所は，欧州司法裁判所に決定 2011／199 の有効性及び ESM 条約と EU 法の両立性について先決裁定を求めた．これが，Pringle 事件である．ESM 条約に関して，ドイツ連邦憲法裁判所はドイツ憲法の観点から，欧州司法裁判所は EU 法の観点からそれぞれ審査を行った．欧州司法裁判所は，ESM 条約に関して，

---

17) Case C-370/12 Thomas Pringle v. Government of Ireland, Ireland, The Attorney General [2012] ECR I-nyr. この項目については，中西（2013b）を基礎にしている．

EU法に違反しない否か，すなわち，金融政策におけるEUの排他的権限とESM条約の両立性，救済禁止条項であるEU運営条約125条とESM条約との両立性などについて判断を下した．

　EU運営条約3条1項cは，ユーロを通貨とする構成国の金融政策については，EUが排他的権限を有すると定めている．他方，経済政策については，「構成国は，連合内において経済政策を調整する．この目的のために，理事会は，措置，とくに経済政策に関する幅広い指針を採択する．」（EU運営条約5条1項）と定めている．ESM条約が排他的権限に入るのか否かについて，まず，欧州司法裁判所は本判決において，ESMの活動の目的とEUの金融政策の目的を以下のように区別した[18]．ESMの目的は，重大な財政問題を抱えているまたはその恐れのあるESM構成員に財政支援を与えることであるとした．また，裁判所は，ESMにより達成される目的，その目的達成の手段，並びにESMと経済政策に関するEU運営条約の規定及びEUの経済ガバナンスを強化する規制枠組の密接な関係に鑑み，ESMの設立は経済政策に入るとした．他方，EUの金融政策の目的は，物価安定の維持であり，EUの排他的権限はユーロ圏におけるマネー・サプライを規律することであるとした．さらに，ESMによる財政支援が物価安定に影響を与えるとしても，それは間接的なものにとどまるとした．よって，欧州司法裁判所は，EUの金融政策は，物価の安定維持が主要な目的であることを強調することによって，金融政策を限定して捉え，他方，ESMによる財政支援が経済政策と密接に結びついていることを重視し，それが経済政策に入るとし，その結果ESMはEUの排他的権限を侵害しないと判断した．

　Pringle事件のなかで最も多くの段落が費やされたのが，ESM条約とEU運営条約125条との両立である[19]．ESMの目的は，重大な困難に陥っているまたはそのような恐れのある構成国に，財政支援を与えることである．他方，いわゆる「救済禁止条項（No Bail-out Clause）」と呼ばれているEU運営条約125条1項は，「連合は，構成国の中央政府……その他の公法により規律されるその他の機関または公的企業の債務に対して，責任を負わず，ま

---

18)　本判決理由 55～60 段．
19)　本判決理由 129～147 段．

たは引き受けてはならない．ただし，特定の計画の共同実施に対する相互の財政的保証を妨げる場合には，この限りではない．構成国は，……債務に対して，責任を負わず，または引き受けてはならない．……」と定める．つまり，EU 及び EU 構成国は，別の構成国の債務の責任を負ったり，引き受けたりしてはならないと定めている．

　裁判所は，EU 運営条約 125 条 1 項を文言，体系，目的及び沿革的解釈という 4 つの解釈方法を用いて解釈した[20]．まず EU 運営条約 125 条の文言から，EU も構成国も別の構成国の債務に責任をもったりあるいは引き受けたりしない限り，同条は，EU 又は構成国に他の構成国に財政支援を与えることを禁止する意図はないことが明らかであるという解釈を示した[21]．そのような解釈を支持するものとして，EU 運営条約 122 条及び 123 条を挙げ，次のように理由づけた[22]．第 1 に，EU 運営条約 122 条 2 項は EU が重大な困難な状況にある又はその恐れのある構成国にアド・ホックに財政支援を与えることができると定めている．もし 125 条が EU 又は構成国により他の構成国下のすべての財政支援を禁止するものであるならば 122 条において「125 条から逸脱して」と規定されなければならなかったであろう．

　第 2 に，ECB 及び構成国の中央銀行に当座の貸越又は他のいかなる種類の信用上の便宜の供与も禁じる EU 運営条約 123 条は，救済禁止条項である 125 条で用いられているよりもより厳格な文言を用いている．125 条で用いられている文言との相違は，そこで規定されている禁止は構成国への財政支援をすべて禁じる意図はないという見解を支持するものである．その上で，裁判所は，どのような財政支援が EU 運営条約 125 条と両立するのかに関して審査に入った．この審査の際，裁判所は EU 運営条約 125 条の目的を検討した．まず，裁判所は，EU 運営条約 125 条が，1992 年に署名されたマーストリヒト条約による改正で追加された，旧 EC 条約 104b 条を継承していることから，マーストリヒト条約の準備作業にさかのぼった[23]．そこで，同条

---

20) Thym（2013），S. 262; cf. Calliess（2013），S. 101-102；本件法務官意見 118～151 段参照．
21) 本判決理由 130 段．
22) 本判決理由 131～132 段．
23) 本判決理由 134 段．

文の目的が健全な予算政策の実施の確保であることを確認した[24]．このような目的的解釈と沿革的解釈を通じて，裁判所は，次のような結論を導き出した．EU 運営条約 125 条に定める禁止は，構成国に予算規律を維持するように促す作用のある市場のロジックに構成国が服することを確保するものであると．

それらを踏まえて，裁判所は，以下のように判示した[25]．ESM のような安定メカニズムの手段としての財政支援の活性化は，一体としてのユーロ圏の財政的安定の維持に不可欠でかつ厳格な条件に服さない場合は，EU 運営条約 125 条と両立しない．しかしながら，125 条は，もしそのような支援に付される条件が健全な予算政策を実施することを受領者である構成国に促すものであり，同構成国が信用者に対する債務に責任を持ち続ける場合，1 又は 2 以上の構成国が他の構成国へ財政支援を与えることを禁じていない．これにより，裁判所は，財政支援が認められる場合の 3 つの条件を課した．①財政支援が一体としてのユーロ圏の財政的安定の維持に不可欠であること，②厳格な条件に服すること，③支援を受ける構成国が信用者に対する債務に責任を持ち続けることである．構成国は，経済政策の分野で権限を維持し，ESM のような財政支援を与える恒常的な機関を設立する権限を有するが，EU 運営条約 125 条から導き出される 3 つの条件に拘束されることを明確にした．すなわち，欧州司法裁判所は，問題となっている財政支援を 3 つの条件に服するという条件で認めた．

3.3　OMT

(a) 概　要

2011 年 11 月，ECB 総裁にドラギが就任した．その後 2012 年 9 月 6 日，欧州中央銀行（ECB）は，流通市場（Secondary Markets for Sovereign Bonds）におけるユーロ圏の国債を購入する国債購入プログラム（Outright Monetary Transactions：OMT）の導入を決定したことを公表した[26]．

---

24)　本判決理由 135 段．
25)　本判決理由 136 段．
26)　OMT については，すでに日本でもシンクタンクによるものも含め紹介されている．

それに先立ち，ギリシャ危機を受け，証券市場プログラム（Securities Markets Program：SMP）が2010年5月9日に決定され，直ちに開始されていた[27]。EU運営条約123条1項は，「連合の各機関もしくは各組織，構成国の中央政府，地方，地域もしくはその他の公的機関，公法により規律される他の機関または公的企業のために行われる，欧州中央銀行または構成国の中央銀行が行う当座の貸越または他のいかなる種類の信用状の便宜の供与も禁止される．……」と定めている．この規定につき，ECBは，ユーロ圏の国債を中央銀行が「直接的」に購入することをしているのであり，流通市場での「間接的」な買い上げは条約違反でないとし，ギリシャ国債購入に乗り出した[28]．田中素香は，このECBによる買い取りには，2つの効果があったと指摘している[29]．直接的には（1つ目）は，危機国国債を保有する銀行の資金繰りを助け，銀行危機の激化を防ぐ．2つ目は，ECBの国債買い取りが市場を安心させ，国債利回りを低下されたことであるとしている．なお，OMTに関する決定により，SMPは終了した．

　ECBの見解では，OMTは，必要で，均衡がとれ，かつ効果的な金融政策手段であり，物価安定という第一義的目的を達成するという意図をもって，ユーロシステムの金融政策の効果的な伝達を確保し，ユーロ圏における単一の金融政策の効果的な条件を確保することを目的としているとされる[30]．

　OMT実施には条件が存在する[31]．OMTは，前述したEFSF／ESMプログラムに結び付けられており，対象国は，EFSF／ESMに財政支援を要請し，その支援プログラムが適用されていなければならない．このことは，対象国が改革を実施し，財政規律が維持されるように圧力がかかっていることを意味する．政策理事会（Governing Council）は，金融政策の観点から

　　例えば，伊藤（2012），小林（2012），山崎（2012）．
27)　田中（2014a），p. 225.
28)　田中（2014a），p. 225.
29)　田中（2014a），p. 226.
30)　ECB Monthly Bulletin, October 2012, p. 7.
31)　ECBのPress Releaseにおいて，OMTについて説明がなされている．Technical features of Outright Monetary Transactions. http://www.ecb.europa.eu/press/pr/date/2012/html/pr120906_1.en.html（2015年2月1日アクセス）．

OMT の必要性を判断し，各ケースにおいて独立して判断する[32]．政策理事会は，プログラムの条件が十分に遵守される限りにおいて OMT を実施する．目的が達成されるまたはマクロ調整または予防的プログラムが遵守されなければ，OMT の実施は終了する．買い入れ対象は，償還までの期間が1～3年までの国債である．OMT プログラムは，構成国の金融条件を調和することを目的としておらず，市場メカニズムは引き続き運用される．OMT において，介入上限は設定されていない．SMP と比較して，OMT においては OMT 介入に関する関連情報の公表を通じて行動の透明性が確保される．保有債券とその市場価値は，週ベースで公表され，国別の保有債券等は，月ベースで公表される．OMT プログラムの下では，国債を購入できるだけではなく，それを売ることも可能である．OMT を通じて作られた流動資産は，完全に不胎化される．

　田中素香は，OMT は3つの点で注目されるとしている[33]．1点目は，投資家，金融市場，英米系のジャーナリズムなどが，11年末のユーロ危機激化の際に強く要求したECB の「無期限の国債購入」を満期まで3年以下の短期債だけとはいえ実現したこと．2点目は，OMT において ECB の優先弁済権が生じない点である．3点目は，ESM 条約によって ECB の権限が拡張し，ESRB（European Systematic Risk Board）で獲得したマクロプルーデンスの権限に加えて，サーベイランスというミクロプルーデンス面でも権限を獲得したことであると．なお，ESRB については，後述することにする．

　田中は，政策理事会が採択した OMT が，連続的な金融パニックに対して決定的な鎮静化効果を発揮したとしている[34]．ただ，法的な問題がないわけではない．ドイツ連邦銀行ヴァイドマン（Jens Weidmann）総裁が OMT に反対したものの，決定された経緯が存在する．

　ECB によると，OMT の運用方法を定めるにあたっては，特に EU 運営条約123条に規定されている金融融資の禁止と両立するように特別の配慮がな

---

32) http://www.ecb.europa.eu/press/key/date/2013/html/sp130611.en.html（2015年2月1日アクセス）．
33) 田中（2014a），pp. 231-232.
34) 田中（2014a），p. 205.

された[35]．同条文は，上述したように SMP の導入のときも問題となった規定である．この規定は，直接的に発行市場で国債を購入することを禁止しているだけでなく，流通市場における国債の購入は，金融融資の禁止を迂回するためには用いてはならないことを定めている．ECB によると，OMT はこれを受け，流通市場における国債の購入は，そのような禁止の迂回のために決して用いられないこと，特に，金融融資禁止の3つの目的，すなわち，物価安定の第一義的目的，中央銀行の独立性，財政規律を維持することを確保するために OMT の特別運用方法が設定されたとする[36]．

また，OMT は非標準的であるが，金融市場における現在の例外的な状況においては必要な金融政策手段とみなされており，金融政策手段として国債の購入の利用は，欧州中央銀行制度（ESCB）規程の18条1に明示的に規定されるとする[37]．同18条1は，「ESCB の目的を達成するため及びその任務を履行するために，ECB と国内中央銀行は，以下のことをすることができる——金融市場においてアウトライトに売買するまたは再購入合意の下で並びに請求権及び売買上の手段の貸し借りによって，ユーロまたはその他の通貨同様に高価な金属であれ，運用すること．——十分な担保に基づいた貸し付けと共に，信用機関及び他の市場参加者との信用運用をすること．」と規定している．

(b) OMT をめぐる法的問題

ドイツでは，2012年9月6日の OMT に関する ECB 政策理事会の決定の実施におけるドイツ連邦銀行の参加に対して，また，同決定に関してドイツ連邦政府及びドイツ連邦議会が行動しなかったこと（取消訴訟を提起しなかったことなど）が，ドイツ憲法違反だとして憲法異議が出された．

ドイツ連邦憲法裁判所は，2014年1月14日[38]，OMT 決定が EU 法に違反しないか否か，具体的には，EU 運営条約119条，127条1項及び2項並

---

35) ECB Monthly Bulletin, October 2012, p. 7.
36) ECB Monthly Bulletin, October 2012, pp. 7-8.
37) ECB Monthly Bulletin, October 2012, p. 8.
38) Press release は，2014年2月7日に出された．

びに ESCB 及び ECB の規則に関する議定書 17～24 条と両立するか否かについて，また，ECB に付与された権限を超え，構成国の権限に介入していないか否か，EU 運営条約 119 条及び 127 条の解釈，さらに，救済禁止条項を定める EU 運営条約 123 条が国債購入を許容していると解釈されるかなどについて，先決裁定を求めることを決定した[39]．EU 運営条約 119 条は，EU の経済及び金融政策分野の活動を，EU 運営条約 127 条 1 項及び 2 項は，ESCB の目的と任務を規定している．先決裁定手続とは，構成国の裁判所が EU 条約及び EU 運営条約の解釈並びに EU 法行為の解釈及び有効性について欧州司法裁判所に付託しその判断を求める制度であるが，今回ドイツ連邦憲法裁判所がこの先決裁定制度を初めて利用することを決定した．

　現時点（2015 年 2 月）においては，欧州司法裁判所はこの件（Case C-62/14）につき，先決裁定を下していない．欧州司法裁判所が，OMT が EU 法と両立すると判断する場合，ECB は経済政策分野においては権限を有さないため，ECB の措置である OMT が経済政策ではなく，金融政策の措置であると理由づけなければならない[40]．また，救済条項の禁止を規定する EU 運営条約 123 条が解釈されなければならない[41]．欧州司法裁判所と国内における最高位にある裁判所との対峙がどのようなものとなるか判断が待たれる[42]．なお，ドイツ人の Storch 氏と他 5,216 人の原告が，OMT に関する ECB の決定の取消を求めたが，2013 年 12 月 10 日，EU における下級審である一般裁判所は，訴訟を却下した[43]．

---

39) BVerfG, 2 BvR 2728/13 vom 14.01.2014；中西（2015a）．
40) Beck（2014），p. 242.
41) Mensching（2014）．
42) cf. Editorial Comments（2014）．2015 年 1 月 14 日に法務官が OMT 決定が EU 法と両立するという意見を裁判所に提出した．
43) Case T-492/12, Order of the General Court of 10 December 2013, OJ 2014 C 45/32.

4. 金融危機の再発防止措置

4.1 既存の過剰財政赤字是正手続の運用
　　　——ハンガリーに対する制裁

　EU 運営条約 126 条は，構成国の過剰財政赤字の防止について定めている．同条文は，マーストリヒト条約時の EC 条約 104c 条に相当するものである．上述したように欧州委員会がフランスとドイツに対し，EC 条約 104 条約（アムステルダム条約時．現 EU 運営条約 126 条）に定められる過剰財政赤字是正手続に則り，理事会に勧告したものの，理事会はそれを受け入れなかった．また，その後，安定・成長協定も改正され，その義務が緩和された．
　しかし，ギリシャ危機以降，欧州委員会及び理事会の対応にも変化が見られるようになった．ハンガリーはユーロをまだ導入していないが，EU 構成国として，EU 運営条約 126 条の過剰財政赤字防止義務に服している．理事会は，2009 年 7 月にハンガリーに対して，GDP 比 3% 以下に財政赤字を 2011 年までに減らすように求めた．その後，欧州委員会は，2012 年 1 月 11 日にハンガリーに対し，財政赤字削減に対する取り組みが不十分であるとする旨の意見を理事会に通知した．
　これに対して，2012 年 1 月 24 日，理事会は，財政赤字を GDP 比 3% に抑えるための効果的な政策が実施されていないとの決定を行った（EU 運営条約 126 条 8 項）．これを受け，欧州委員会は，2012 年 2 月 22 日にハンガリーに対して，財政赤字が GDP 比の 3% を実質的に超えているとして，2013 年 1 月 1 日から GDP の 0.5% に相当する約 5 億ユーロの実質的な制裁金を課すことを提案した．もっとも，ハンガリーはユーロを導入していないので，安定・成長協定に定められる制裁金ではなく，ハンガリーが受領している結束基金の 2013 年分に対して配分される 25% に当たる額の支払いを一時停止することの提案である．
　また，欧州委員会は，2012 年 3 月 6 日に理事会がハンガリーに対し，2012 年中に持続的かつ信用できる方法で，過剰財政赤字を是正するための措置を講じるよう勧告すべきとの勧告を採択した（EU 運営条約 126 条 7

項).理事会は,この勧告につき 2012 年 3 月 13 日の経済財務相会議（ECOFIN）で討議した.その結果,理事会は,この欧州委員会の勧告に基づき,ハンガリーに対し,過剰財政赤字是正手続に基づく勧告を採択し（EU 運営条約 126 条 7 項),また,効果的な措置をとらなければ,EU の結束基金からハンガリーに割り当てられていた 4 億 9,520 万ユーロに及ぶ資金の拠出を 2013 年 1 月 1 日より停止する決定を採択した.

この例からギリシャ危機以降,欧州委員会及び理事会は,迅速にまた容赦なく行動しているのが見てとれる.なお,ベルギー,キプロス,マルタ及びポーランドも,財政赤字のリスクを抱えていたが,過剰赤字是正の措置をとったと認定され,それ以上の措置を欧州委員会はとらなかった.

4.2　いわゆる 6 つの方策（six-pack）と 2 つの方策（two-pack）

欧州委員会はとくに,ユーロ圏の経済ガバナンス（Economic Governance）を強化するために六つの立法提案を行い,2011 年 11 月に 5 つの規則と 1 つの指令が採択された.規則は,一般的適用性を有し,直接適用される（EU 運営条約 288 条).統一的に適用されるという利点がある.他方,指令は結果の義務のみを拘束し,それを達成するための手段と方法は構成国に任されている.すなわち,国内法化・実施を必要とする.その後,2013 年 5 月にさらに 2 つの規則が採択された.

2011 年に採択された 6 つの方策（six-pack）とは,①ユーロ圏における予算監視の効果的執行に関する欧州議会と理事会の規則 1173／2011[44],②ユーロ圏における過度なマクロ経済不均衡を是正するための執行措置に関する欧州議会と理事会の規則 1174／2011[45],③予算状況の監視並びに経済政策の監視及び調整の強化に関する理事会規則 1466／97 を修正する欧州議会と理事会の規則 1175／2011[46],④マクロ経済不均衡の防止及び是正に関する欧州議会と理事会の規則 1176／2011[47],⑤過剰赤字手続実施の迅速化と明

---

44) OJ of the EU 2011 L306/1；法的根拠条文は,EU 運営条約 136 条と 121 条 6 項.
45) OJ of the EU 2011 L306/8；法的根拠条文は,EU 運営条約 136 条と 121 条 6 項.
46) OJ of the EU 2011 L306/12；法的根拠条文は,EU 運営条約 121 条 6 項.
47) OJ of the EU 2011 L306/25；法的根拠条文は,EU 運営条約 121 条 6 項.

確化に関する規則 1467／97 を修正する理事会規則 1177／2011[48]，並びに，⑥構成国の予算枠組の要件に関する理事会指令 2011／85[49]である．

その後，2013 年に採択された，2 つの方策（two-pack）とは，①財政安定に関して重大な困難を経験している，またはその恐れがあるユーロ圏の構成国の経済的及び予算の監視の強化に関する欧州議会と理事会の規則 472／2013[50]と，②ユーロ圏の構成国の予算案のモニタリング及び評価，並びに超過赤字の是正を確保するための共通規定に関する欧州議会と理事会の規則 473／2013[51]である．

これらは，財政の安定と財政規律強化に関わるものと，マクロ経済の不均衡に関わるものの 2 つに分けられる．さらに前者の財政に関わるものとして，予防的な手段（Preventive Arm）と是正的な手段（Corrective Arm）に分けられる．

過剰な赤字の発生を防ぐ手段として，支出ベンチマークを導入すること，中期的な経済成長率を超える年間歳出は認めないことが定められた．また，これまでの安定・成長協定においては，理事会の決定は特定多数決であったが，今回の改正により，反特定多数決（Reverse Qualified Majority），つまり特定多数決により否決されない限り，欧州委員会の勧告が採択されたものと見なされる手続が一部に導入された．是正的な手段（過剰財政赤字是正手続）も改正された．政府債務が GDP 比 60％ を超えた場合，債務を削減する措置をとらなければならないが，最初の勧告が遵守されなければ，GDP の 0.2％ の罰金，最大 0.5％ の制裁金が課され，またこれまでよりも早い段階で制裁が課せられるようになった．

他方，マクロ経済の不均衡が問題化してきたことに対して，構成国の経済政策への監視が強化された．経済指標と国別の分析を用いた警告メカニズムが，不均衡の早期発見のために導入され，その不均衡への対処方法が勧告で示されることになった．また，過度な不均衡状況を是正する手続が導入され

---

48) OJ of the EU 2011 L306/33；法的根拠条文は，EU 運営条約 126 条 14 項．
49) OJ of the EU 2011 L306/41；法的根拠条文は，EU 運営条約 126 条 14 項．
50) OJ of the EU 2013 L140/1；法的根拠条文は，EU 運営条約 136 条及び 121 条 6 項．
51) OJ of the EU 2013 L140/11；法的根拠条文は，EU 運営条約 136 条及び 121 条 6 項．

た．

　特に，2013 年に採択された 2 つの方策（two-pack）は，予算監視メカニズムの強化を目的するものである．もっとも，欧州委員会は，拘束力のあるルールを通じて，均衡のとれたあるいは黒字の予算に関するルール（いわゆるゴールデン・ルール）のユーロ圏構成国の国内法における実施の導入を提案したが，理事会内での反対にあったとされる[52]．

4.3　TSCG（経済・通貨同盟における安定，調整及びガバナンスに関する条約）

(a) 概　要

　6 つの方策（six-pack）及び後の 2 つの方策（two-pack）は，欧州委員会主導の方策であるが，ユーロ圏 EU 構成国も自らの主導で方策を講じた．それが TSCG である[53]．2012 年 3 月 2 日に同条約は，英国とチェコを除く EU 構成国 25 カ国により署名された．欧州委員会により提案され，すでに採択された 6 つの方策も財政安定及び財政規律の強化に関するものであったが，本条約も別名財政規律条約（Fiscal Compact）と呼ばれるように，財政安定と財政規律の強化を主要な目的としている．6 つの方策が規則や指令という EU の第 2 次法の形で採択されたのに対して，TSCG は国際条約の形をとっている．元々は EU の全 27 カ国（現在は，クロアチアが 2014 年 1 月 1 日に EU に加入し 28 カ国）で合意して，EU の条約として締結することが望まれたが，英国が反対したことにより，EU の枠外での条約締結ということになった．

　もっとも，本条約 16 条は，発効後遅くとも 5 年以内に EU の法的枠組の中に本条約の実質を組み入れる目的をもった必要な措置がとられなければならないと定めている．これは，シェンゲン協定（この協定は，締約国間で国境コントロールを廃止するための協定で，EU の枠外で締結された国際条約であったが，1999 年発効のアムステルダム条約により EU の法的枠組の中に入れられた）と同様に多段階統合の手段である．また，上述した欧州金融

---

52) Messina (2014), p. 413.
53) この条約については，庄司 (2012) が，解説と日本語訳を行っている．

メカニズム（ESM）条約は，ユーロ圏の EU 17 カ国で締結されたのに対して，本条約は，その適用が第一義的にはユーロ圏の構成国に限定されているにもかかわらず（TSCG 1 条），それらの構成国に加え，非ユーロ圏の構成国も署名していることで本条約の重みが増している．

本条約は，前文と 16 カ条から構成されている．第 1 編が目的と範囲（1条），第 2 編が EU 法との一貫性と関係（2 条），本条約の中心となり条文数が多い第 3 編が財政規律（3 条～8 条），第 4 編が経済政策調整とガバナンス（9 条～11 条），第 5 編がユーロ圏のガバナンス，第 6 編が一般及び最終規定（14 条～16 条）となっている．

締約国が負っている義務は，一般政府の予算状況は均衡がとれているか黒字でなければならないというもの（Balanced Budget Rule）である．この条件は，具体的には，一般政府の年間の構造的均衡が，市場価格によるGDP の 0.5％ の構造的赤字を下限とすることにより改正された安定・成長協定に定められる国ごとの中期目標に合致している場合，ルールが遵守されたとみなされる（TSCG 3 条 1 項）．この基準は，安定・成長協定には含まれていないものであり，本条約が財政規律を強化したと捉えられる．なお，本条約は，EU 法と両立した形で適用され，解釈されることになっている（TSCG 2 条）．

締約国は，例外的な状況な場合だけ中期目標や，それに向けた調整方向から逸脱することができる（1 項 c）．市場価格による GDP に対する一般政府債務率が，60％ よりもかなり下回っており，かつ国家財政の長期的な持続可能性に関してのリスクが低い場合は，中期目標の下限は，市場価格によるGDP の最大 1.0％ の構造赤字に達することができる（同項 d）．中期的な目標又はそれに向けた調整方向からの相当な逸脱が看守される場合は，是正メカニズムが自動的に発動されなければならない．同メカニズムは，定められた期間以内に逸脱を是正するための措置を実施する締約国の義務を含まなければならない（同項 e）．締約国は可能であれば，憲法により又は他の方法で国内予算手続において完全な遵守が保障される拘束力があり永続的な規定により，これらのルールを本条約発効後 1 年以内に国内法において実施しなければならない（TSCG 3 条 2 項）．また，欧州委員会により提案される共

通の原則を基礎として，1 項 e に定められる是正メカニズムを国内レベルで導入しなければならない（同項）．

この TSCG の義務は，条約内で，さらに次のような形でその実効性が確保されている（TSCG 8 条）．まず，欧州委員会は，TSCG 3 条 2 項を遵守し，各締約国が採択した規定に関する報告書を公表するように求められる．欧州委員会が，ある締約国が同項の義務を遵守していないと結論づけるときは，この義務違反につき，EU 司法裁判所に 1 又は複数の構成国により付託されることになる．この EU 司法裁判所の判決は拘束力を有する．義務違反国が必要な措置をとらない場合には，1 又は複数の締約国が再度 EU 司法裁判所に提訴し，制裁金（一括違約金または強制課徴金）を課すよう求めることができる．この制裁金の上限は，GDP の 0.1% である．EU の枠組では欧州委員会が条約違反手続（EU 運営条約 258 条）及び判決履行違反手続（EU 運営条約 260 条）を通じて自ら EU 司法裁判所に提訴できるが，本条約では欧州委員会にはそこまでの権限が付与されていない．これは，本条約は，EU の枠内の条約ではなく，EU の枠外の条約であるため，欧州委員会への権限移譲が制限されていることが背景にあると考えられる[54]．

あるユーロ圏の EU 構成国が，EU 運営条約 126 条に定められる過剰赤字是正手続の枠組における財政基準に違反していると欧州委員会が考え，欧州委員会が提出する提案あるいは勧告を締約国は支援しなければならない．締約国は，締約国による特定多数決により拒否しない限り，この欧州委員会の提案または勧告を受け入れなければならない．これは，逆特定多数決（Reverse Qualified Majority）と呼ばれる方式である．これは，上述したフランスやドイツが財政赤字を抱え，それに対し是正手続開始を欧州委員会が勧告したにもかかわらず，理事会が受け入れなかったという過去に鑑み，理事

---

54) もっとも権限付与の原則（EU 条約 5 条及び 13 条）から EU 及びその機関は自己に付与された権限内でしか行動できないと定められていることが欧州委員会の行動の制限となるという解釈も成り立ちうるが，この規定は構成国が EU の権限拡大を恐れて入れたものであるので，「条約の主人」である締約国が望めば権限の移譲も可能であるとも捉えられる．よって，欧州委員会の権限移譲を実質的に制限しているのは，権限付与の原則ではなくて，EU 機関の権限拡大を牽制する締約国の意思なのではないかと考える．

会による拒否を困難なものにし，逆に言うと欧州委員会の意見が通りやすい形になったことを意味する．

　本条約は，ユーロ圏及び非ユーロ圏を含めEU25カ国により調印され，2013年1月1日により発効した．本条約の批准を促進する仕組みは，上述したESM条約に基づく財政支援は本条約の批准を条件としていることにある．アイルランドは，これまで何度かEUの条約を国民投票で否決し，欧州統合にストップをかけてきたが，財政問題を抱えるいま，財政支援を得るために本条約を国民投票で可決しなければならなかった．その問題もクリアされ，現在，調印した全EU25カ国において批准手続が終了し効力をもっている．

(b) TSCGとドイツ連邦憲法裁判所

　EMS条約がドイツ基本法（憲法）と両立するか否かについてのESM条約・TSCG事件を上述したが，同事件では，同時にTSCGがドイツ基本法と両立するかも争われた[55]．

　ドイツ連邦憲法裁判所は，TSCGによりドイツ連邦議会の財政政策上の全面的責任にかかわる権限が移譲されることになるかを審査した．TSCGが定める是正メカニズムにより，条約当事者は欧州委員会が提案する共通の原則に依拠することになるが，予算形成に関して，欧州委員会に具体的実質的な内容を決める権限が付与されるわけではないとした．また，EU司法裁判所が関与する条約遵守手続に基づき，場合によっては財政上の制裁に至ることがあったとしても，予算形成の自由に対するEU機関の直接的な介入にはならないとして許容した．次に憲法裁判所は，TSCGを批准することにより不可逆的に拘束されるか否かという点を審査した．これについては，TSCGが終了可能であることを示し，事情の根本的な変化による条約からの脱退は可能であり，また，TSCGの前提はEUの構成国であることであり，EUからは脱退可能であることを示すことで，不可逆的に拘束されないとした．以上により，ドイツ連邦憲法裁判所は，TSCGはドイツ基本法と両立すると判断

---

55) BVerfG, 2 BvR 1390/12 u. a. vom 12. September 2012；この項目は，中西（2013a）を基礎にしている．

した．

4.4　ヨーロピアン・セメスター

　財政協定（Fiscal Compact）とも呼ばれる TSCG は，安定・成長協定の予防的な措置として位置づけられる．同様に，財政規律による予防的な措置として，各国経済・財政政策計画調整が，ヨーロピアン・セメスター（European Semester）の文脈において毎年なされる．これは，2010 年 3 月に，欧州首脳理事会が構成国間の経済政策の調整強化を伴う新たな雇用・成長戦略「EUROPE 2020」の導入を承認したことを受け，欧州委員会により 2011 年に導入された．ヨーロピアン・セメスターの流れは，JETRO のまとめを利用すると以下のようになっている[56]．①欧州委員会が年次成長概観（AGS：Annual Growth Survey）を提示し，次の 1 年間の成長や雇用に向けた優先課題を定める（前年の 11 月以降）．欧州委員会は，AGS と合わせてマクロ不均衡手続（Macroeconomic Imbalance Procedure：MIP）に向けてマクロ経済不均衡に取り組むため，構成国の経済状況を分析した「AMR：Alert Mechanism Report」を公表する．②欧州議会と理事会が AGD に基づいて，欧州首脳理事会が戦略的アドバイスの提示（3 月）．③各構成国が「安定プログラム」（ユーロ導入国）または「収斂プログラム」（非ユーロ導入国）と「国別改革プログラム」を欧州委員会に提出する（4〜5 月）．④欧州委員会が各国のプログラムを評価したうえで，国別勧告（CSR：Country-Specific Recommendations）案を策定（5〜6 月）．⑤各構成国が翌年度の予算案を決定する前に，欧州首脳理事会及び理事会が各国への政策アドバイスを提供（5〜6 月）．⑥理事会が CSR を正式に採択し，EU 官報に掲載する（6〜7 月）となっている．

　EU は，EU 構成国における予算権限を有していないが，欧州委員会は，このヨーロピアン・セメスターを通じて経済政策の調整を 1 年間かけて行っている．欧州委員会は，各国の経済及び構造改革プログラムを詳細に分析し，

---

[56] JETRO（2013），European Commission, Europe 2020, "Making it happen: the European Semester." http://ec.europa.eu/europe2020/making-it-happen/index_en.htm（2015 年 2 月 1 日アクセス）．

次の1年～1年半先のための勧告を構成国に与える．

5. 金融の安定・安定化措置

5.1 真の経済・通貨同盟

　2012年6月26日，ファンロンパイ欧州首脳理事会議長は，欧州委員会の委員長，ユーログループの長及びECBの長と密接に協力しながら，「真の経済・通貨同盟」に向けてという報告書を公表した[57]．真の経済・通貨同盟に対し4つのブロックが示されている．①ユーロ圏における金融の安定を確保し，EU市民への銀行破綻の犠牲を最小限にするための金融枠組（銀行同盟），②調整，共同意思決定，執行及び共通債券発行に向けた協調措置を含む，国内及びEUレベルにおける健全な財政政策を確保するための統合された財政的枠組（財政同盟），③持続可能な成長，雇用及び競争を促進し，かつ，EMUの円滑な運営と両立する，国内及びEUの政策が機能するように十分なメカニズムを有する，統合された経済政策枠組（経済同盟），④共通政策及び連帯の共同行使に基づく，経済・通貨同盟における意思決定の民主主義的正当性と責任の確保である（政治同盟）．その後，この「真の経済・通貨同盟」に向けての報告書は，2012年12月の欧州首脳理事会で提示されたロードマップの基礎となった．そこでは，「真の経済・通貨同盟」の完成までの工程表と段階に分けた過程が示されている[58]．また，2012年11月28日，欧州委員会は，ヨーロッパでの討論のための，深くかつ真の経済・通貨同盟のための青写真という，COM文書を公表した[59]．

　このうち，②統合された財政的枠組（財政同盟）については，上述した6つの方策（six-pack）及び2つの方策（two-pack）並びにTSCGがその枠組に入る．③統合された経済政策枠組（経済同盟）には，TSCG 11条が関係

---

57) EUCO 120/12.
58) Van Rompuy (2012).
59) COM (777) 2012, A blueprint for a deep and genuine economic and monetary union.

する．同条約 11 条は，「より緊密に調整された経済政策に向けてのよい実行を評価し，それに向けて行動する意図をもって，締約国は，採ろうと計画しているすべての主な経済政策改革が事前に議論され，必要な場合，締約国の間で調整されることを確保する．そのような調整は，EU 法により必要とされる EU の諸機関を関係させなければならない．」と定める．①については，以下で紹介する．

5.2　銀行同盟

2009 年に欧州首脳理事会の合意で単一ルールブック（Single Rulebook）という言葉が創りだされた．単一ルールブックは，EU を通じて機関が遵守しなければならない調和された健全性のための単一のルールである．欧州銀行監督機関（European Banking Authority：EBA）[60]がその作成において重要な役割を果たしている．EBA 及び欧州委員会が発展させてきた技術的基準に加え，自己資本指令 2013／36（Capital Requirements Directive IV：CRDIV）[61]と自己資本規則（Capital Requirements Regulation：CRR）が，銀行同盟の土台となっている．

金融の枠組を設定するための銀行同盟（Banking Union）[62]は，3 つの柱からなる．①単一監督メカニズム（Single Supervisory Mechanism：SSM），②単一破綻処理メカニズム（Single Resolution Mechanism：SRM）及び，③預金保険制度（Deposit Guarantee Scheme：DGS）である．

単一監督メカニズム（SSM）は，ECB がユーロ圏の銀行に対して単一の監督権をもつ制度である．この制度は，信用機関の健全性監督（Prudential

---

[60]　OJ of the EU 2010 L331/1, Regulation No. 1093/2010 of the European Parliament and the Council of 24 November 2010 establishing a European Supervisory Authority (European Banking Authority), amending Decision No. 716/2009/EC and repealing Commission Decision 2009/78/EC；EBA 設立の法的問題については，庄司（2014a）p. 71 以降．

[61]　CRDIV については，庄司（2014a），pp. 70-71 参照．

[62]　銀行同盟については，すでに多くの報告書等が公表され，分かりやすく説明がなされている．たとえば，佐々木（2013），伊藤（2014），山口（2013），庄司（2014b），EU MAG「EU の金融を安定に導く「銀行同盟」」2014 年 4 月 30 日掲載．http://eu-mag.jp/feature/b0414/（2015 年 2 月 1 日アクセス）．

Supervision）に関する欧州中央銀行（ECB）に特別の任務を与える理事会規則 1024／2013 により設定された[63]．同規則は，EU 運営条約 127 条 6 項を法的根拠条文としている．ユーロ圏の銀行は約 6000 行あるが，そのうち，影響の大きい，一定の条件を満たす 150 行の健全性を ECB が直接監督する．ECB がユーロの銀行監督を一元的に行うことにより，当事者の利害関係に対して中立的な対応が難しくなるという指摘に対し，EU の経済・財政委員会（EFC）の委員長であり，ユーロ・ワーキング・グループのトーマス・ヴィザーは，すでにマーストリヒト条約（当時の EC 条約 105 条の 5 項，現行の EU 運営条約 127 条 6 項）の時に ECB が監督となることが規定されていたとする[64]．今後，ECB の任務と EU 運営条約 127 条 6 項の規定の解釈が問題となる可能性がある．同規則は，2013 年 11 月 3 日に発効したが，ECB は，実際の任務は準備期間 1 年を経た 2014 年 11 月 4 日に開始する（同規則 33 条）．ECB は，EBA の他，後述する ESMA，EIOPA 及び ESRB とも密接に協力する（同規則 3 条）．ECB 及び国内管轄機関は，SSM の中で行動する際には，独立して行動する．他の EU の機関及び構成国の機関等などから指示を求めたり受けたりしない（同規則 19 条）．

　単一破綻処理メカニズム（Single Resolution Mechanism：SRM）は，銀行が破綻する際に，意思決定及び破綻処理を迅速に行うことにより，他のユーロ圏への影響を抑え，金融の安定化を確保する制度である．単一破綻処理メカニズム及び単一破綻基金の枠組における信用機関と投資会社の破綻に対する統一ルールと統一手続を設定する欧州議会と理事会の規則 806／2014[65]

---

63) OJ of the EU 2013 L287/63, Council Regulation No. 1024/2013 of 15 October 2013 conferring specific tasks on the European Central Bank concerning policies relating to the prudential supervision of credit institutions.

64) EU MAG「EU の金融を安定に導く「銀行同盟」」「PART2　専門家に聞く「銀行同盟」」2014 年 4 月 30 日掲載．http://eumag.jp/feature/b0414/（2015 年 2 月 1 日アクセス）．

65) OJ of the EU 2014 L225/1, Regulation No. 806/2014 of the European Parliament and of the Council of 15 July 2014 establishing uniform rules and a uniform procedure for the resolution of credit institutions and certain investment firms in the framework of a Single Resolution Mechanism and a Single Resolution Fund and amending Regulation No. 1093/2010.

が 2014 年 7 月 15 日に採択され，同年 8 月 20 日に発効した．SRM は，2015 年 1 月 1 日により完全に稼働する（同規則 98 条）．同規則は，域内市場の設立と運営を対象とする EU 運営条約 114 条を法的根拠条文にしている．欧州委員会が破綻処理委員会（Single Resolution Board：SRB）の提案に基づき，破綻処理の決定を行う．SRB は，任務に応じた特別の構造を有する連合の下部機関であり，法人格を有する（同規則 42 条）．SRB は，ECB，欧州委員会及び関連する国（破綻が問題となっている銀行が所在する国）の当局から構成されると提案[66]ではなっていたが，採択された当該規則では，ECB と欧州委員会は常任のオブザーバーとして出席するにとどまり投票権を持たない．他方，投票権をもつ構成メンバーは，同規則 56 条に基づいたあらかじめ任命された 1 人の議長，4 人の構成員と，国内破綻当局を代表する，参加する構成国によって任命される構成員 1 名となった（同規則 43 条）．

　SRM の資金源として，破綻処理基金（Single Resolution Fund：SRF）が設置される．SRF の設置は，納税者の資金を用いたベイルアウト（Bail-out）の救済措置は，信頼リスクや金融の健全性にインパクトを与え，ひいては銀行分野への信用を失うことにつながってしまうとし（同規則前文 3 段），SRM では，ベイルインの手段（Bail-in Tool）が用いられることになった（同規則 27 条）．ベイルインとは，破産した銀行の株主及び債権者が負担することで処理されるというものである．SSM に参加する国（ユーロ圏の国及び任意で参加する非ユーロ圏の国）のすべての銀行により拠出される．2016 年から 8 年かけて約 550 億ユーロが積み立てられることになる（同規則 69 条）．SRM 規則を補完するものとして，単一破綻処理基金への拠出金の移動と相互化に関する政府間協定が 2014 年 5 月 21 日にスウェーデンと英国を除く，EU 構成国により調印された．これにより，単一破綻処理基金は，銀行からの拠出金で完全にまかなわれることになる[67]．

　銀行同盟の 3 本目の柱である，預金保険制度（Deposit Guarantee Scheme：DGS）については，現在のところ，単一の預金保険制度が設定される見込みは立っていない．ただ，1994 年の預金保険指令により各国の預

---

66)　COM（2013）520, Article 39.
67)　Press Release 18019/12, 21 May 2014.

金保険制度に最小限の調和がなされている．2009年の指令，2010年の指令では，保証限度額が上げられるなど改正がなされ，さらなる調和のための指令案がだされている[68]．

5.3 欧州金融監督制度

(a) 概　要

金融市場の安定化により，金融危機の再発を防止するために欧州金融監督制度（European System of Financial Supervision：ESFS）が設定された[69]．すでに2009年9月に欧州委員会は，既存の監督機関をESFSに置き換える立法提案を行った．ESFSは，ミクロプルーデンス監督（ミクロの観点からの金融監督）とマクロプルーデンス監督から構成される．

前者のミクロプルーデンス監督は，3つの欧州監督機関（European Supervisory Authorities：ESAs），①欧州銀行監督機関（European Banking Authority：EBA），②欧州証券市場監督局（European Securities and Markets Authority：ESMA）[70]及び，③欧州保険企業年金監督庁（European Insurance and Occupational Pensions Authority：EIOPA）から構成される．これらのESAsは，2011年1月に既存の監督委員会に置き換わった．

また，「銀行の規制・監督を行う際に，個々の銀行がもつリスク特性と金融システムや経済全体との間の相互作用が確実に考慮の対象となるように」[71]，欧州システミック・リスク理事会（European Systemic Risk Board：ESRB）[72]が設置され，2011年1月に稼働し始めた．「ESRBは，多

---

68) 伊藤（2014）p.8．山口（2013），pp.4-5（ウェブ版）参照．
69) これについては，佐々木（2013），中村（2011）などにおいてまとめられている．Marjosola（2014），pp.338, 344-346は表にまとめられていて，分かりやすい．
70) OJ of the EU 2010 L331/84, Regulation No. 1095/2010 of the EP and of the Council of 24 November 2010 establishing a European Supervisory Authority (European Securities and Markets Authority), amending Decision No. 716/2009/EC and repealing Commission Decision 2009/77/EC; ESMAを設立する理事会規則．法的根拠条文は，EU運営条約114条である．EBA及びEIOPAを設立する規則も条文としては，ほぼ同様のものとなっている．
71) 田中（2014b），p.102．
72) OJ of the EU 2010 L331/1, Regulation No. 1092/2010 of the EP and of the Council of 24 November 2010 on European Union macro-prudential oversight of the financial

くの EU 加盟国に存在する同様の機構と手を携えて，システミック・リスク（Systemic Risk）[73]が積みあがっている状況に対して早期警告や勧告を発出する責務を負う」[74]（規則 1092／2010 の 18 条）．これは，マクロの観点から金融監督（マクロプルーデンス監督：Macro-Prudential Oversight）を行うものである．理事会規則 1096／2010[75]により ESRB の運営に関して ECB に特別な任務が与えられている．

ESAs 規則の 81 条が，2014 年に欧州委員会による最初の審査を要請していたことから，2014 年 8 月 8 日に欧州委員会は ESFS に関する審査報告を公表した．また，ESRB についても欧州委員会は審査報告を公表した．

(b) 下部機関の法的問題

ESFS は，上述したように 3 つの ESAs から構成される．ESAs は，欧州議会と理事会規則により創設された下部機関である．金融危機に対処するためにこれまで多くの下部機関が創設され，法的問題，特に法的根拠の問題や権限の問題が生じてきている[76]．ESAs の一つである，ESMA は，欧州議会と理事会規則 1095／2010 により創設された下部機関である．ESMA に関しても，さっそく欧州司法裁判所において争われた[77]．ここでは，空売りとクレジット・デフォルト・スワップのある側面に関する欧州議会と理事会の規則 236／2012[78]の 28 条が ESMA の決定権限を定めていたために，英

---

　　system and establishing a European Systemic Risk Board；法的根拠条文は，EU 運営条約 114 条である．
73) システミック・リスクとは，域内市場及び実際の経済に重大なネガティブな結果をもたらしうる潜在性をもつ金融制度における崩壊のリスクを意味する（規則 1092／2010 の 2 条）．
74) 田中（2014b），p. 102.
75) OJ of the EU 2010 L331/162, Council Regulation No. 1096/2010 of 17 November 2010 conferring specific tasks upon the European Central Bank concerning the functioning of the European Systematic Risk Board；法的根拠条文は，EU 運営条約 127 条 6 項である．
76) このような問題を指摘するものとして，庄司（2014a）；Hofmann（2012）；Chamon（2014）．
77) Case C-270/12 U. K. v. Parliament and Council ［2014］ECR I-nyr.（2014 年 1 月 24 日大法廷判決）；評釈として，Kohtamäki（2014）；中西（2015b）．
78) OJ of the EU 2012 L86/1, Regulation No. 236/2012 on short selling and certain as-

国がその規定の無効を訴えた事件である．同規則236／2012は，EU運営条約114条を法的根拠条文にして，2012年3月14日に採択された．欧州司法裁判所は，同規則28条がESMAに権限を付与していることを認めたうえで，同条は多くの株の監視及び株の商取引のモニタリングに関連する構成国の国内法規を調和させることに向けられているとして，EU運営条約114条の必要条件を満たすとして英国の主張を退けた．

5.4 金融取引税

さらなる，金融危機に対する将来の対応策として，金融取引税の導入が検討されている．

2011年に欧州委員会は，間接税の調和に関するEU運営条約113条を法的根拠条文とする，金融取引税（Financial Transaction Tax：FTT）の共通制度に関する理事会指令を提案した[79]．しかし，この指令案はとりわけ英国とスウェーデンの反対により2012年に失敗に終わった[80]．その後，ユーロ圏の11カ国がEU条約20条及びEU運営条約326に規定されている先行統合制度[81]を用いて，欧州委員会に先行統合の設定を申請した．理事会は，2013年1月22日に，欧州委員会の提案に基づき，EU運営条約329条1項に基づき先行統合を許可する決定（2013/52/EU）[82]を行った．その後，2013年2月14日に欧州委員会は，FTT分野における先行統合を実施する理事会指令案[83]を出した．金融取引税の共通制度は，金融危機のコストをカバーすることに寄与し，また，他の分野に対して公正な方法で課税できることが確保されることになる（同指令案前文1段）．

FTTを導入するにあたっての先行統合制度の利用は，法的及び政治的に

---

pects of credit default swaps.
79) COM (2011), 594, Proposal for a Council Directive on a common system of financial transaction tax and amending Directive 2008/7/EC.
80) Wernsmann und Zirkl (2014), S. 167.
81) 先行統合制度については，中西（2013c），第11章「先行統合」，pp. 327-368.
82) OJ of the EU 2013 L22/11, Council Decision of 22 January 2013 authorising enhanced cooperation in the area of financial transaction tax.
83) COM (2013), 71, Proposal for a Council Directive implementing enhanced cooperation in the area of financial transaction tax.

も議論の対象となっている[84]．たとえば，英国は 2013 年 4 月 18 日に EU 運営条約 263 条に基づき，FTT 分野における先行統合を認めた理事会決定の取消を EU 司法裁判所に求めた[85]．英国は，先行統合により非参加国にも財政的な負担が生じると主張したが，2014 年 4 月 30 日に，裁判所は，先行統合の実施に関する費用の事項を当該決定は規定していないとして，英国の主張を棄却した．

6. おわりに

　金融危機に対処し，また，再発を予防するために，金融危機後に多くの措置がとられてきた．その措置は，多段階統合の一形態である，EU の枠外における国際条約（ESM 条約，TSCG）及び EU 機関が採択した措置である．EU の措置は，規則，指令，決定，さらには先行統合の措置にまで至る．また，行動する主体も，欧州委員会及び理事会のみならず，構成国，欧州首脳理事会議長（真の経済・通貨統合の提案），欧州中央銀行，さらに新たに設立された数多くの下部機関となっている．さらに，それらの条約や措置が EU の権限，構成国の権限，ECB の権限，下部機関への権限付与，EU 法あるいは憲法との合憲性の問題，民主主義的意思決定の不足などのさまざまな法的問題を生じさせている．EU 司法裁判所のみならず，ドイツ連邦憲法裁判所など国内裁判所までも合憲ぎりぎりの判断を行ってきた．また，現在裁判所に係属中のものもあり（OMT など），今後新たに提訴される可能性もある．

　「ユーロの崩壊」とも言われた危機は一段落した．それは，EU，EU の機関及び構成国が一丸となって，連帯の精神により，もてる力を結集して，利用できる手段を総動員させ，危機の克服に努めたからである．この危機の克服にあたって，条約締結，立法及び解釈を基礎とする，法の共同体である EU の強さが発揮されたと捉えられる．

84）　Fabbrini（2014），pp. 155-156.
85）　Case C-209/13 U. K. v. Council [2014] ECR I-nyr.

第 3 章　ユーロ圏危機への法的対応

参考文献

Beck, Gunnar (2014), "The Court of Justice, Legal Reasoning, and the *Pringle* Case: Law as the Continuation of Politics by Other Means," *European Law Review*, Vol. 39, No. 2, pp. 234-250.

Calliess, Christian (2013), „Der ESM zwischen Luxemburg und Karlsruhe," *Neue Zeitschrift für Verwaltungsrecht (NVwZ)*, Heft 3, S. 97-105.

Chamon, Merijn (2014), "The Empowerment of Agencies under the Meroni Doctrine and Article 114 TFEU: Comment on United Kingdom v. Parliament and Council (Short-Selling) and the Proposed Single Resolution Mechanism," *European Law Review*, Vol. 39, No. 3, pp. 380-403.

Editorial Comments (2014), "An unintended side-effect of Draghi's bazooka: An opportunity to establish a more balanced relationship between the ECJ and Member States' highest courts," *Common Market Law Review*, Vol. 51, No. 2, pp. 375-387.

Fabbrini, Federico (2014), "Taxing and Spending in the Euro Zone: Legal and Political Challenges to the Related Adoption of the Financial Transaction Tax," *European Law Review*, Vol. 39, No. 2, pp. 155-175.

Hofmann, Herwig C. H. and Alessandro Morini (2012), "The Pluralization of EU Executive: Constitutional Aspects of 'Agencification'," *European Law Review*, Vol. 37, No. 4, pp. 419-443.

Kobayashi, Goya (2011), "What are the necessary conditions for an „ASIAN CURRENCY"?: 7 Lessons from the HISTORY of EMU," *Zeitschrift für Europarechtliche Studien (ZeuS)*, Bd. 14, Heft 3, S. 521, 540-545.

Kohtamäki, Natalia (2014), „Die ESMA darf Leerverkäufe regeln: Anmerkung zum Urteil des EuGH vom 22. Januar 2014," *Europarecht*, Heft 3, S. 321-332.

Leosius, Olivier (2012), „Gastkommentar: ESM-Vertrag, Fiskalpakt und das BVerfG," *Europäische Zeitschrift für Wirtschaft (EuZW)*, Bd. 23, S. 761-763.

Marjosola, Heikki (2014), "Regulating Financial Markets under Uncertainty: The EU Approach," *European Law Review*, Vol. 39, No. 3, pp. 338-361.

Mensching, Christopher (2014), „Das Verbot der monetären Haushaltsfinanzierung in Art. 123 Abs. 1 AEUV," *Europarecht*, Bd. 49, Heft 3, S. 333-345.

Messina, Michele (2014), "Strengthening Economic Governance of the European Union through Enhanced Co-operation: A Still Possible, But Already Missed,

Opportunity," *European Law Review*, Vol. 39, No. 3, pp. 404-417.
Ruffert, Matthias (2012), „Europarecht und Verfassungsrecht: Verfassungs-konformität von ESM-Vertrag und Fiskalpakt, einstweiliger Rechtsschutz," *Juristische Schulung*, Heft 11, S. 1050.
Schorkopf, Frank (2012), „'Startet die Maschinen': Das-ESM Urteil des BVerfG vom 12.9.2012," *Neue Zeitschrift für Verwaltungsrecht (NVwZ)*, Heft 3, S. 1273-1274.
Thym, Daniel (2013), „Anmerkdung: Europarechtskonformität des Euro‐Rettungsschirms (EuGH, Urt. v. 27. 11. 2012, Rs. C-370/12)," *Juristenzeitung*, Bd. 68, Heft 5, S. 259-264.
Tomuschat, Christian (2012), „Anmerkung zum Urteil des BVerfG vom 12.09.2012‐BvR 1390/122‐u. a.: Verhinderung der Ratifikation von ESM-Vertrag und Fiskalpakt überwiegend erfolglos," *Deutsches Verwaltungsblatt*, Bd. 127, Heft 22, S. 1431-1434.
Van Rompuy, Herman (2012), "Towards a Genuine Economic and Monetary Union," Report by President of the European Council, 5 DECEMBER 2012. http://www.consilium.europa.eu/uedocs/cms_Data/docs/pressdata/en/ec/134069.pdf (2015年2月1日アクセス).
Wernsmann, Rainer und Cornelia Zirkl (2014), „Die Regelungskompetenz der EU für eine Finanztransaktionssteuer," *Europäische Zeitschrift für Wirtschaft (EuZW)*, Heft 5, S. 167-172.
伊藤さゆり (2012),「9月ECB政策理事会——新たな国債買い入れプログラム・OMTの概要を公表」,経済・金融フラッシュ(ニッセイ基礎研究所), No. 12-088 (2012年9月7日).
伊藤さゆり (2014),「動き出すユーロ圏の銀行同盟——制度の脆弱性克服の決め手となるか?」,基礎研レポート(ニッセイ基礎研究所), 2014年5月30日. http://www.nli-research.co.jp/report/nlri_report/2014/report140530-2.html (2015年2月1日アクセス).
小場瀬琢磨 (2012),「ギリシャ金融支援実施法のドイツ憲法適合性」『貿易と関税』第60巻第9号, pp. 75-69.
小林剛也 (2010),「EU法を通じて見た欧州統合(第6回)欧州経済通貨同盟の政治的・法的分析」『ファイナンス』第46巻第2号(2010年5月), pp. 56-61.
小林敏雄 (2012),「「国債購入プログラム(OMT)は直接財政支援ではない」ECB月報より」,国際金融トピックス(国際通貨研究所), No. 227 (2012年11月9日).
佐々木百合 (2013),「ユーロにおける金融規制とユーロ危機の影響」『日経研月報』

第423号（2013年9月号），pp. 14-23.
JETRO（2013），「3年目を迎えたヨーロピアン・セメスターの国別勧告の概要」調査レポート（日本貿易振興機構：JETRO），2013年10月．http://www.jetro.go.jp/jfile/report/07001499/07001499.pdf（2015年2月1日アクセス）．
庄司克宏（2012），「EU財政条約とユーロ危機――「二速度式欧州」と欧州統合の行方」『貿易と関税』第60巻第4号，pp. 26-38.
庄司克宏（2014a），「欧州銀行同盟における権限配分とMeroni原則」『EU学会年報』第34号，pp. 70-98.
庄司克宏（2014b），「欧州銀行同盟に関する法制度的考察」『法学研究』（慶應義塾大学法学研究会），第87巻第6号，pp. 94-137.
須網隆夫（2005），「過剰財政赤字手続きの意義」『貿易と関税』第53巻第3号，pp. 75-69.
田中素香（2014a），「ユーロ危機への欧州中央銀行の対応――LLR（最後の貸し手）機能を中心に」『商学論纂』（中央大学商学研究会），第55巻第3号，pp. 203-242.
田中素香監訳，北原徹・星野郁・岩田健治・山口昌樹・髙橋和也翻訳（2014b），「EU銀行業部門の改革に関する最終報告書――リーカネン報告」『経済学論纂』（中央大学経済学研究会），第55巻第1号，pp. 1-162.（原典：Erkki Liikanen, "High-level Expert Group on reforming the structure of the EU banking sector," Final Report, Brussels, 2 October 2012）
中西優美子（2012），「EU債務危機と法制度的対応」『時の法令』第1903号，pp. 66-77.
中西優美子（2013a），「欧州安定メカニズム条約と財政規律条約のドイツ基本法との合憲性」『貿易と関税』第61巻第4号，pp. 107-100.
中西優美子（2013b），「欧州安定メカニズム（ESM）条約とEU法の両立性」『国際商事法務』第41巻第6号，pp. 936-943.
中西優美子（2013c），『EU権限の法構造』信山社．
中西優美子（2015a），「EU欧州中央銀行のOMT決定に関する先決裁定を求めるドイツ連邦憲法裁判所の決定」『自治研究』第91巻第3号，pp. 96-107.
中西優美子（2015b），「24　EU下部機関への権限委譲の合法性（ESMA事件）」『EU権限の判例研究』信山社．
中村匡志（2011），「欧州金融監督制度（ESFS）の概要」『ユーロトレンド』（JETRO），第98号（2011年2月号），Report 4. https://www.jetro.go.jp/jfile/report/07000537/eurotrend_esfs.pdf（2015年2月1日アクセス）．
中村民雄（2014），「ユーロ危機対応とEU立憲主義」日本EU学会編『ユーロ危機とEUの将来』（日本EU学会年報第34号），有斐閣．

藤井良広 (2010), 『EU の知識 (第 15 版)』日経文庫.
山口綾子 (2013),「欧州銀行同盟の進捗状況――ユーロ危機の解決策となるか？」『国際金融』第 1255 号 (2013 年 12 月 1 日号), pp. 16-22. http://iima.or.jp/Docs/gaibukikou/gk2013_12_all.pdf (2015 年 2 月 1 日アクセス).
山崎加津子 (2012),「ECB が無制限の国債購入計画を決定――9 月 6 日の金融政策委員会の決定事項」, 欧州経済レポート (大和総研), 2012 年 9 月 7 日.

第4章

ユーロ圏の最適通貨圏の再検証

王　志　乾

1. はじめに

　2015年，ユーロは誕生から17年の節目を迎えた．この間，特に，2010年に発生したギリシャの債務問題は，ユーロそのものの存続が危機にさらされるという出来事であった．

　ギリシャの債務問題に端を発したギリシャ危機は，2009年に誕生したパパンドレウ（Georgios A. Papandreou）新政権が巨額の財政赤字を公表したのをきっかけに始まった．旧政権の下で発表されていた3.7%の財政赤字が，実際には12.7%という驚くべき数字だったのだ．ギリシャの財政スキャンダルが発覚したことから，主要な格付け機関は相次いでギリシャ国債の格付けを引き下げ，ギリシャ国債の価格は暴落し，長期金利は急上昇した．一方，BNPパリバ・ショック以降，ユーロ圏のいくつかの国が住宅バブル崩壊に対応するため，こられの国の政府は過大な財政支出を強いられた．とりわけ，アイルランドとスペインでは財政赤字が急速に膨張した．2009年の時点で，アイルランドの財政赤字は13.7%へ，スペインは11.1%へとそれぞれ悪化した．ユーロ圏諸国の財政赤字に対する市場の懸念が高まるなか，国債のデフォルト（債務不履行）候補としての国には，ギリシャ，アイルランド，スペインの3カ国のほかに，ポルトガルとイタリアが注目されていた．2009年には，ポルトガルの財政赤字は9.4%，イタリアは5.5%であった．これらの国々は，欧州共同体（European Community：EC）が発足した当時，

107

または 1973 年から 1986 年までの間に新たに加わった，いわゆる南欧諸国である．

　世界金融危機が深刻化するなか，危機への対応のため，ユーロの加盟国は多額の財政支出を余儀なくされた．財政支出の拡大は，経済力の比較的弱い国々，特に南欧諸国にとって耐えがたい重荷となった．リーマンショック直後に，南欧諸国の 10 年物国債利回りとドイツの 10 年物国債利回りとのスプレッドは急速に上昇し，南欧諸国が困難に直面していることを如実に物語っていた．同じユーロ圏では，同一通貨建てで発行されている国債にもかかわらず対ベンチマークのスプレッドが異なっていた．つまり，同じユーロ圏であっても，国の信用度によって国債の利回りに大きな格差があった．

　このような格差が生じた原因はどこにあるのだろうか．一つは，ユーロ圏諸国の間の経済力に格差があったためだ．ユーロ圏のなかで，西欧諸国は南欧諸国に比べて GDP に占める製造業の割合が高く，輸出競争力も強い．それによって，ドイツをはじめとする西欧では経常収支が黒字で推移する国が多い一方，南欧諸国では経常収支赤字を抱える国が多い．ユーロ参加国の間で，経常収支の不均衡が生じている．このように，西欧諸国と南欧諸国との間で発生する競争力の格差は，ユーロ圏諸国が抱える構造的な問題であり，非対称性ショックによるものとも言える．しかし，Mundell（1961）が提唱した最適通貨圏理論では，非対称的なショックが発生しないことが最適通貨圏の最も重要な決定要因とされている．よって，経済理論の側面から，ユーロ圏は最適通貨圏としての条件を満たしているとは言えない．本章では，ユーロ圏は最適通貨圏であるか否かについて一般化購買力平価モデル（G-PPP モデル）による再検証を目的とする．

　本章の構成は次の通りである．第 1 節では，本章の背景及び目的を示している．第 2 節では，ユーロ導入までの道のりとユーロへの参加条件を振り返る．続く第 3 節では，実証分析に用いる理論モデルと分析手法の経済学的な意味について説明する．そして第 4 節では，ユーロ圏は最適通貨圏であるか否かについて G-PPP モデルによる検証を行い，その結果を考察する．最後に第 5 節では総括として，本章の主張を要約する．

2. ユーロ導入までの道のりとユーロへの参加条件

　1999年1月1日，欧州最強通貨を持つドイツは，通貨発行権を放棄し，欧州連合（European Union：EU）のうちの10カ国とともに単一通貨ユーロを導入した．欧州における通貨統合の構想は，1970年に発表された「ウェルナー報告」（Werner Report）において初めて示された．通貨統合の提案から実現までの歴史を改めて振り返ってみると，その道のりは決して平坦ではなかった．

(1) ユーロ導入までの道のり

　1969年12月，オランダのハーグでEC首脳会談が開催された．その後，第1次経済・通貨同盟計画の取り組みが本格的に始まった．しかし，経済・通貨同盟計画の策定過程においては，西ドイツとフランスとの間に激しい意見対立があった．一方，当時のEC6カ国代表からなる経済・通貨同盟検討専門委員会の議長であった，ルクセンブルクの首相兼蔵相ピエール・ウェルナー（Pierre Werner）氏は，西ドイツとフランスとの主張を両論併記のかたちで両者を妥協させたうえ，「ウェルナー報告」を発表した[1]．共同体のレベルで経済・通貨同盟を実現するために，「ウェルナー報告」は，経済政策の調和と為替変動幅の縮小を同時並行で実行する方針を適用した一方，統一通貨の導入を推奨しており，さらに経済政策の決定権を共同体レベルに移行することが重要であると強調した．

　「ウェルナー報告」は経済・通貨同盟の達成に向けた道筋を示したものの，実行には至らなかった．その主な原因は，「ウェルナー報告」の内容がECの現実からかけ離れたことにあると思われる．一方，1971年に米国政府は，ドルと金との交換を停止し，さらに10％の輸入課徴金を賦課することを発表した．この一連の経済政策，いわゆる「ニクソン・ショック」を契機に，各国の為替相場は不安定な状態に陥り，先進諸国は相次いで変動相場制に移行した．為替相場の過剰なボラティリティを抑制するために，ECは新たに

---

[1] 詳細は田中（1996）を参照されたい．当時のEC6カ国には，西ドイツ，フランス，イタリア，オランダ，ベルギー，ルクセンブルクが含まれる．

加わることになった英国，デンマーク，アイルランドの3カ国とともに，EC為替相場同盟をスタートさせた．

　EC諸国は，変動相場制への移行に伴い，為替相場同盟を形成し，共同フロート制を導入した．共同フロート制は，域内では固定相場制を採用し，域外に対しては変動相場制を適用する為替相場制度であり，EC諸国の間で為替相場の安定を図ることができる．しかし，各国の経済政策運営の軸足が異なるため，共同フロート制から離脱する国が相次いだ．とりわけ，英国は1972年6月に，イタリアは1973年3月にそれぞれ為替相場同盟から離脱した．フランスは1974年から1976年までの間に，共同フロート制からの離脱と復帰を繰り返していた．

　一方，1976年に英国とイタリアとの両国を襲った通貨危機，それに続くEC諸国の不況は，西欧諸国の経済を疲弊させ，「西欧の危機」とも言われた．為替相場を安定させ，経済的停滞から脱出することは，EC諸国にとって急務であった．こうした背景の下で，西ドイツの呼びかけで，1979年に西ドイツ，フランス，イタリア，オランダ，ベルギー，ルクセンブルク，デンマーク及びアイルランドの8カ国は欧州通貨制度（European Monetary System：EMS）をスタートさせた．EMSは，EC通貨協力の再出発を象徴するものであり，その中核を担うのが欧州通貨単位（European Currency Unit：ECU）であった．ECUはEC各国通貨の一定量を含むバスケット方式の通貨単位であり，ECの通貨協力に重要な役割を果たしていた．特に，ECUに基づいた乖離指標は，通貨と通貨との間に最大乖離幅と乖離限度が新たに設けられ，為替介入の基準として用いられた．

　EMSが発足当初に，EC諸国のインフレ格差によって，為替平価の変更は幾度となく行われた．一方，1980年代初頭にEC諸国が経済政策を転換したことから，インフレ格差は次第に縮小し，EMSにおける為替平価変更の回数も少なくなった．ECの域内では，西ドイツのマルクはアンカー通貨となり，EMSの参加国は自国通貨をマルクにペッグしていた．対外では，ブンデスバンク（ドイツ連邦銀行）は外国為替市場に介入し，マルクとドルとの為替相場を調整していた．

　1980年代に，金融の自由化または技術革新などによって米国と英国は，

EC諸国に対して競争優位に立った．競争力の劣勢を挽回するために，EC諸国は更なる統合に向けた検討を始めた．「単一欧州議定書」の発効により，ECでは単一市場を形成する計画が実施された．その結果，単一市場は域内需要を喚起し，地域全体が好景気に沸いた．

単一市場の形成に向かう統合が進むなか，欧州中央銀行の設立と単一欧州通貨の導入が提案された．その背景には，EC諸国の間に経済政策の違いがあった．とりわけ，西ドイツとフランスとの違いは大きかった．西ドイツは戦後一貫して物価の安定を重視してきた．一方，フランスは経済成長を重視する政策を採っていた．EMSにおいて西ドイツの金融政策は他の参加国に大きな影響を及ぼす．西ドイツを中心にEMSが運営されるなか，経済成長を重視するフランスは自国の金利を下げても，それを維持できない．なぜなら，単一市場のなかで，金利の低いフランスから金利の高い西ドイツへと資本が流れ込むからだ．域内経済の非対称性を解消するため，ECのなかでは欧州中央銀行の設立と単一欧州通貨の導入を模索し始めた．

こうした背景の下，ジャック・ドロール（Jacques L. J. Delors）氏を長とする経済・通貨同盟検討委員会，いわゆる「ドロール委員会」が設置された．1989年に提出された「ドロール委員会報告」では，経済・通貨同盟を実現するための3段階計画が示された．第1段階では，域内の資本移動の自由化を促進し，経済・通貨同盟の政策協調を強化する．第2段階では，欧州中央銀行制度（European System of Central Banks：ESCB）を設立する．第3段階では，単一通貨の流通を実現し，通貨統合を完成させる．

「ドロール委員会報告」をはじめとする欧州中央銀行制度の設置と単一通貨の導入は，欧州経済・通貨同盟の規定としてマーストリヒト条約（欧州連合条約）に盛り込まれた．マーストリヒト条約はEC全体における政治と経済に関する規定を網羅する包括的な条約であり，ECはマーストリヒト条約の発効によってEUに発展した．

(2) ユーロへの参加基準

マーストリヒト条約には，経済・通貨同盟に加盟するための経済収斂基準

（マーストリヒト基準）が明記された．その内容は次の通りである[2]．

 ①消費者物価上昇率．経済・通貨同盟への参加を検討する時点までの1年間，消費者物価の上昇率はEUのなかで最も低い3カ国の平均値から1.5%ポイント以上乖離しないこと．
 ②長期金利．経済・通貨同盟への参加を検討する時点までの1年間，当該国の政府長期債（10年物国債）の利回りは，EUのなかで物価が最も低い3カ国（①と同じ3カ国）の政府長期債（10年物国債）の利回りの平均値に対して，2%ポイント以内の範囲にあること．
 ③為替相場．当該国はEMSのなかで，直近2年間にわたる為替相場が正常な変動幅を維持し，為替平価の変更（切り下げ）を行っていないこと．
 ④政府財政．年間財政赤字額の対GDP比が3%以下であること，及び政府債務残高の対GDP比が60%以内であること．

1999年1月1日，経済収斂の4基準をすべて満たしたことから，EU加盟国のうち11カ国ドイツ，フランス，イタリア，ベルギー，オランダ，ルクセンブルク，アイルランド，スペイン，ポルトガル，オーストリア，フィンランドは単一通貨ユーロを導入した．11カ国のユーロ加盟に続き，ギリシャは2001年1月に，スロベニアは2007年1月に，キプロスとマルタは2008年1月に，スロバキアは2009年1月に，エストニアは2011年1月に，ラトビアは2014年1月に，リトアニアは2015年1月にそれぞれユーロを導入した．ユーロ圏は，2015年1月現在，19カ国で構成されている．

 ユーロ圏は順調に拡大しているように見えるが，ギリシャ危機を契機に，ユーロは解体するのではないかといった論調も目立った．また，米国の住宅バブルの崩壊に伴い，サブプライム・ローンに隠されていた高い信用リスクが顕在化し始めた．欧州では，サブプライム・ローンやその関連証券化商品を多く保有していた欧州の金融機関は，米国の金融機関にほぼ匹敵する影響

---

2) 田中（1996），p.322参照．

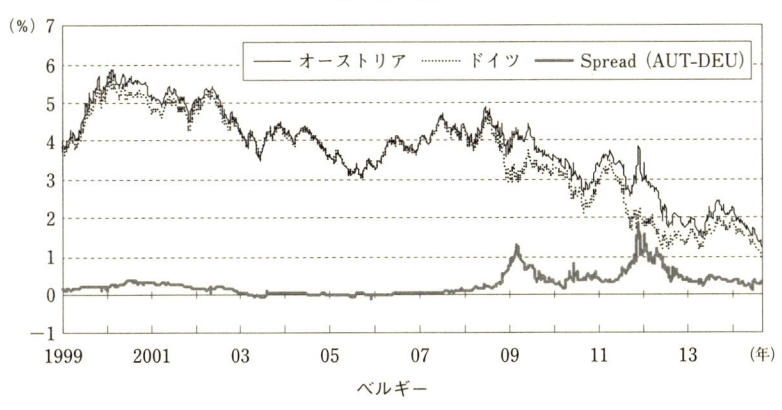

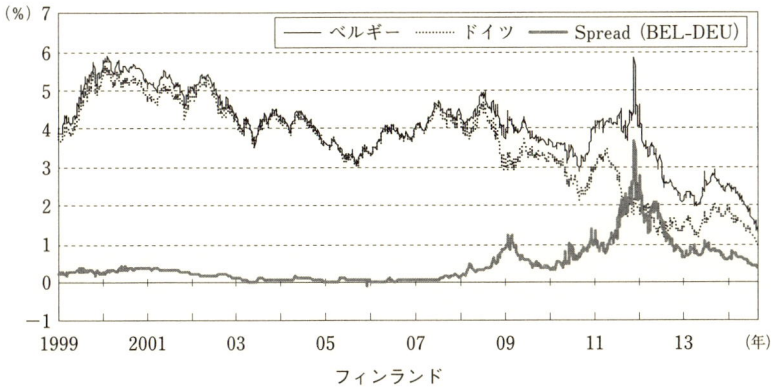

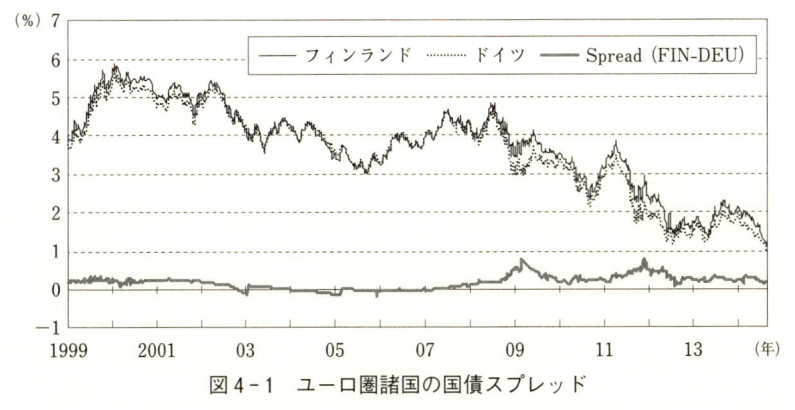

第4章　ユーロ圏の最適通貨圏の再検証

図4-1　ユーロ圏諸国の国債スプレッド

第Ⅰ部　ユーロ圏危機と信認回復政策

フランス

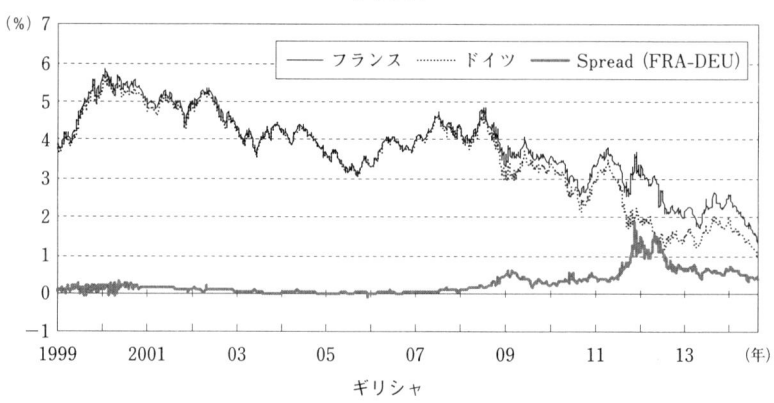

ギリシャ

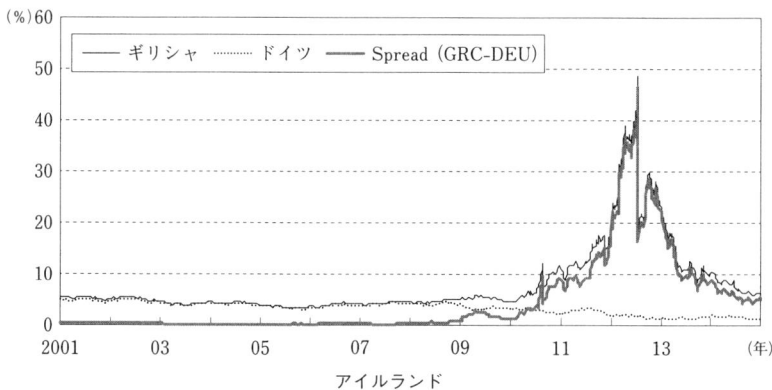

アイルランド

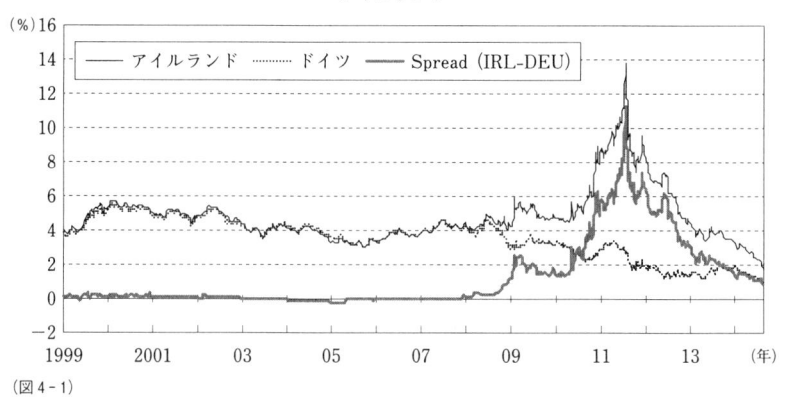

(図4-1)

第4章 ユーロ圏の最適通貨圏の再検証

イタリア

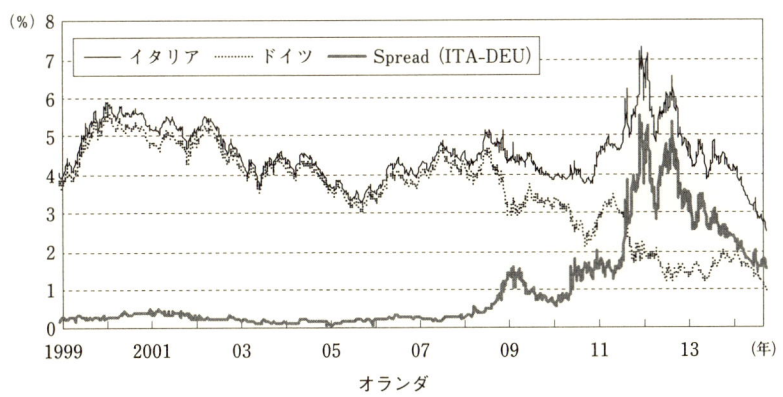

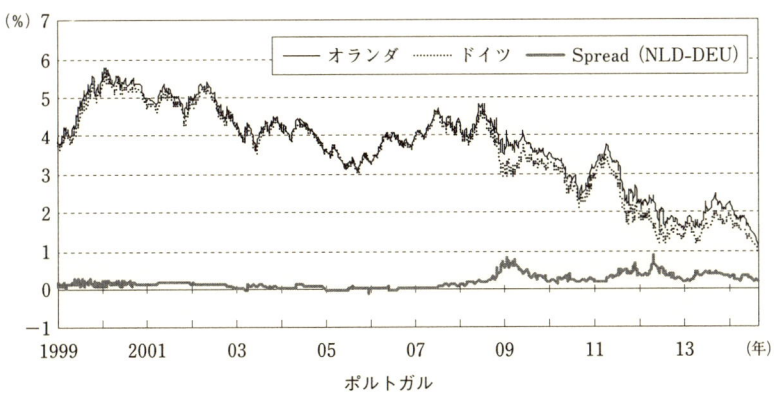

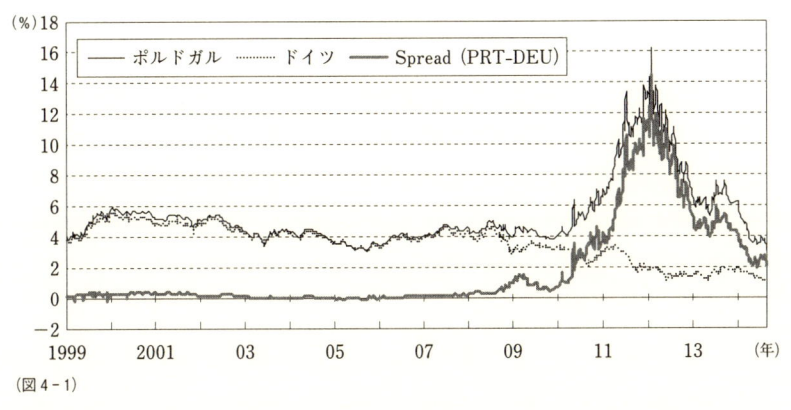

オランダ

ポルトガル

(図4-1)

第Ⅰ部　ユーロ圏危機と信認回復政策

スペイン

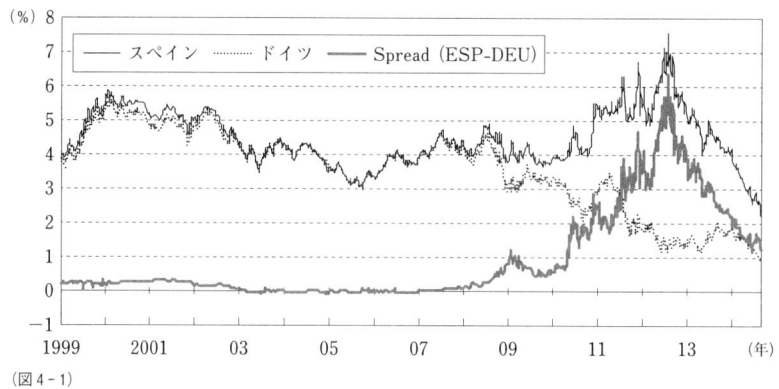

(図 4 - 1)
注：ユーロ圏諸国の国債スプレッドは，ユーロ圏諸国の国債利回り（10年物）とドイツ国債利回り（10年物）との差である．
　　分析対象はユーロを最初に導入した11カ国及びギリシャとする．ただし，ルクセンブルクはデータがないため，分析対象から外れる．
　　分析期間は1999年1月1日から直近までとする．ただし，ギリシャに関する分析期間は2001年1月1日から直近までとする．日次データを使用する．
出所：Datastream.

　を受けた．特に，南欧諸国の金融機関は，不動産バブルの崩壊の影響を受け，自らのバランスシートを毀損させた．バブル崩壊によって経済成長の停滞，財政赤字の拡大が懸念されるなか，南欧諸国の国債とドイツ国債とのスプレッドは急速に拡大した[3]．とりわけ，デフォルト候補国として，ギリシャ，アイルランド，スペイン，ポルトガルとイタリアの5カ国が挙げられた．同じユーロ建て国債の利回りには，国の経済力と財政力に応じた信頼度の格差があった．しかし，最適通貨圏理論が示唆するように，非対称性ショックが発生しない国々は最適通貨圏を形成し得る．こうした観点から，ユーロ圏は最適通貨圏の条件を満たしていないと考えられる．次節以降では，最適通貨圏理論を検証する方法の一つであるG-PPPモデルを用いて，南欧5カ国に焦点を当てながら，ユーロ圏は最適通貨圏であるか否かについて再検証を行う．

---

[3]　南欧諸国の国債スプレッドは西欧諸国の国債スプレッドに比べて，リーマンショック後に急拡大していた．詳細は図4-1を参照されたい．

3. G-PPP モデル及び共和分検定

　1970年代初頭に，主要先進国は相次いで変動相場制に移行した．その後，実際の為替相場と購買力平価との間には乖離が生じている．一方，購買力平価は長期にわたる為替相場の決定理論として知られており，その背後には商品裁定による一物一価の法則が成り立つと仮定している．しかし，自国と外国との消費バスケットに占める財の異質性，または市場参加者間の情報の非対称性，さらに商品裁定が不可能な非貿易財が存在していることによって，一物一価の法則は成立しないことが多い．購買力平価と実際の為替相場に乖離が見られる．これに対して一般化購買力平価（G-PPP）モデルは，各国実質為替相場の長期における定常性に注目している．G-PPP モデルにより，経済構造が比較的同質で生産要素の移動性が高い国の間で，各国の基軸通貨に対する実質為替相場は長期にわたって共通のトレンドに含まれる．経済構造の類似性という観点から，国と国との間で発生する供給ショックが対称的であり，各国の産出水準は共通のトレンドに従うと考えられる．したがって，複数の国の間で G-PPP モデルが成り立つか否かを検証することによって，これらの国は最適通貨圏を形成し得るか否かを確認することができる[4]．

　一方，Kawasaki and Ogawa (2006) は，2国間為替相場に基づく購買力平価と G-PPP モデルとの関係を明確に示したうえで，実質実効為替相場を用いて G-PPP モデルを再定義し直した．Kawasaki and Ogawa (2006) の理論モデルでは，自国が複数の国との間で貿易関係を有し，そのうちのいくつか国との間で緊密な貿易関係を持つと仮定していた．こうした仮定の下で，自国の実質実効為替相場は，自国と緊密な貿易関係を持つか否かによって，二つのグループの加重平均値として定義することができる．自国と緊密な貿易関係を持つグループに対し，各国の対基準通貨の実質為替相場に共通要素が含まれるか否かを検証することによって，このグループは最適通貨圏であるか否かを判定することができる．言い換えれば，最適通貨圏を形成し得る国々の実質為替相場は，長期的に安定した均衡状態に収束する．各国の実質

　4）　詳細は Enders and Hurn (1994) を参照されたい．

為替相場に含まれる共通要素の検出には，共和分検定といった分析手法が用いられている．共和分検定に関する詳細は，以下の通りである．

　一般に時系列分析を行う際に，使用するデータには定常性が仮定されることが多い．確率過程が定常性を満たしている時，当該確率過程の平均がゼロであり，分散がある値に収束し，共分散は異時点の差に依存する．一方，確率過程が定常性を満たしていない時，平均，分散及び共分散は発散する[5]．また，非定常な確率過程であるランダム・ウォーク過程の平均は確率過程の初期値となり，分散と共分散は発散することになる．原系列はランダム・ウォーク過程であって，系列における1階の階差を取ることによって，ランダム・ウォーク過程の差分系列が定常過程となった時，このランダム・ウォーク過程は単位根過程と呼ばれている．単位根過程である系列による回帰モデルの誤差項が非定常な確率過程に従う場合，この回帰モデルは見せかけの回帰になる．一方，誤差項が定常な確率過程に従う場合，元となる各確率過程の間には共和分の関係があると思われる．非定常な確率過程の間に共和分関係が存在するということは，非定常な確率過程における長期的な変動が相互に影響し合い，何らかの長期均衡関係が存在するということである．

　各国の対基準通貨の実質為替相場が，単位根過程であるか否かを検定することによって，各通貨の実質為替相場が長期的に発散するか否かが明らかとなる．各通貨の実質為替相場は，単位根過程である帰無仮説は棄却されれば，ある時点での乖離は一時的なものだと容認される．しかし，各通貨の実質為替相場は単位根過程である帰無仮説が棄却できない場合，ある時点での乖離は何らかの原因によって長期にわたって継続するものだと言える．実質為替相場の不安定は，物価上昇率の違いによるものだと考えられる．

　一方，各通貨の実質為替相場が単位根検定において非定常であると確認さ

---

5) ここでの平均，分散及び共分散が発散するということは，確率過程における平均が「平均回帰性」を持たないこと，また分散と共分散が時間経過と共に拡散していくことを意味する．例えば，AR(1)過程 $y_{i,t} = \alpha_i + \beta_i y_{i,t-1} + \varepsilon_{i,t}$, $\varepsilon_{i,t} \sim W.N.(0, \sigma^2)$ において，平均，分散及び共分散は $E(y_{i,t}) = \beta_i^t(y_0)$, $var(y_{i,t}) = \sigma^2 \Sigma_{l=0}^{t-1} \beta_i^{2l}$, $cov(y_{i,t}, y_{i,t-s}) = \beta_i^s \sigma^2 \Sigma_{l=0}^{t-s-1} \beta_i^{2l}$ のように与えられる．確率過程が定常性条件を満たさない時，つまり，$|\beta_i| > 1$ & $t \rightarrow \infty$ の下で，平均，分散及び共分散は時間 t に依存する．詳細は，蓑谷（2007）を参照されたい．

れた場合，長期的に幾つかの通貨による共和分関係の存在の可能性について検討する必要がある．なぜならば，同質的な経済構造を有する国々の実質為替相場における変動は，長期的に何らかの関連性を持つ可能性がある．もし，自国の対基準通貨の実質為替相場は他の国の対基準通貨の実質為替相場との間に共和分関係が存在することが確認されれば，これらの通貨における実質為替相場の動きは長期において線形関係によって説明される．すなわち，短期に諸国通貨の間で発生した為替変動は長期的に一定の水準に収斂する．

　一方，共和分ベクトル及び調整係数における統計的有意性は，共和分関係があるか否かを判断するうえで重要な考慮要素となる．言い換えれば，共和分ベクトル及び調整係数における検定統計量が有意でなければ，共和分関係は成り立たない．共和分ベクトル及び調整係数について統計的有意性を確認することは，共和分検定において重要である．以上のように，各国の対基準通貨の実質為替相場による共和分検定を通じて，各国の実質為替相場における変動は長期的に一定の水準に収斂するか，あるいは非対称的に動くかを推定することができる．

4. 実証分析

　ユーロ圏諸国は最適通貨圏の条件を満たしているか否かを検証するために，本節ではマクロデータを用いた実証分析を行い，その結果を考察する．一方，世界金融危機後とギリシャ危機の時に，ユーロ圏の中で最も注目が集まったのは，ユーロの初期メンバーのうち4カ国及びギリシャであったため，本節は実証分析の対象をユーロ圏発足当時の11カ国及びギリシャに限定する．さらに，経済ショックの非対称性という観点から，実証分析の対象は南欧5カ国とその他の国とに分類し，南欧5カ国とその他の国との間では最適通貨圏の条件が満たされているのかを検討する．

(1) データ

　ユーロ圏は最適通貨圏であるか否かを検証するために，各国の対ドル実質為替相場を利用している．ユーロ圏諸国の実質為替相場は，通貨ユーロ対ド

ルの名目為替相場とユーロ圏諸国及び米国の消費者物価指数によって計算される．サンプル期間は，ユーロの発足時点1999年1月から直近までとする（データの取得が可能な期間）．データは，*International Financial Statistics*，IMFから月次データを用いている．一方，ユーロ圏諸国の国債スプレッドを計算するために，各国の10年物国債利回りを利用している．サンプル期間は，1999年1月1日から直近までとする（データの取得が可能な期間）．ただし，ギリシャに関する分析期間は2001年1月1日から直近までとする．データは，Datastreamから日次データを用いている．

(2) 検証方法

各国の対基準通貨の実質為替相場を用いて，現時点で発生した為替変動は短期的なものか，それとも長期にわたって継続するものかを単位根検定で検証する．単位根の検定方法とその検定統計量はDickey and Fuller (1979)に基づくものである．真のモデルを $AR(p)$ 過程として仮定する時，$AR(p)$ 過程を以下のように表すことができる．

$$RE_t = \rho_1 RE_{t-1} + \rho_2 RE_{t-2} + \rho_3 RE_{t-3} + \cdots\cdots + \rho_p RE_{t-p} + u_t, \quad u_t \sim iid(0, \sigma^2)$$

拡張DFテストによる帰無仮説と対立仮説を以下のように与える[6]．

$$H_0 : |\psi| = 1 \text{ vs. } H_1 : |\psi| < 1$$

ただし，$\psi = \rho_1 + \rho_2 + \rho_3 + \cdots\cdots + \rho_p$ である．

帰無仮説が，確率過程に単位根があり，データが非定常であるのに対し，対立仮説は確率過程に単位根がない，データは定常であるというものである[7]．各国の対基準通貨の実質為替相場の単位根検定で，各国通貨の実質為替相場が平均回帰性を持たなければ，ある時点での乖離は長期にわたって継

---

6) 詳細はHamilton (1994) を参照されたい．
7) 補足テストとして，PPテストを用いている．ADF検定の仮定を緩和し，攪乱項の自己相関と分散の不均一性を考慮して，単位根検定の検定統計量を修正した方法はPhillips and Perron (1988) によって示されている．PPテストにおける帰無仮説は確率過程に単位根があるのに対し，対立仮説は確率過程に単位根がないという前提で立てられている．

続すると容認される．

　各国通貨の実質為替相場が非定常であると容認される時，長期的にこれらの通貨の間に共和分関係があるか否かについて検定を行う．共和分検定によって，単位根過程である各国通貨の実質為替相場の間にある共和分関係を検出する．検定に用いる誤差修正モデルは，以下のように与えられる[8]．

$$\Delta RE_t = \sum_{k=1}^{p-1} \Gamma_k \Delta RE_{t-k} + \Pi RE_{t-1} + \varepsilon_t$$

ただし，$\Pi = \alpha\beta'$，α は調整係数行列，β'は共和分ベクトルからなる行列である．RE_{t-1}は$n \times 1$ベクトルである，$RE_{t-1} = (RE_{1,t-1},\ RE_{2,t-1},\ \cdots\cdots RE_{n,t-1})'$．

　一方，共和分関係の数はラグ次数の変化に応じて変化するため，誤差修正モデルにおける共和分関係の数は最適なラグの長さに応じて選択を行う必要がある．ラグの長さを決めるには，各確率過程において前の期から最長で1年間の過去のショックが長引くことを想定し，ラグ次数を1から12までの間で選択する．情報基準による選定は AIC に基づいている．

　さらに，共和分システムにおける各系列の特性を調べるため，共和分ベクトル及び調整係数については補足テストとしてカイ2乗検定を行う．検定における帰無仮説は，以下のように立てられる．

①系列のいずれかが長期均衡関係に含まれない．各系列は共和分関係にあるものの，長期均衡関係における共和分システムから除外される．
②共和分システムにある系列は共和分ベクトルと無関係で，定常性を満たしている．
③各系列は長期均衡に対して弱外生性を持つ．

　補足テストの①と③は共和分関係の特定に役立つと思われる．共和分関係の数は想定されるラグ次数に応じて変化するため，モデルの選択には過剰識別または過小識別といった問題が生じかねない．各系列における長期均衡と

8）　詳細は Hamilton（1994）及び蓑谷（2007）を参照されたい．

の関係及び外生性を検定することによって，モデルが誤って特定化されるリスクを減らすことができる．一方，補足テストの②は誤差修正の決定メカニズムが外生要因（系列ラグの影響，誤差項に含まれている個別効果など）によるものであるか否かを検定することができる．よって，各国の対基準通貨の実質為替相場の特徴を明らかにするためには，実質為替相場における変動がより強い関係性を持つ組み合わせに注目すべきである．またユーロ圏における諸国通貨の為替変動が域内他の通貨の為替変動との関係を検証するという本節における主な目的から，系列の定常性は共和分システムによって導出される方が為替変動における相互関係の断定に望ましい．

(3) 分析結果

表4-1では，各通貨の実質為替相場に対する単位根検定の結果を示しているが，12カ国の通貨における実質為替相場が単位根過程である帰無仮説を棄却することができなかった．すなわち，各通貨の実質為替相場は非定常である可能性を否定することができない．一方，南欧5カ国とその他の国から構成される組み合わせは計31通りである．さらに，この31通りの組み合わせのうち，各系列が長期均衡関係に含まれること，各系列における定常性が共和分ベクトルと有意に関係すること，または各系列が弱外生性を持たないことについて補足テストを行った．各組み合わせにおける具体的な検定結果は表4-2でまとめている．31通りの組み合わせのうち，各系列が長期均衡関係に含まれることについてのテストでは，有意性が確認されたのは26の組み合わせであった．また，各系列の定常性における共和分ベクトルとの関係についてのテストでは，有意性が確認されたのはすべての組み合わせであった．さらに，各系列が長期均衡関係に対して弱外生性を持たないことについては，31通りの組み合わせのうち8の組み合わせは有意であることが確認された．一方，3つの補足テストにおいて，有意性が同時に確認できたのはギリシャ，ポルトガルとその他の国との組み合わせ，ギリシャとその他の国との組み合わせ，イタリアとその他の国との組み合わせ及びスペインとその他の国との組み合わせであった．

　分析の結果により，西欧諸国を中心とするその他の国はギリシャ，イタリ

第 4 章　ユーロ圏の最適通貨圏の再検証

表 4-1　単位根検定

テスト	ADF テスト			PP テスト		
有意水準　　国	1%	5%	10%	1%	5%	10%
	−3.467	−2.877	−2.575	−3.467	−2.877	−2.575
ドイツ		−1.500			−1.519	
フランス		−1.421			−1.455	
イタリア		−1.255			−1.272	
ベルギー		−1.239			−1.256	
オランダ		−1.315			−1.334	
ルクセンブルク		−1.226			−1.233	
アイルランド		−1.245			−1.258	
スペイン		−1.124			−1.132	
ポルトガル		−1.239			−1.240	
オーストリア		−1.296			−1.320	
フィンランド		−1.440			−1.461	
ギリシャ		−1.142			−1.095	

出所：IMF, *International Financial Statistics*.

ア，スペインのそれぞれと最適通貨圏を形成し得る．1990年代に，上記の3カ国はユーロ圏に加盟するため，インフレの抑制と財政赤字削減に必死だった．ユーロが導入された当初，これらの国は安定・成長協定（Stability and Growth Pact）を忠実に遵守した[9]．特に，スペインは安定・成長協定の中期目標（財政収支を均衡または黒字にする）も達成した．一方，ユーロ導入後，ポルトガルの経済は低迷していた．その主な原因は，内需の冷え込みと海外から直接投資の減少にあると思われる．これに対して，有意な検定結果が得られなかったアイルランドは，ユーロ導入後，財政規律を守りながら，サービス業を中心に成長してきた．経済が好況だったアイルランドは，物価上昇率がユーロ圏の中で比較的高かった．また，BNPパリバ・ショック後，住宅バブルの崩壊により，アイルランドの財政状況は急激に悪化した．したがって，実証分析の結果を見る限りでは，ポルトガルとアイルランドは西欧諸国を中心とするその他の国と最適通貨圏を形成することができない．

---

9)　ただし，ギリシャは虚偽の報告をしていた．

第Ⅰ部　ユーロ圏危機と信認回復政策

表 4-2　カイ 2 乗検定

組み合わせ		ギリシャ	アイルランド	イタリア	ポルトガル	スペイン
コア諸国 ギリシャ・アイルランド・ イタリア・ポルトガル・スペイン	P = 2 R = 3**	13.09*** 42.14*** 1.14	49.17*** 42.45*** 2.75	40.36*** 42.30*** 3.02	32.82*** 142.75*** 1.87	50.90*** 42.25*** 0.89
コア諸国 ギリシャ・アイルランド・ イタリア・ポルトガル	P = 2 R = 3*	7.42* 40.53*** 1.26	13.45*** 43.02*** 2.26	33.52*** 41.31*** 1.76	24.79*** 42.24*** 1.63	
コア諸国 ギリシャ・アイルランド・ イタリア・スペイン	P = 2 R = 4*	10.90** 30.47*** 5.67	39.42*** 31.77*** 5.97	50.07*** 31.39*** 6.79		46.87*** 31.49*** 6.48
コア諸国 ギリシャ・アイルランド・ ポルトガル・スペイン	P = 3 R = 2***	23.63*** 59.70*** 3.12	43.89*** 60.76*** 3.61		10.81*** 60.30*** 3.30	56.76*** 59.39*** 2.72
コア諸国 ギリシャ・イタリア・ ポルトガル・スペイン	P = 1 R = 4***	26.49*** 39.12*** 15.26***		40.16*** 38.20*** 3.21	8.51* 39.57*** 6.44	16.69*** 38.95*** 4.80
コア諸国 アイルランド・イタリア・ ポルトガル・スペイン	P = 2 R = 3**		45.89*** 40.79*** 0.79	39.86*** 39.77*** 1.34	25.25*** 40.89*** 0.79	44.44*** 40.07*** 0.21
コア諸国 ギリシャ・アイルランド・ イタリア	P = 2 R = 3*	13.91*** 31.02*** 5.75	8.62** 31.38*** 6.05	49.93*** 31.38*** 6.77*		
コア諸国 ギリシャ・アイルランド・ ポルトガル	P = 2 R = 3*	9.30** 29.71*** 1.58	7.70* 30.60*** 1.31		34.27*** 30.70*** 1.85	
コア諸国 ギリシャ・アイルランド・ スペイン	P = 3 R = 2***	16.66*** 54.63*** 2.26	38.09*** 56.11*** 2.01			50.05*** 55.11*** 2.13
コア諸国 ギリシャ・イタリア・ ポルトガル	P = 2 R = 2**	7.65** 45.71*** 0.33		22.70*** 46.34*** 0.72	22.38*** 46.77*** 1.27	
コア諸国 ギリシャ・イタリア・ スペイン	P = 2 R = 2**	6.69** 54.04*** 2.57		31.54*** 54.81*** 3.75		14.31*** 55.29*** 3.56
コア諸国 ギリシャ・ポルトガル・ スペイン	P = 1 R = 4**	43.91*** 38.74*** 15.11***			32.82*** 38.42*** 4.55	19.89*** 37.62*** 3.02
コア諸国 アイルランド・イタリア・ ポルトガル	P = 2 R = 3*		11.14** 35.87*** 5.85	43.36*** 34.39*** 6.47*	32.23*** 35.08*** 5.83	
コア諸国 アイルランド・イタリア・ スペイン	P = 2 R = 4*		42.85*** 25.52*** 4.15	56.06*** 24.63*** 5.40		55.65*** 24.78*** 5.27
コア諸国 アイルランド・ポルトガル・ スペイン	P = 2 R = 3**		51.04*** 31.88*** 1.54		37.43*** 32.17*** 1.62	52.61*** 31.46*** 1.56
コア諸国 イタリア・ポルトガル・ スペイン	P = 3 R = 2**			10.77*** 38.68*** 9.04**	0.29 40.79*** 9.92***	5.23* 39.66*** 8.87***

第4章 ユーロ圏の最適通貨圏の再検証

(表4-2)

組み合わせ		ギリシャ	アイルランド	イタリア	ポルトガル	スペイン
コア諸国 ギリシャ・アイルランド	P=2 R=3*	15.78*** 29.02*** 4.71	20.52*** 29.90*** 4.13			
コア諸国 ギリシャ・イタリア	P=2 R=2**	14.44*** 40.90*** 4.19		46.50*** 41.72*** 5.48*		
コア諸国 ギリシャ・ポルトガル	P=5 R=5**	21.41*** 10.73** 21.74***			9.81* 10.47** 19.10***	
コア諸国 ギリシャ・スペイン	P=3 R=2*	7.67** 37.40*** 6.01**				18.0 38.09*** 5.33*
コア諸国 アイルランド・イタリア	P=2 R=3**		12.26*** 28.42*** 5.01	59.02*** 28.36*** 6.34*		
コア諸国 アイルランド・ポルトガル	P=3 R=1***		6.10** 46.19*** 3.27*		3.52* 46.18*** 2.46	
コア諸国 アイルランド・スペイン	P=3 R=2***		27.15*** 41.02*** 1.44			37.38*** 38.81*** 1.26
コア諸国 イタリア・ポルトガル	P=2 R=2**			33.95*** 41.30*** 3.93	27.69*** 42.28*** 3.44	
コア諸国 イタリア・スペイン	P=3 R=2*			0.99 33.75*** 2.66		13.26*** 35.10*** 3.23
コア諸国 ポルトガル・スペイン	P=3 R=2**				1.58 33.32*** 10.89***	9.28*** 32.53*** 10.10***
コア諸国 ギリシャ	P=5 R=3*	20.91*** 16.21*** 13.07***				
コア諸国 アイルランド	P=2 R=3*		25.30*** 26.04*** 6.06			
コア諸国 イタリア	P=2 R=2***			59.02*** 31.68*** 6.96**		
コア諸国 ポルトガル	P=3 R=1***				0.09 35.93*** 6.70***	
コア諸国 スペイン	P=3 R=2*					24.46*** 34.82*** 8.35**

注:Pはラグ次数,Rは共和分関係の数をそれぞれ表す.
　コア諸国には,オーストリア,ベルギー,フィンランド,フランス,ドイツ,ルクセンブルク及びオランダが含まれる.
　上段は各系列が長期均衡関係に含まれること,中段は各系列における定常性が共和分ベクトルと有意に関係すること,下段は各系列が長期均衡関係に対して弱外生性を持たないことのそれぞれについての検定結果を表す.
　*,**,***はそれぞれ10%,5%,1%の検定有意水準を表す.
出所:IMF, *International Financial Statistics*.

5. むすび

　経済は好況と不況を繰り返している．2003 年から 2007 年にかけて世界的に好況となった．だが，その好況は一転，2008 年のリーマンショックを契機に終焉を迎えた．米国発の金融危機は，欧米の金融機関のバランスシートを傷つけることになり，世界金融危機に発展した．さらに，金融危機は，欧米の実物経済に影響を及ぼし，実物経済活動を急激に縮小させた．欧米における総需要の縮小は，欧米に向けて輸出を行っている他の国々にも悪影響を及ぼし，世界経済は同時不況に陥った．一方，世界金融危機が深刻化するなか，ギリシャの財政問題に端を発したギリシャ危機は，南欧危機へと発展し，ユーロ存続そのものを脅かした．

　本章では，ユーロ圏のなかで西欧諸国と南欧諸国は世界金融危機とギリシャ危機による影響が異なることから，ユーロ圏は最適通貨圏であるか否かについて再検証を行った．南欧 5 カ国に焦点を当てながら，G-PPP モデルによる検証結果は，南欧諸国の多くが西欧諸国と最適通貨圏を形成し得ることを示した．一方，アイルランドを含めた組み合わせは，統計的有意な結果が得られなかった．それはアイルランドのインフレ率が比較的高かったことが大きな原因だと考えられる．また，国の経済力や財政力に対する信頼度を表す国債の利回りでは，世界金融危機の前までに，南欧諸国の国債スプレッドは西欧諸国の国債スプレッドとほぼ同水準だった．こうした観点から，ユーロ圏の中で，特に南欧諸国と西欧諸国との間は最適通貨圏を形成し得ると言えよう．

　単一通貨から生まれる利益は大きい．両替手数料を節約することができるとともに，為替相場の不安定性が除去される．さらに，金融システムが安定し，持続的な経済成長を実現することができる．特に，小国開放経済の場合は，統一通貨から得られるベネフィットが大国よりも大きい．

　18 番目にユーロを導入したラトビアに続き，リトアニアは 2015 年 1 月にユーロ圏に加盟した．これにより，バルト 3 国（エストニア，ラトビア，リトアニア）の通貨はすべてユーロとなった．ユーロ圏はこれからも拡大していくことが予想される．

第4章 ユーロ圏の最適通貨圏の再検証

参考文献

Dickey, David A. and Wayne A. Fuller (1979), "Distribution of the Estimators for Autoregressive Time Series With a Unit Root," *Journal of the American Statistical Association*, Vol. 74(366), pp. 427-431.

Enders, Walter and Stan Hurn (1994), "Theory and Tests of Generalized Purchasing-Power Parity: Common Trends and Real Exchange Rates in the Pacific Rim," *Review of International Economics*, Vol. 2(2), pp. 179-190.

Hamilton, James D. (1994), *Time Series Analysis*, Princeton University Press.

Juselius, Katarina (2006), *The Cointegrated VAR Model: Methodology and Applications*, Oxford University Press.

Kawasaki, Kentaro and Eiji Ogawa (2006), "What Should the Weights of the Three Major Currencies be in a Common Currency Basket in East Asia?" *Asian Economic Journal*, Vol. 20(1), pp. 75-94.

Mundell, Robert A. (1961), "A Theory of Optimum Currency Areas," *American Economic Review*, Vol. 51(4), pp. 657-665.

Phillips, Peter C. B. and Pierre Perron (1988), "Testing for a Unit Root in Time Series Regression," *Biometrika*, Vol. 75(2), pp. 335-346.

小川英治・川崎健太郎 (2006), 「東アジアにおける共通通貨政策圏」『フィナンシャル・レビュー』(財務省財務総合政策研究所), 2006年5月号, pp. 58-80.

沖本竜義 (2010), 『経済・ファイナンスデータの計量時系列分析』朝倉書店.

川崎健太郎 (2000), 「アジア通貨圏における OCA 最適規模の測定――G-PPP 理論を用いた最適通貨圏の実証分析」『一橋論叢』第124巻第6号, pp. 813-832.

川崎健太郎 (2005), 「一般化購買力平価モデルの修正」『経営論集』(東洋大学経営学部), 第66号, pp. 111-126.

田中素香編 (1996), 『EMS:欧州通貨制度――欧州通貨統合の焦点』有斐閣.

田中素香 (2010), 『ユーロ 危機の中の統一通貨』岩波新書.

田中素香 (2014), 「ユーロ危機と2つの金融資本主義」『経済学論纂』(中央大学経済学研究会), 第54巻第3・4合併号, pp. 95-117.

蓑谷千凰彦 (2007), 『計量経済学大全』東洋経済新報社.

山本拓 (1988), 『経済の時系列分析』創文社.

第Ⅱ部

ユーロ圏危機の世界経済・アジアへの影響

第5章
ユーロ圏危機が世界のマクロ経済に及ぼす影響

中 村 周 史

1. はじめに

　2009年のギリシャ政権交代によって発覚した財政問題に端を発する債務危機は，南欧からユーロ圏，その後欧州経済全体へと波及した．この問題は，単に欧州の問題にとどまらず，欧州経済が世界経済に占める貿易や金融面での高いプレゼンスを通じて，欧州以外の地域にまでその影を落としている．現在，危機そのものはユーロ圏他国やECB，さらにはIMFからの支援融資を各国が受けることで小康状態にあり，一部では徐々に回復の兆しを見せつつある．しかしながら，ユーロ圏やEU諸国のみならず，域外の新興国経済とその成長に与えたこの危機の複雑な影響は，依然として根深く残っている．こうした影響についてマクロ的な視点から把握することは，現在の世界経済の減速といまだに直面している構造的問題について，理解を深めることに大いに寄与するだろう．

　そこで本章では，ユーロ圏やEU経済そのものについてではなく，ユーロ圏危機がどのように世界経済，とくに世界経済の原動力となっている新興諸国経済と繋がっており，その結果どういった影響を世界経済へ及ぼしたのか，また及ぼしうるのかについて焦点を当て，考えていく．次節では，まずユーロ圏と世界経済の関係についてデータと共に概観し，貿易を通じた世界の実体経済への影響と，金融面における欧州銀行の影響力について焦点を当てることで，ユーロ圏危機が世界のマクロ経済に対して及ぼす影響について整理

を行う．続く第3節では，そうした影響が最も深刻に現れるであろうユーロ圏周縁国，とくに中東欧諸国に焦点を当て，多くの事実から危機の影響について考える．第4節と第5節では，中南米や米国，日本を含むアジアへと焦点を移し，現在のユーロ圏との関係から多面的に検証する．最後に，これらを踏まえたうえでの結びを行う．

2. 世界経済とユーロ圏債務危機貿易・金融面を通じた影響

　ユーロ圏危機が世界経済に対して及ぼす最も端的な影響は，ユーロ圏諸国の内需が縮小することによって輸入の減少が生じ，取引相手国の実体経済に直接的に影響するという貿易チャネルによるものだろう．図5-1が示すように，2013年時点においてもEU加盟国で世界全体の輸入の3割超を担っている．これは日中を含むASEAN+3の約1.3倍の規模にも相当する．このことからも分かる通り，世界経済におけるその存在は非常に大きいものである．他方，2011年に比べ2012年と2013年にそのシェアが減少している．これは危機が再燃し深刻化し始めた2011年に比べ，危機が最も深刻化した2012年のEUの輸入総額が約3,834億米ドルも減少する事態が発生し，翌2013年も引き続き低迷したままであることを反映したものである．実際，現在の世界経済において，とくに新興国を中心にその景気の拡大が鈍化し，緩やかなものとなっている一因として，このユーロ圏を始めとするEU諸国での需要の減退と低迷がしばしば指摘されている．次節以降で示す通り，危機の進行と共にEU諸国への新興国からの輸出は大きく落ち込んでおり，そのことが新興国輸出全体の成長を鈍化させている．

　表5-1は2013年時点のEUの域外貿易について上位10カ国を示している．ここからEUの域外貿易は北米・南米，非ユーロ加盟国欧州，アジア諸国と多岐にわたっていることが分かる．欧州経済の減退は，これら地域全てに確実に影響を及ぼすことになる．とくに，東アジアはその主要地域でEU域外輸入相手国シェアの2割超を占め，中国は最大の輸入相手国であることが分かる．これは，アジア経済からの見方をすれば，欧州経済へ輸出を通じて強くリンクしていることを示すものである．新興国経済の多くは貿易依存度が

第5章 ユーロ圏危機が世界のマクロ経済に及ぼす影響

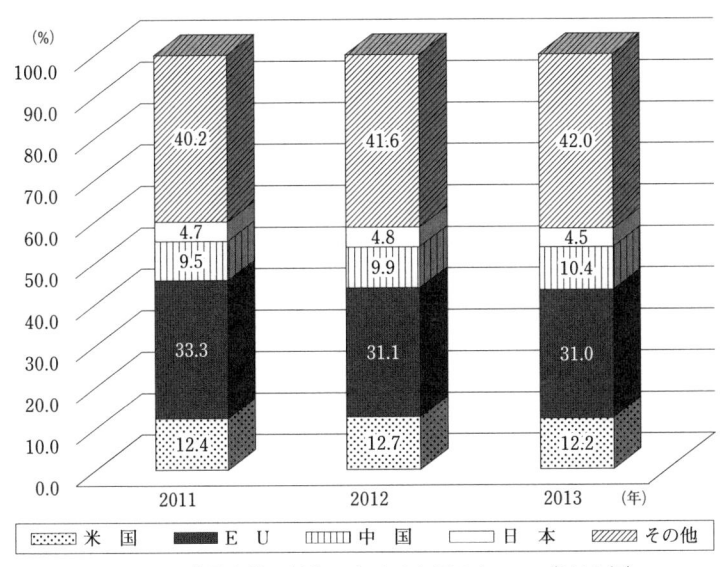

図5-1 世界全体の輸入に占める各国のシェア（2013年）

	2011	2012	2013
米国	12.4	12.7	12.2
EU	33.3	31.1	31.0
中国	9.5	9.9	10.4
日本	4.7	4.8	4.5
その他	40.2	41.6	42.0

出所：IMF Direction of Trade Statistics より作成．

表5-1 EU域外貿易取引主要相手国（2013年）

(100万ユーロ)

	域外輸出	1,732,928	100.0		域外輸入	1,683,443	100.0		域外貿易	3,416,371	100.0
1	米国	287,962	16.6	1	中国	279,931	16.6	1	米国	483,926	14.2
2	スイス	169,549	9.8	2	ロシア	206,581	12.3	2	中国	428,062	12.5
3	中国	148,131	8.5	3	米国	195,964	11.6	3	ロシア	326,344	9.6
4	ロシア	119,763	6.9	4	スイス	94,261	5.6	4	スイス	263,810	7.7
5	トルコ	77,733	4.5	5	ノルウェー	90,008	5.3	5	ノルウェー	140,184	4.1
6	日本	54,015	3.1	6	日本	56,437	3.4	6	トルコ	127,969	3.7
7	ノルウェー	50,176	2.9	7	トルコ	50,236	3.0	7	日本	110,452	3.2
8	UAE	44,649	2.6	8	インド	36,822	2.2	8	韓国	75,807	2.2
9	ブラジル	40,097	2.3	9	韓国	35,848	2.1	9	ブラジル	73,112	2.1
10	韓国	39,959	2.3	10	ブラジル	33,015	2.0	10	インド	72,697	2.1

出所：EUROSTAT より作成．

非常に高く，輸出が経済成長の原動力となっているため，欧州への輸出の減速がGDP成長率に直接的に影響してしまうという特徴を持つ．こうした新興国の成長の鈍化は，経済構造を考えた場合に欧州経済との直接的リンクが弱い[1]日本のような経済にとっても，間接的な作用をもたらすと考えられる．したがって，貿易を通じた欧州経済の減速の影響は，乗数的な作用を持って域外へと波及していくことになる．

　また，金融危機としての側面を強く持つユーロ圏の危機は，当該地域の銀行の与信行動によっても世界経済に影響を与えている．2011年に再燃した欧州のソブリン・リスクの深刻化は，こうした国々への債権を多く持つユーロ圏の銀行に対する懸念を高め，米銀や邦銀はその与信を圧縮した．この事態は，2011年半ばから年末にかけてインターバンク市場金利は上昇させることへとつながり，米銀や邦銀と比較し，相対的にインターバンクや銀行債発行による資金調達の比重が高いユーロ圏の銀行は，その資金調達，とくに米ドルの資金調達環境を大きく悪化させることとなった．そうしたなか行われたのは，域内だけでなく域外に対する銀行資産圧縮による「デレバレッジ（Deleverage）」[2]である．

　デレバレッジは，企業や家計の経済活動，証券等の資産価格に大きな影響をもたらすことになる．とりわけ大きな問題となるのは貸出資産である．図5-2は国際決済銀行（Bank for International Settlements: BIS）統計による世界全体の対外与信残高の推移とその内訳を示したものである[3]．この図からも分かる通り，欧州銀行[4]の持つ対外与信残高は米国をはるかに大きく上

---

1) この意味については，第5節と第6章で詳しく述べる．
2) デレバレッジとは，信用をもとに自己資本を大きく上回る規模の資金を運用するレバレッジ投資が引き揚げられ，逆回転する現象を意味する．これにより，デレバレッジの対象国マクロ経済では大幅な信用収縮が発生することになる．
3) 本章では，対外与信残高に関して全て最終リスクベースの数値を用いている．これは，与信対象の直接的な所在地ではなく，「与信の最終的なリスクがどこに所在するのか」を基準に，国・地域別の分類を行ったものである．なお，対外与信は「国境を越える与信」，「外国銀行の支店・現地法人による外貨建国内与信」，「外国銀行の支店・現地法人による地場通貨建て与信」で構成されている．
4) 最終リスクベースの欧州銀行に含まれるのは，ユーロ圏11カ国と英国，スイス，スウェーデンの報告銀行である．

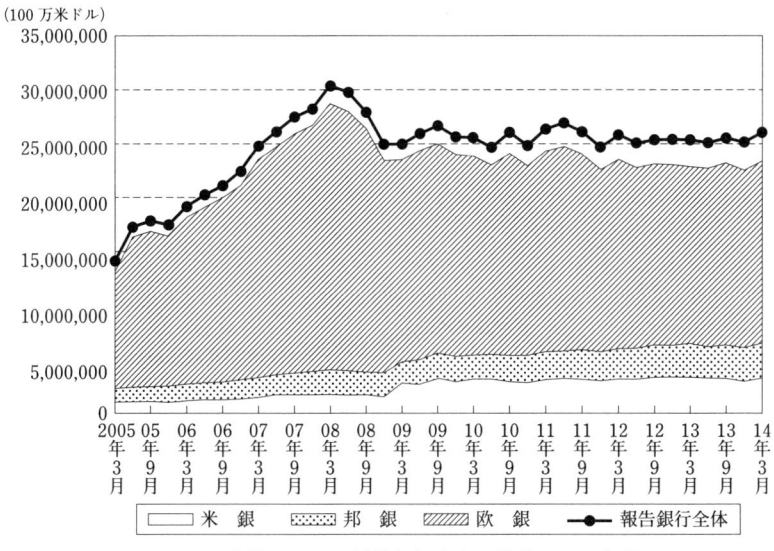

第5章　ユーロ圏危機が世界のマクロ経済に及ぼす影響

(100万米ドル)

図5-2　世界における対外与信残高の推移とその内訳

出所：BIS Consolidated banking statistics より作成.

回っており，世界最大の国際金融仲介機能を果たしている．こうした欧州金融機関の役割は世界金融危機の背景としても大きな注目を集めていたが，世界金融危機とユーロ圏危機を経た現在においても，世界の金融市場におけるその地位と重要性は少しも変わっていない．

図5-3は欧州銀行の与信行動を示したものである．最大の与信先は米国であるが，中東欧，中南米，アジアを始めとした新興諸国向けの与信は非常に大きいことが分かる．これは欧州銀行が，国際金融市場を通じて新興国における投資や消費を支えていることを意味する．さらに図5-4は，その新興諸国向け与信の地域別内訳を示している．この国からアジアや中南米への与信の割合も大きいが，とくに中東欧諸国への与信の大きさが際立っていることに気が付くだろう．国際金融市場において中心的役割を果たす欧州銀行が与信圧縮を行うことは，欧州経済だけの問題にとどまらず，世界経済の牽引役である新興国の経済成長を失速させ，世界経済全体の低迷へとつながってしまうことは想像に難くない．IMF（2012）においても，欧州銀行が一斉に大規模なデレバレッジを行うと，ユーロ圏だけでなく世界的に資産価格，信用

135

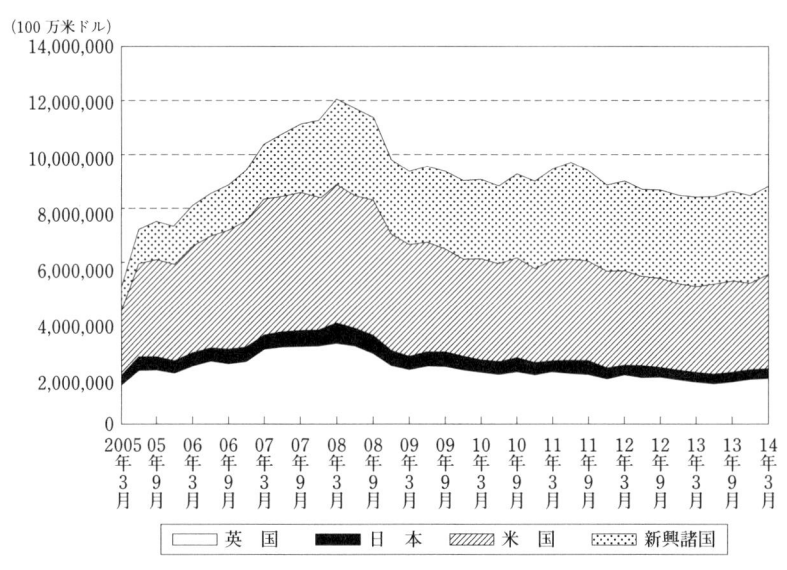

第Ⅱ部 ユーロ圏危機の世界経済・アジアへの影響

図5-3 欧州銀行の地域別対外与信残高の推移(オフショア,その他先進国除く)
出所:BIS Consolidated banking statistics より作成.

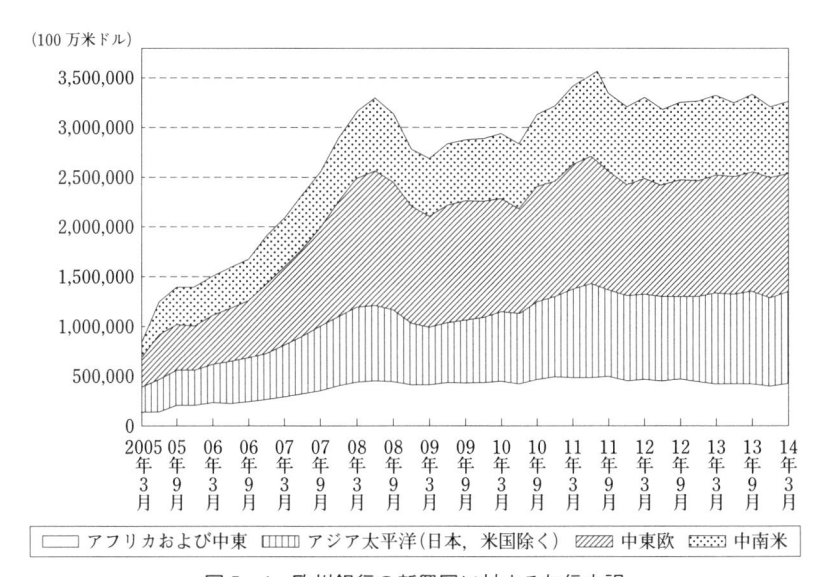

図5-4 欧州銀行の新興国に対する与信内訳
出所:BIS Consolidated banking statistics より作成.

供与，経済活動に悪影響を及ぼす可能性があるため，深刻化しないよう注意を払う必要があると言及されている．

　二つの図が示す通り，2008年の世界金融危機時にも急激にその与信は減少しているが，2011年の後半からも，とくに米国と新興諸国に対して大きく与信圧縮が進んでいることが確認でき，金融面を通じた当該危機の影響が伺える．ただし，この与信圧縮による影響は，その地域における欧州銀行のプレゼンス，国内信用に対する対外債務残高の比率，経済状況による与信代替のしやすさ等，各新興国が直面する状況によって大きく異なると考えられ，一概に語ることはできない．例えばIMF（2013）では，新興国地域のなかでも，とくに欧州経済と結びつきの強い中東欧のようなユーロ周縁国において，この影響が深刻なものとなっていることを指摘している．そのため，次節以降では東欧，中南米，アジアの3地域について，各地域の経済の構造に焦点を当て，欧州銀行の与信行動と共に，ユーロ圏危機の各国マクロ経済への影響について詳しく見ていくことにする．

3. 失速したユーロ圏周縁国

　ユーロ圏の危機の影響が最も深刻である地域として考えられるのは，その周縁に位置する国家である．これは，「単に地理的要因によるもの」というわけではない．近年のEU拡大による経済の統合は，多くの経済的障壁を排除し，モノやカネの流れを加速させ，その結果，ユーロを採用していないユーロ圏の周縁国家においても，その関係を貿易・金融の両面から極めて強く結びつけることとなった．なかでも，世界金融危機以前の中東欧諸国は，ユーロ圏からの膨大な対外直接投資を受けることでEU向け輸出の急拡大を果たし，またオーストリアを中心とするユーロ圏金融機関からの短期資金流入によって，国内の個人消費や企業投資が刺激を受け，急速な内需の成長も成し遂げてきた．したがって，中東欧の新興諸国は，輸出と内需の両面における急拡大によって，ユーロ圏諸国と比べて際立って高い経済成長を達成していたのである．このような中東欧の新興諸国は，近年における欧州の経済成長を支えていた存在であると言える．

第Ⅱ部　ユーロ圏危機の世界経済・アジアへの影響

表 5-2　主要なユーロ周縁国の輸出依存度と対 EU 向け輸出比率（2012 年）

国　名	輸出依存度（2012）	EU 向け比率（2012）	EU 向け比率（2011）
ハンガリー	95.0	78.3	77.9
チェコ	78.0	81.8	83.7
ポーランド	46.2	78.2	80.6
ルーマニア	40.0	71.3	72.1
スウェーデン	48.7	59.7	59.2
デンマーク	54.5	64.4	67.4
英　国	31.7	53.3	52.7
	100.0	100.0	100.0

国　名	EU 向け輸出（前年比）	総輸出（前年比）
ハンガリー	-7.6	-8.1
チェコ	-6.4	-4.3
ポーランド	-5.6	-2.6
ルーマニア	-9.3	-8.2
スウェーデン	-6.2	-6.9
デンマーク	-8.3	-4.0
英　国	-7.1	-8.1

出所：IMF Direction of Trade Statistics 及び International Financial Statistics より作成.

　実体経済における当該地域の結びつきの強さを簡単に見るため，英国や北欧を含む主要なユーロ周縁国の輸出依存度[5]と輸出の内に EU が貿易相手国として占めるシェアを表5-2で示している[6]．なお，ここではユーロ圏危機の影響を見るため，同危機が深刻化した2011年と2012年の状況に焦点を当てた表を示している．これらの国々，とくに中東欧新興諸国は，極めて高い輸出依存度にくわえて，その輸出のほとんどが EU 向けであることが分かる．一方，北欧や英国といった先進国においてもその輸出依存度は高く，EU 加盟による影響からユーロ圏を中心とした EU の貿易相手としての地位は極め

---

[5]　輸出依存度とは GDP に占める輸出の割合を示すもので，ここでは GDP に対する財・サービスの輸出比率を使っている．
[6]　輸出依存度は自国通貨建てベース，それ以外は全て米ドルベースで計算を行っている．以降，同じ指標については全て同様である．

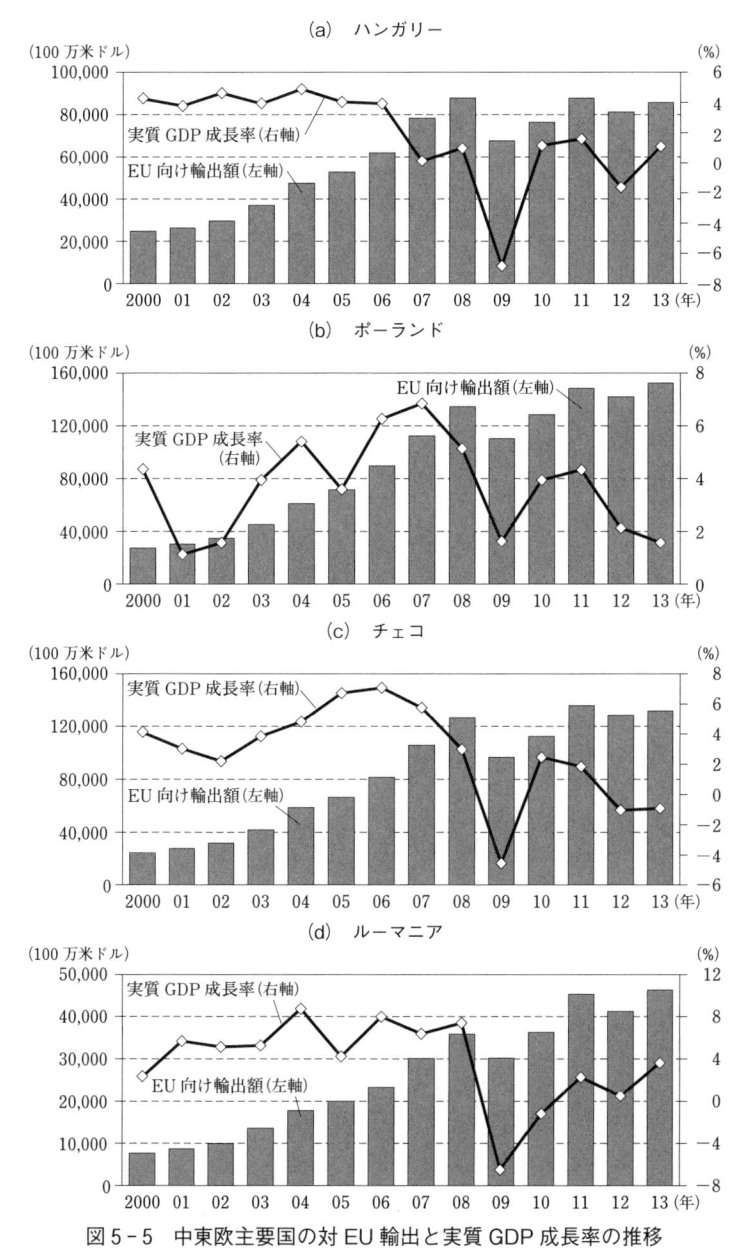

第5章　ユーロ圏危機が世界のマクロ経済に及ぼす影響

(a) ハンガリー

(b) ポーランド

(c) チェコ

(d) ルーマニア

図5-5　中東欧主要国の対EU輸出と実質GDP成長率の推移

出所：IMF Direction of Trade Statistics 及び International Financial Statistics より作成.

表5-3 中東欧地域への対外与信構成比率

(%)

年・期	欧銀貸出比率	邦銀貸出比率	米銀貸出比率
2008Q1	93.27	1.96	4.28
2009Q1	93.56	1.96	4.01
2010Q1	93.17	1.82	4.65
2011Q1	92.19	1.62	5.70
2012Q1	91.75	1.96	5.80
2013Q1	88.96	2.87	7.53
2014Q1	88.37	2.84	7.64

出所：BIS Consolidated banking statistics より作成．

て高い．

　図5-5は，中東欧諸国のEU向け輸出額と実質GDP成長率の推移を示したものである．これらの図を合わせて考えれば，中東欧諸国の経済成長は，そのかなりの部分をEU向けの輸出によって支えられており，連動していることが伺える．そのため，図5-5に見られる通り，ユーロ圏における危機が再燃するたび，その輸出総額，実質GDP成長率は落ち込んでおり，その後も低成長が続いている．とくに，輸出依存度が極めて高いハンガリーやチェコでは，2012年にはマイナス成長に陥っている．危機による欧州経済の需要低下は，中東欧新興諸国のマクロ経済非常に大きな影響を及ぼしており，深刻であると言える．

　しかしながら，上述の通り，中東欧諸国の経済成長を支えていたのは単に貿易の拡大のみではなく，こうした経済成長の失速と低迷は別の要因も持つ．これらの国々では多くの場合，個人消費や企業投資の成長が経済成長の大きな要因となっていた[7]．したがって，ここで見られる経済成長の減退の理由は内需にもあり，その内需拡大を支えていたものこそ，ユーロ圏の主要銀行による与信であった．

　表5-3は中東欧地域への対外与信構成比率を示したものである．同地域の国内信用に対する対外債務比率が100％超であることを考慮すれば，この表

---

[7] 事実，中東欧諸国の貿易収支は旺盛な個人消費による輸入で赤字であり，経常収支赤字が拡大していた．これはアジア通貨危機以降，経常収支黒字を伸ばして成長してきた輸出主導型の東アジア諸国とは全く異なる特徴である．

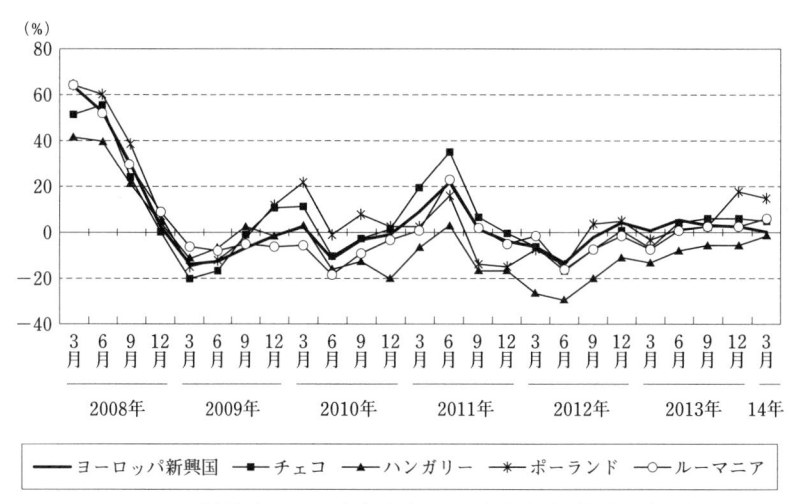

第 5 章　ユーロ圏危機が世界のマクロ経済に及ぼす影響

図 5-6　欧州銀行による中東欧諸国への与信推移（前年同期比）
出所：BIS Consolidated banking statistics より作成．

はいかにユーロ圏の銀行が中東欧諸国における資金調達の中心的役割を果たしているかを明らかにしている．中東欧諸国における有力銀行のほとんどはユーロ圏の銀行の傘下にあり，金融市場全体としてユーロ圏の銀行，とりわけオーストリアの銀行への依存が非常に大きい．したがって，危機が徐々に沈静化してきた 2013 年からは日本や米国の銀行からも与信が拡大されてはいるものの，ユーロ圏を中心とする欧州銀行が大規模な与信削減を行った場合に，他の先進国の金融機関でこれを代替するということは，極めて困難であると言える．

図 5-6 は欧州銀行の中東欧諸国向け与信の動向を表している．一見して分かる通り，ユーロ圏危機が再燃した 2011 年第 4 四半期から 2013 年第 1 四半期にかけて，全域で与信の削減を行ったことが明らかに確認される．とくに，ハンガリーでかなりの規模の与信縮小が起きている．ハンガリーでは，2013 年第 1 四半期だけで GDP の 23％ に相当する与信が減少し，その後も与信は減少を続けているため深刻な状況にある．中東欧全体で見ても，欧州銀行の同地域向けの貸出残高は，2012 年第 2 四半期では前年同期比で 13％ 程度減少しており，これは世界金融危機後の与信圧縮に匹敵する大きさである．

こうした与信の圧縮は，それまで成長を支えてきた内需の急落につながっており，図5-5で見たようなハンガリーやチェコのマイナス成長に寄与してしまっている．

また，中東欧諸国ではチェコを除き，家計部門においてでさえ外貨通貨建て債務の比率が高いという問題もある．資金流出による自国通貨の下落は外貨建て債務の「自国通貨建て債務額」を増大させるため，返済時の負担は大きくなり，経済は一層厳しい状況となる[8]．この貿易・金融の2つの要素が重なって景気が大きく後退し，経済成長の低迷した中東欧諸国では，住宅価格を始めとする資産価値の下落や，資本流出による為替相場の下落がもたらした外貨建て債務の膨張によって，図5-7が示す通り，全域でその不良債権比率が著しく上昇している．このユーロ圏債務危機による現象が特異なものであることは，図5-8の各地域における不良債権比率の推移から明らかである．その平均が危機の当事者であるユーロ圏やEU[9]をもはるかに上回っていることからも，この危機が中東欧地域に与えた影響の深刻さが理解できるだろう．こうした不良債権比率の高さも，欧州銀行が与信圧縮を進める理由であると同時に，他の地域の資本による融資で代替することが困難な理由となってしまっている．

ここまで見てきたように，中東欧新興諸国はその経済構造のため，ユーロ圏の危機による影響を大きく受けてしまっている．とりわけ，高い不良債権比率を抱えてしまった国々は，家計の消費や対内直接投資といった内需の回復を遅らせ，経済成長の低迷を長期化させる恐れがある．

くわえて，アイルランドとスペインへの金融支援が終了し，債務危機は改善の兆しを見せつつあるとはいえ，南欧のユーロ圏を中心とする欧州重債務国の問題が根本的な解決に至っていない状況下では，これらと経済的に密接な関係にある南東欧の新興国についても注意を払う必要がある．この国々はその経済規模こそ大きくないものの，ギリシャとイタリアの銀行が占める与

---

[8] 2011年後半の危機再燃時には，ユーロやスイス・フラン建てによる債務比率の高いハンガリーが，ハンガリー・フォリントの下落によってこうした事態に陥り，IMFの金融支援を要請する事態となっていた．

[9] グラフがほぼ完全に重なってしまうため，印刷上の都合でユーロ圏の推移は示していないが，EUとユーロ圏の不良債権比率の推移はほとんど同じである．

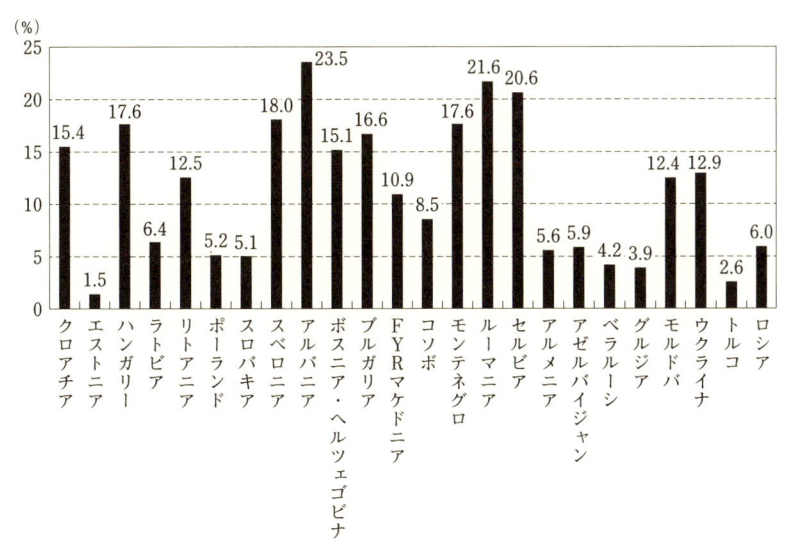

第5章 ユーロ圏危機が世界のマクロ経済に及ぼす影響

図5-7 中東欧新興諸国の不良債権比率（2013年）

出所：WORLD BANK より作成.

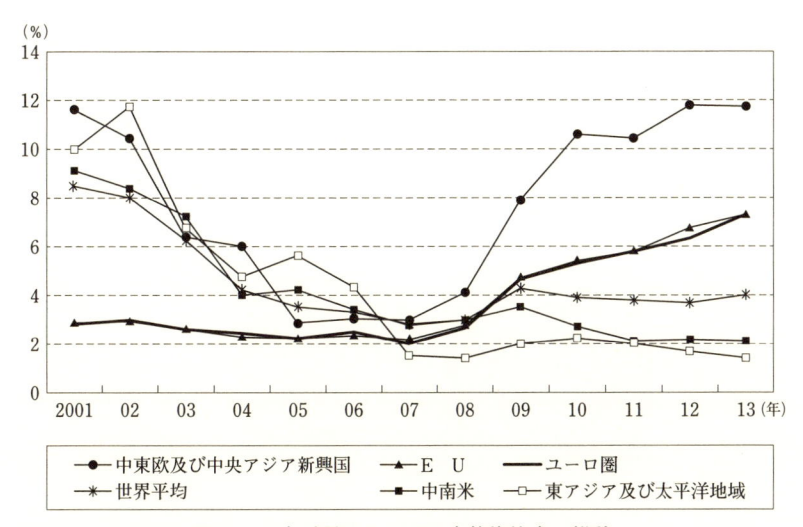

図5-8 各地域における不良債権比率の推移

出所：WORLD BANK より作成.

143

信比率が高く，クロアチアでは実際にデレバレッジの動きが観察され，2009年以来マイナス成長が続き，その不良債権比率も非常に高い状態を続けている．今後，危機が深刻さを増した場合には，東欧地域のなかでも，とくに南東欧諸国で一層デレバレッジが進行する可能性が高いと言えるだろう．

4. 金融面で欧州経済と結びつく中南米と米国

次に，中南米諸国を見てみよう．表5-4から，米国との結びつきの強いメキシコ[10]を除き，南米ではいずれの国においても，米国や中国向けと並び，EU向け輸出は大きな比率を占めている．また，南米共同市場であるMERCOSUR（Mercado Común del Sur）の存在により，南米諸国，とりわけアルゼンチンはブラジルとの貿易比率も高い．南米地域では，歴史的な背景からスペインやポルトガルといった南欧諸国と貿易・金融両面での結びつきが

表5-4 中南米主要国の輸出依存度とEU向け輸出比率（2012年）

国 名	輸出依存度（2012）	EU向け比率（2012）	EU向け比率（2011）
アルゼンチン	20	14.0	16.9
チ リ	34	15.3	17.6
ブラジル	13	20.2	20.7
ペルー	25	18.9	20.5
メキシコ	33	5.9	5.4
	100	100.0	100.0

国 名	EU向け輸出（前年比）	総輸出（前年比）
アルゼンチン	-20.4	-3.7
チ リ	-16.7	-3.9
ブラジル	-7.7	-5.4
ペルー	-9.5	-1.7
メキシコ	15.4	6.1

出所：IMF Direction of Trade Statistics 及び International Financial Statistics より作成．

10) メキシコは北米自由貿易協定（NAFTA）を締結しており，輸出の8割近くを米国に依存しているため，米国経済との連動が極めて強い．

強く，その輸出シェアが大きい．そのため，ユーロ圏債務危機が深刻化した2012年に欧州向け輸出全体が大きく落ち込んでいるのは，これら南欧諸国での急激な需要の落ち込みを反映したものである．しかしながら，輸出依存度そのものはブラジルではとくに低く，チリとメキシコでは3割を超えているものの，全体として高いとは言えない．したがって，欧州のシェアを考えれば貿易を通じた当該危機の直接的な影響は限定的であると言える．

　一方で，中南米諸国は金融面において問題を抱えている．表5-5にある通り，同地域の対外与信に占める欧州銀行の比率は平均で6割超と高い水準にある．中南米の主要国はかつて通貨危機と資本逃避を経験し，その教訓から国内金融市場の発達に努めてきた経緯があるため，これは国内信用に対する欧州銀行の対外与信比率という観点から見れば2割程度の規模であるが，図5-9が示すように，その大部分はスペインからの与信が占めている．2011年第4四半期時点での欧州銀行の同地域全体への与信の内，47％を占めるブラジルは欧州銀行与信の36％を，26.7％を占めるメキシコは欧州銀行与信の39％をスペインの銀行から供与されていた．このことは，ユーロ圏の危機の当事者であったスペインで危機が深刻化した場合に，デレバレッジによる資本逃避と信用不安が高まるリスクは，中南米では非常に高かったことを意味している．

　欧州銀行による中南米諸国向け与信の推移を表した図5-10を見れば，とくに与信残高の大きいブラジルとメキシコで2012年の前半に与信削減が進行していたことが確認できる．上述の通り，ブラジルは南米経済圏の域内貿

表5-5　中南米地域への対外与信構成比率

(％)

年・期	欧銀貸出比率	邦銀貸出比率	米銀貸出比率
2008Q1	72.35	2.64	18.30
2009Q1	69.99	3.14	19.41
2010Q1	66.97	4.70	21.54
2011Q1	67.22	5.27	21.29
2012Q1	66.75	4.73	20.82
2013Q1	63.71	4.92	23.27
2014Q1	62.91	5.36	22.00

出所：BIS Consolidated banking statistics より作成．

第Ⅱ部　ユーロ圏危機の世界経済・アジアへの影響

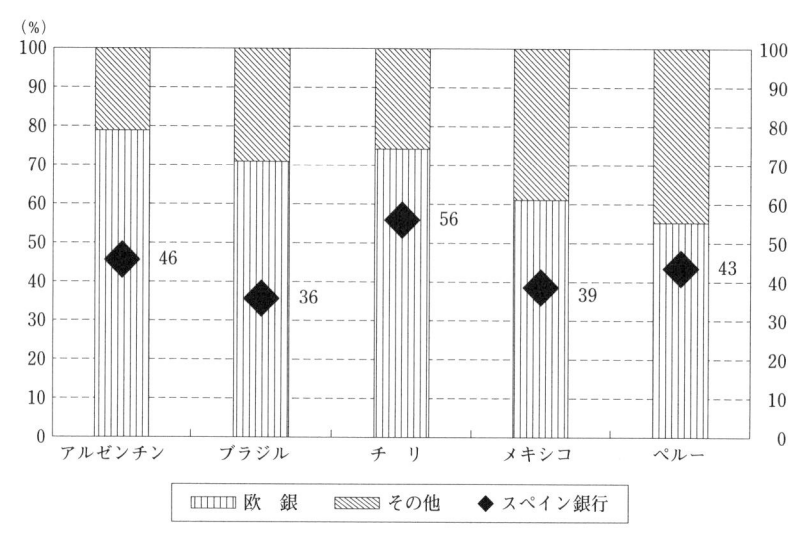

図5-9　中南米主要国の対外与信内訳（2011年第4四半期）

出所：BIS Consolidated banking statistics より作成.

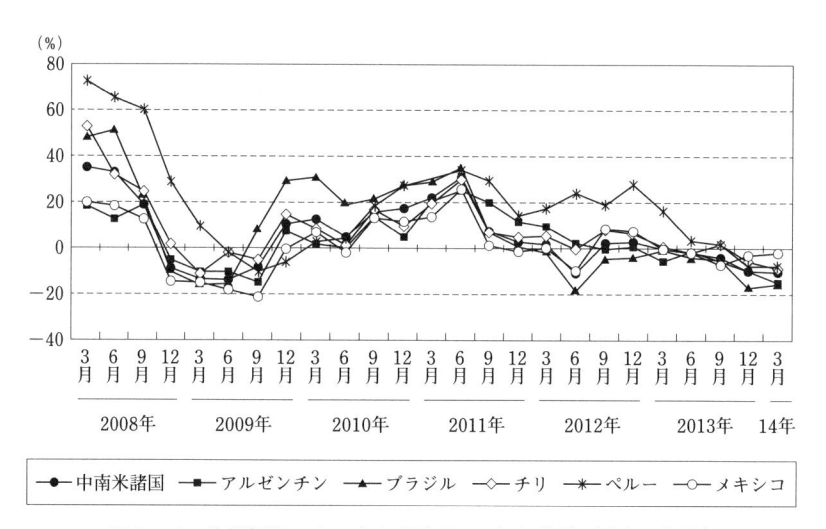

図5-10　欧州銀行による中南米諸国への与信推移（前年同期比）

出所：BIS Consolidated banking statistics より作成.

易において中心的な役割を果たしているため，デレバレッジによるブラジル経済の減速は南米全体へと波及してしまう恐れがあり，信用収縮による混乱も懸念されていた．

しかし，ユーロ圏危機によるこうした懸念は現実には起こらなかった．これは中東欧とは異なる対外与信の仕組みによるものである．同地域における対外与信のかなり部分が，現地法人による「現地通貨建て」である．したがって，資本流出による当該国通貨の減価によって中南米諸国の民間部門の債務が増大してしまうという問題は，ほとんど生じなかった．また，スペインの現地法人は主に現地通貨建て預金を資金調達源としてその与信を行っているため，現地法人のバランスシート上にも大きな通貨ミスマッチは存在していない．さらに，表5-5にあるように同時期において米銀が中南米向けの与信を増やして代替する動きを見せていたことや，ブラジルにおいては鈍化した外資系による貸し出しに代わり，政府系金融機関が貸し出しのシェアを高めていたこともあり，これまでのユーロ圏危機による与信削減が信用収縮を引き起こすには至らなかった．

ただし，現在においても依然としてスペインの銀行による対外与信比率は高いままである．そのため，今後スペインを始めとする南欧諸国での危機が深刻化することがある場合，これらを中心とした欧州銀行が本格的な与信圧縮を余儀なくされることで，中南米の信用市場の収縮が生じ，これが実体経済へ大きな影響を与える可能性は残されたままであると言える．

一方，米国に関して言えば，EU向けの輸出シェアは17％程度と比較的大きいものの，輸出依存度が1割未満と極めて低く，また図5-11のようにEU向け輸出の鈍化を他地域，とくに中南米向け輸出の拡大によって補っているため，貿易面での影響は非常に小さいと考えられる．

金融面に関して言えば，米国にとって問題になるのは米国からの資金引き揚げというよりも，米銀が抱える欧州地域のエクスポージャーである[11]．米銀のGIIPSに対するエクスポージャーは直接的な対外与信だけ見れば大きくはないが，デリバティブのような潜在的なエクスポージャーは非常に大き

---

11) エクスポージャーとは，保有金融資産の内，価格変動リスクにさらされている資産の割合を意味する．

(100万米ドル)

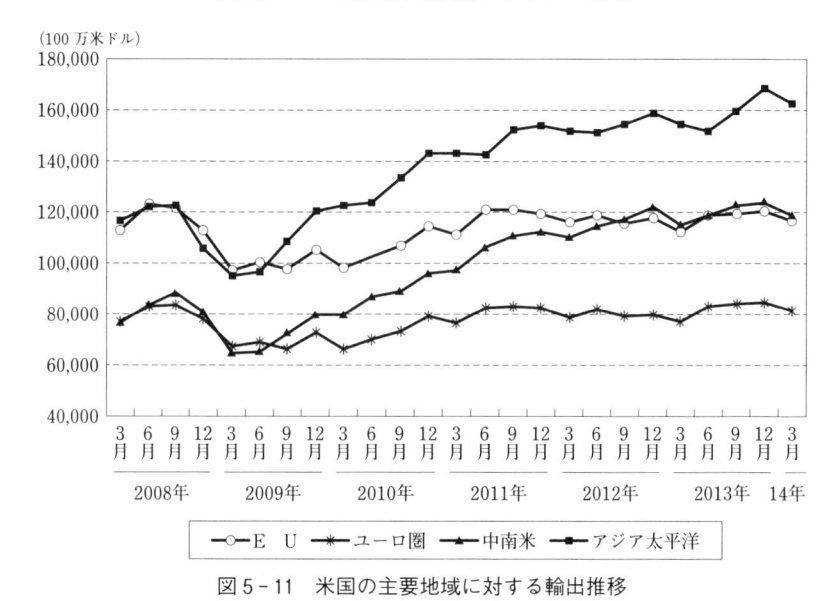

図 5-11　米国の主要地域に対する輸出推移

出所：U. S. Bureau of Economic Analysis より作成．

く，削減の進んだ現在においてもかなりの金額に及ぶ．また，米国の対外与信のうち 45% 程度は欧州向けであることから，実際にデフォルトが発生し危機が拡大した場合には，その損失によって米国金融機関が厳格化し，米国の金融市場でも信用引き締めが発生すると考えられる．

5. 開放度の高い東アジア経済と日本経済への影響

　最後に，アジア経済への影響について見てみよう．表 5-6 は ASEAN＋3 の輸出状況についてまとめたものである．アジア新興国の経済構造についての大きな特徴は，その高い輸出依存度である．とくにアジア通貨危機以降，その著しい経済成長を輸出の拡大を背景として成し遂げてきた．また，地理的な要因もあるため中東欧や中南米ほどではないが，EU はやはり主要な貿易相手となっている．当該危機による輸出への影響を見てみると，危機が再燃した 2011 年後半から EU，とくにユーロ圏向けの製造業部門を中心に減少しており，同地域の需要低迷がアジア諸国からの輸出に影響していること

表5-6　ASEAN＋3の輸出依存度とEU向け輸出比率（2012年）

国　名	輸出依存度（2012）	EU向け比率（2012）	EU向け比率（2011）
中　国	29	16.3	18.8
韓　国	57	9.1	10.1
シンガポール	201	9.6	9.1
タ　イ	75	9.4	10.8
ベトナム	87	18.3	17.8
フィリピン	30	11.4	12.4
マレーシア	87	8.9	10.3
日　本	15	10.2	11.7
	100	100.0	100.0

国　名	EU向け輸出（前年比）	総輸出（前年比）	中国向け比率（2012）
中　国	-6.1	7.90	
韓　国	-11.8	0.09	24.5
シンガポール	-5.0	-0.10	10.8
タ　イ	-9.2	3.60	11.7
ベトナム	22.7	19.30	11.2
フィリピン	-0.4	8.22	11.8
マレーシア	-14.4	-0.30	12.6
日　本	-14.9	-2.90	18.1
			100.0

出所：IMF Direction of Trade Statistics 及び International Financial Statistics より作成．

が分かる．こうした傾向は2013年においても継続しており，ほとんどの国がEUへの輸出が低迷したまま，危機以前の水準には戻っていない．また，表5-6からは同時期に総輸出についても，ベトナムを除き低迷していることが見てとれる[12]．

アジア経済のもう一つの大きな特徴は，表からも分かる通り中国向け輸出

---

12) フィリピンもその影響は軽微に見えるが，2011年の段階で既に欧州向けが-19.7%前年比で落ち込んでおり，この年の総輸出の前年比は-6.6%であった．また，シンガポールの輸出依存度が異常に高いのは，香港同様，同国がアジアにおける再輸出地として機能しているためである．

第Ⅱ部 ユーロ圏危機の世界経済・アジアへの影響

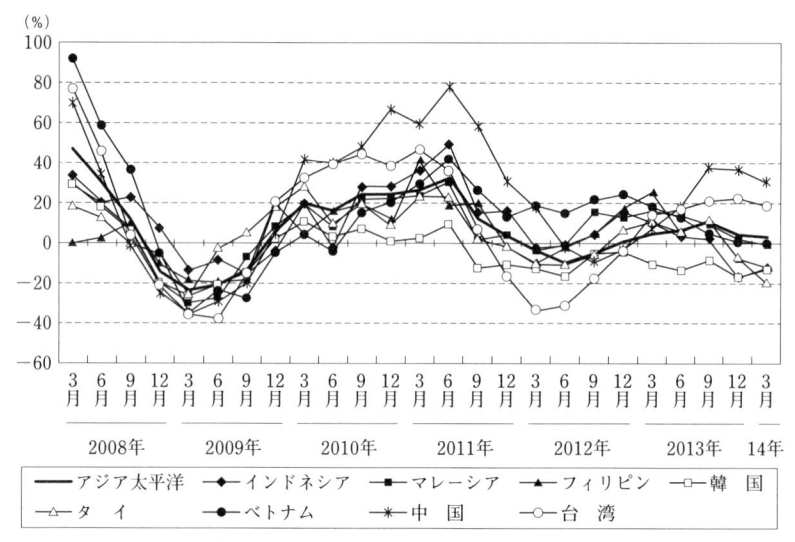

図5-12 欧州銀行による東アジアへの与信推移（前年同期比）

出所：BIS Consolidated banking statistics より作成.

比率がかなり大きく，その成長にも各国経済はある程度依存しているという点である．ところが，この危機による欧州の需要低迷や人民元の高騰もあり，中国経済の成長を支えてきた輸出は1桁台に落ち込んでいる．とくに，2013年に入ってから，その輸出前年同期比は第一四半期こそ2桁の成長を記録したものの，4月に香港向け輸出統計での水増しが発覚して以降，5月に1.0％増，6月では3.1％減，7月も5.1％増と低い水準とどまっており，低迷を続けていた．その後は回復したものの，2013年の総輸出の成長率は7.8％と前年をさらに下回っている．こうした影響を受け，2011年第1四半期から7期連続で経済成長率が鈍化し続けた中国経済の低迷は，中国向け輸出比率が高い他のアジア諸国へ影響しており[13]，欧州向けと中国向けが減少することで，アジア新興国の輸出全体の減少，さらには経済成長の鈍化をもたらしていると考えられる．開放度の高い経済構造を持つ東アジア新興諸国においては，このような中国を経由した2次的な影響も当該危機の実体経済への

---

13) 例えば，マレーシアは2012年の中国向け輸出が，前年比で約-4％と落ち込んでいる．

第5章　ユーロ圏危機が世界のマクロ経済に及ぼす影響

表5-7　アジア・太平洋地域への対外与信構成比率
（日本，米国，オフショア以外）

年・期	欧銀貸出比率	邦銀貸出比率	米銀貸出比率
2008Q1	61.24	9.31	18.14
2009Q1	56.28	10.39	21.49
2010Q1	54.48	10.29	22.62
2011Q1	53.35	11.20	20.58
2012Q1	49.48	12.41	19.86
2013Q1	47.66	13.01	18.91
2014Q1	44.00	14.73	16.25

出所：BIS Consolidated banking statistics より作成．

影響として考慮すべきであろう．

　次に金融面での影響を考える．まず欧州銀行のアジア向け与信の推移を確認しよう．図5-12が示す通り，同地域でも危機が再燃した時期に欧州銀行によるデレバレッジが進行しており，とくに韓国や台湾で大きな対外与信の削減が観察される．しかし，以下の事実からその状況は他の地域とは異なっている．

　表5-7より，アジア新興国の対外与信に占める欧州銀行の割合は5割近くを占めるため，一見非常に大きい印象を受けるが，その貸出元の構成には特徴がある．それは同地域の6割程度は英銀による与信であって，これを除いたユーロ圏を中心とする欧州銀行の割合で考えると，全体の2割程度だということである．つまり，邦銀，米銀，英銀，大陸系欧銀はそれぞれ同程度のシェアを持っている．

　また，そもそも1997年から1998年にかけて資本逃避による通貨・金融危機を経験したアジアは，90年代末から外貨準備の増大と国内金融市場の整備を進めた結果，対外与信に依存する程度を比較的小さくすることに成功している．そのため，欧州の銀行のうち東アジア主要新興国向け与信の大きな比率を占める英国銀行を除外すれば，国内信用に対する比率は3%程度である．

　したがって，2011年後半以降，欧州銀行のデレバレッジはアジアでも確かに進行していたが，この与信削減は代替可能な規模と環境にあったと言える．事実，図5-8の通り不良債権比率が低く，成長が見込めるアジアでは，

151

第Ⅱ部　ユーロ圏危機の世界経済・アジアへの影響

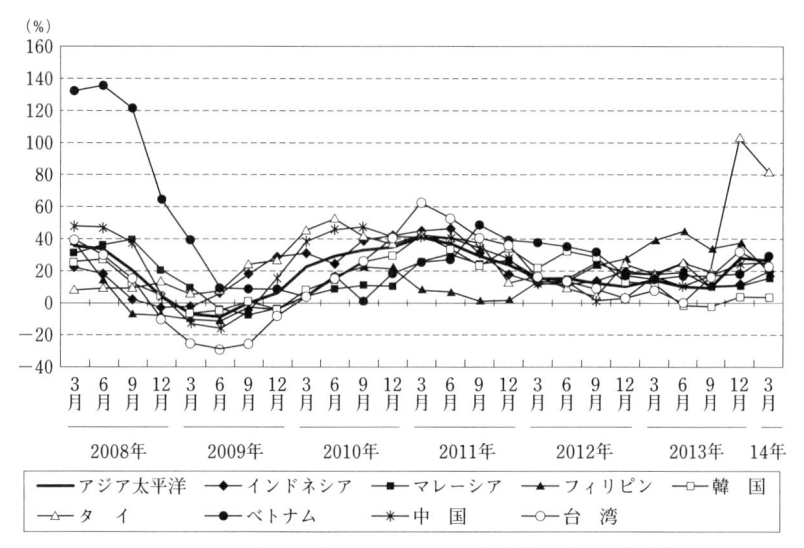

図5-13　邦銀による東アジアへの与信推移（前年同期比）

出所：IMF Direction of Trade Statistics より作成.

　同期間にとくに邦銀がアジア向け対外与信を伸ばし，これを代替している状況にある（図5-13）．日本の大手銀行は2011年以降，東アジア，なかでもASEANの銀行の買収と業務提携を急速に進めており，図5-13の同地域における邦銀対外与信の持続的な拡大はそれを反映している[14]．そのため，同地域におけるユーロ圏危機による金融的な影響は軽微なものに留まっている．

　日本への当該危機の影響については，EU向け輸出が占める割合は1割程度であり，日本の輸出依存度が15％程度[15]しかなかったことを考えれば，その単純な直接的影響はあまり大きなものではないと言える．また，金融面についても，邦銀のGIIPS向けエクスポージャーは極めて小さく，ユーロ圏におけるエクスポージャーも必ずしも大きいものではなかったことに加え，国債や金融部門ではなく非金融部門に集中していたことで，こちらの影響もほとんどない．

---

14)　タイについて，2013年第4四半期に100％を超える増大が見られるが，これは三菱東京UFJ銀行が同時期にタイ5位のアユタヤ銀行を買収したためである．
15)　2012年時点での値.

第5章　ユーロ圏危機が世界のマクロ経済に及ぼす影響

　しかしながら，世界金融危機後にも見られたように，アジアの新興諸国の成長の減退によって生じる2次的な影響を日本は受ける可能性が高い．上述の通り，輸出依存度の高いアジア諸国にとってEUが貿易相手として比較的大きなシェアを持ち，日本のアジア貿易の大半が中間財輸出であることを踏まえれば，ユーロ圏における危機の影響は決して小さいものであるとは言えないだろう．また，新興諸国と異なり，国際決済通貨を持つ日本の場合には，危機の再燃時に円資産への逃避も発生することが考えられるため，近年経験したような急速な円高の進行による影響も，当該危機の影響として併せて考える必要がある．こうした直接的・間接的に生じる日本及びアジア諸国への貿易の影響についての詳細は，次章で扱うことになる．

6. おわりに

　本章では，ユーロ圏における危機のマクロ的な影響について，世界の新興国経済を中心に，貿易・金融の両面からそれぞれの経済における状況を踏まえ検証を行った．これにより，ユーロ圏危機がユーロ周縁国，とりわけ中東欧新興諸国に対し深刻な影響を与えていることが明らかとなった．また，こうした影響は，この地域の新興国経済が抱えている構造的な問題に根差しているため，今後もユーロ圏での危機で経済の大きな減速が生じることになる．なかでも，デレバレッジによる与信収縮は資本蓄積に影響を与えてしまうため，不良債権比率や失業率の改善，以前の水準の経済成長率への回復には時間がかかってしまうだろう．

　グローバル化された経済においては，単純な地理的要因だけでなく，それぞれの経済が抱えている構造によって，当該危機の影響の程度は大きく左右される．とくに，危機が小康状態にある現在では顕在化しにくい潜在的な金融面でのつながりは，今後の展開次第で大きな混乱を世界経済に発生させる可能性を示唆している．貿易を通じた実体経済への直接的な影響は，あくまでこの危機の持つ影響の第一段階に過ぎず，これ以上の深刻化と金融面への影響の顕在化を防ぐよう，世界はその動向を注視しなければならない．

参考文献

IMF (2012), Global Financial Stability Report: The Quest for Lasting Stability, April.

IMF (2013), Global Financial Stability Report: Old Risks, New Challenges, April.

第 **6** 章

ユーロ圏危機がアジアの
リアルセクターに及ぼす影響

佐 藤 清 隆

1. はじめに

　ユーロ圏危機が起きた背景として，2007 年の米国のサブプライム・ローン危機と，その後の 2008 年 9 月のリーマンショックを契機とする世界金融危機の発生が深く関わっている．2000 年代に米国での住宅投資バブルと証券化商品への投資拡大が進むなか，ヨーロッパの金融機関も積極的に証券化商品に投資を行っていた．しかし，米国の住宅バブルが崩壊し始めるとサブプライム・ローンが不良債権化し，このサブプライム・ローン関連の証券化商品も回収不能になった．同証券化商品を多数保有していた米国やヨーロッパの金融機関はバランスシートが毀損し，深刻な影響を受けた．この点は本書第 1 章で詳細に論じられている．

　世界金融危機によって米国とヨーロッパ諸国の景気は大幅に後退した．同諸国の内需縮小による輸入の急減によって，世界の貿易相手国の輸出減少を招き，実体経済面でも世界各国に深刻な影響をもたらした．その後，2009 年 10 月にギリシャで総選挙後の政権交代によって財政統計の粉飾が明らか

＊本章の内容は，横浜国立大学経済学部附属アジア経済社会研究センター特任講師の Dr. Nagendra Shrestha と行った共同研究の成果（Sato and Shrestha 2014）に基づいている．この共同研究の成果の利用をご快諾くださった Dr. Shrestha に記して謝意を表したい．なお，本研究は日本学術振興会科学研究費基盤研究（A）24243041 および基盤研究（B）24330101 の支援を受けている．

となり，財政赤字や一般政府債務残高が高水準の国々に財政危機が波及していったのは周知のとおりである．

　本章は，世界金融危機からユーロ圏の財政危機へと危機が連鎖するなか，アジア諸国の対ユーロ圏貿易がどのように変化し，それがアジア諸国の実体経済にどのような影響を及ぼしたのかを明らかにすることを目的としている．特に，世界金融危機後に世界的な貿易の縮小（Great Trade Collapse）が起きた2009年に着目し[1]，この年にアジア諸国のユーロ圏向け最終財輸出が減少したことによって，アジア諸国の国内生産と域内の中間財貿易がどのような影響を受けたかを，国際産業連関表に基づいて明らかにする．さらに，近年盛んに研究が進んでいる付加価値貿易アプローチに基づいて，付加価値ベースでアジア各国がどのような影響を受けたかについても考察を加える．

　世界金融危機が貿易に及ぼす影響を分析した研究は数多く存在する．Ando and Kimura（2012）は世界金融危機によって日本の輸出入がどのような影響を受けたかを実証的に明らかにした優れた研究である．HS9桁分類の詳細な貿易データを用いて実証研究を行っているが，通常の貿易統計に基づく研究では，例えばアジア諸国のユーロ圏向け最終財輸出の減少によって，アジア諸国の生産活動がどのように低下し，それが緊密な生産ネットワークを張り巡らせているアジア域内諸国にどのように波及しているのか，その波及メカニズムを分析することは難しい．

　国際産業連関表を用いれば，この波及効果を分析することができる．図6-1が示すように，ユーロ圏諸国の対アジア輸入は2000年初頭から順調に増加を続けたが，2008年11月から世界金融危機の影響を受けて急減し，2010年中頃まで危機前の水準に回復することができなかった．後述するように，このアジア諸国のユーロ圏向け輸出減少のかなりの部分が最終財輸出の減少だと考えられるが，アジア諸国は最終財輸出の減少に伴い，自国の最終財生産が減少すると仮定しよう．その結果，最終財生産部門の中間投入財調達も減少するが，この中間投入財は国内からの調達だけでなく，海外からの調達も含んでいる．特にアジアでは域内生産ネットワークの発達によって，

1）　Crowley and Luo（2011）を参照．

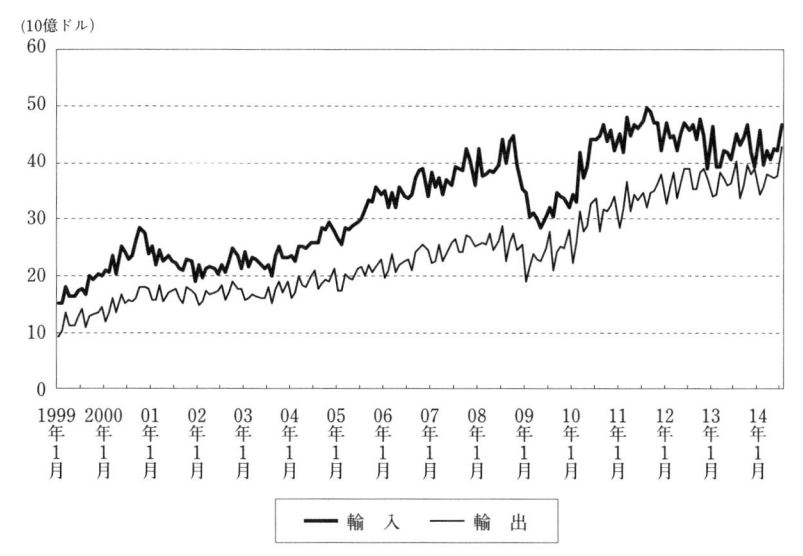

第6章 ユーロ圏危機がアジアのリアルセクターに及ぼす影響

図6-1 ユーロ圏の対アジア輸出・輸入の推移（1999年1月～2014年7月）

注：ユーロ圏17カ国の輸出・輸入の月次データ．
出所：CEIC Database.

中間財の活発な取引が域内諸国間で行われている[2]．こうした「ユーロ圏向け最終財輸出減→アジア国内の最終財生産減→海外からの中間投入財輸入減→海外諸国の中間投入財生産減→……」と続く生産連鎖を捉えることができるのが国際産業連関表である．さらに，ユーロ圏諸国からアジア域内諸国への波及効果を付加価値ベースで捉え直し，アジア諸国のリアルセクターが受けた影響を国際価値連鎖の観点から厳密に評価する．

本章の構成は次のとおりである．まず第2節では，本章で用いる国際産業連関表について解説する．次に第3節において国際産業連関表に基づく分析手法を説明する．第4節では，国際産業連関表を用いたユーロ圏向け輸出減少の直接的・間接的波及効果に関する分析結果を提示する．最後に第5節では，本章の分析結果のまとめと政策的含意について述べる．

---

[2] アジア域内の生産ネットワークの構築とその発展については，Kimura and Obashi (2011)，Ferrarini (2013) を参照．

2. 新しい国際産業連関表

　国際産業連関分析による研究は，経済学の分野で広く行われてきた．既存の研究の多くは，日本貿易振興会アジア経済研究所が公表する『アジア国際産業連関表』を用いて分析を行っている．同国際産業連関表は日本，中国，韓国，台湾，シンガポール，インドネシア，マレーシア，フィリピン，タイ，米国の 10 カ国を内生国とする有用なデータであるが，同データは 1985 年から 5 年ごとの公表であり，最新のデータは 2005 年の国際産業連関表である．この 2005 年表は 2014 年春に公開された．残念ながらこれほどデータの公開に時間を要すると，アジアで進展する成長と発展のダイナミズムをタイムリーに分析することは非常に難しい．実際に，国際産業連関表に基づく実証研究は，その有用性にもかかわらず，最近まであまり発表されてこなかった．その理由の一つが，データ公表に大幅な遅れがあったためだと思われる．

　しかし，2012 年 4 月より World Input-Output Database (WIOD) が公開された．WIOD は 1995 年から 2011 年までの毎年の国際産業連関表を公表しており，同表は内生国 40 カ国に基づいて作成されている．この 40 カ国のなかにはヨーロッパ 27 カ国だけでなく，米国などの北米諸国，日本，中国などのアジア諸国，そしてロシアやオーストラリアなどの主要国を含んでいる．WIOD が年次の国際産業連関表を公開し始めたことによって，同データを用いた研究が活発に行われるようになった[3]．

　これに対して本章では，横浜国立大学経済学部附属アジア経済社会研究センターが構築した新しい国際産業連関表，『YNU Global Input-Output (YNU-GIO) Table』に基づいた分析結果を示す．YNU-GIO Table は，WIOD と同様の国際産業連関表を独自に構築したものである．WIOD も YNU-GIO Table もアジアとヨーロッパ諸国を内生国として含む国際産業連関表であるが，WIOD がヨーロッパ諸国を広くカバーしているのに対して，YNU-GIO Table はアジア諸国を多くカバーしているという特徴がある．現在，YNU-GIO Table は日本・アジアを中心とする世界の 27 カ国・地域を

---

　3)　詳しくは WIOD のウェブサイト (http://www.wiod.org/) を参照．WIOD を用いた最近の研究として，Foster and Stehrer (2013)，Timmer *et al.* (2014) を参照．

内生国として，1997年から2010年までの毎年の国際産業連関表を構築している[4]．内生国の数はWIODと比べると少ないが，外生国として62カ国・地域を含んでいる点がYNU-GIO Tableの特徴である．なお，WIODと同様にYNU-GIO Tableも35の産業分類に従ってデータが構築されている．Sato and Shrestha（2014）は，YNU-GIO Tableを用いて，グローバルおよびリージョナルな輸入需要ショック（輸入需要の減少）の波及メカニズムを分析している．本章は，このSato and Shrestha（2014）の分析結果に依拠しながら，ユーロ圏の危機によるアジア諸国のユーロ圏向け最終財輸出減少がアジア諸国の生産と域内貿易にどのような直接的・間接的波及効果をもたらしたかを解明していく．

3. 国際産業連関表に基づく分析方法

アジア諸国の域外諸国向け輸出減少の影響を理解する上で最も分かりやすい例は，アジアで活発に行われてきた「三角貿易（Triangular Trade）」であろう．近年，アジア域内貿易が急速な拡大を遂げてきたことは広く知られている．例えば，日本はアジア域内で生産ネットワークを構築しており，日本国内で生産した基幹部品を中国，タイなどに所在する生産拠点に輸出し，同諸国内で組立加工されてから最終財として米国やヨーロッパに輸出されている．ここで米国やヨーロッパの輸入需要の急減によってアジア諸国の最終財輸出が減少したとしよう．この最終財輸出の減少分は貿易統計で捕捉することができるが，その後の波及効果を捉えることは難しい．

この波及効果を捉えるために，国際産業連関表を用いた分析方法を説明する．図6-2は，Sato and Shrestha（2014）で用いた，米国，日本，中国，

---

4) YNU-GIO Tableは，横浜国立大学経済学部附属アジア経済社会研究センターのホームページで公開されている（http://www.econ.ynu.ac.jp/cessa/）．内生国27カ国は次のとおりである．アジア9カ国（日本，中国，韓国，台湾，マレーシア，インドネシア，タイ，ベトナム，インド），北米3カ国（米国，カナダ，メキシコ），ヨーロッパ12カ国（ドイツ，フランス，英国，オーストリア，ベルギー，フィンランド，イタリア，アイルランド，ルクセンブルグ，オランダ，ポルトガル，スペイン），その他3カ国（オーストラリア，ブラジル，南アフリカ）．2015年3月末から，シンガポールとフィリピンを含む内生国29カ国の国際産業連関表へと拡張して公開されている．

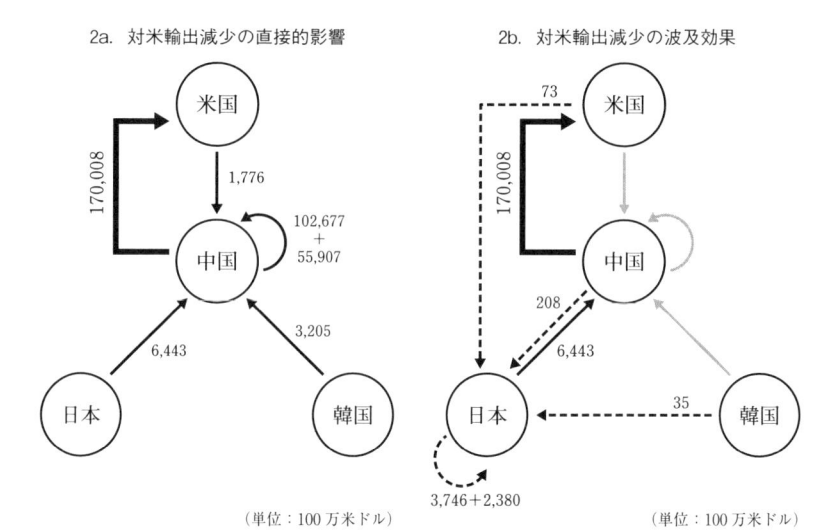

2a. 対米輸出減少の直接的影響　　2b. 対米輸出減少の波及効果

図6-2　中国の最終財の対米輸出減少とその直接的影響とその波及効果

2005年における中国の米国向け最終財輸出が10％減少したと仮定（太い実線），実際の輸出額に基づいて筆者計算．図2aの半円を描く細い実線の矢印は，最終財輸出の減少による中国国内の中間投入財生産の減少額（上段）と付加価値の減少額（下段）を示す．図2aの細い実線の矢印（直線）は，中国の最終財輸出生産が減少したことによって，日本，米国，韓国からの中間投入財輸入がどれだけ減少したかを示す．図2bは日本の中国向け中間投入財輸出が減少したことによって（細い実線の直線），日本の国内からの中間投入財調達，海外からの中間投入財調達がどれだけ減少したかを示す．図の読み方は図2aと同様である．

出所：Sato and Shrestha（2014）．YNU Global Input-Output Table（YNU-GIO Table）に基づいて作成．

韓国の4カ国を内生国とするモデルである[5]．中国を中央において，上に米国，下に日本と韓国を並べる配置としている．これは中国が世界の工場としてアジア域内諸国から部品，半製品等の中間財を輸入し，組み立て加工を経て，最終財を米国に輸出する関係を示している．図6-2aは，中国の米国向け最終財輸出が10％減少（金額ベースでは1,700億米ドル減少）したと仮定し，その最終財輸出減少が，中国国内の生産と中間財の輸入にどのような影響を及ぼすかを示している[6]．米国向けの最終財輸出減少によって，中国

---

5) 図6-2には明示されていないが，この4カ国以外の世界の全ての国は外生国として一括して扱われていることに注意されたい．
6) この図はSato and Shrestha（2014）を転載したものである．同図は中国の製造業の

第6章　ユーロ圏危機がアジアのリアルセクターに及ぼす影響

国内での最終財の生産も同額減少したと仮定しよう．YNU-GIO Table を用いれば，この生産の減少によって，中国国内からの中間投入財の調達1,027億米ドル，付加価値559億米ドルの減少が誘発されることがわかる．さらに，中国の海外からの中間投入財調達分として，日本から64.4億米ドル，韓国から32.1億米ドル，米国から17.8億米ドルの中間投入財輸入の減少が誘発される（図6-2a）．

次に図6-2bをみてみよう．中国の米国向け最終財輸出減少によって，日本の中国向け中間財輸出が64.4億米ドル減少したが，これは日本国内の中間財生産部門の生産を同額減少させるという第2ラウンドの波及効果をもたらす．まず，日本国内からの中間投入財の調達37.5億米ドルと，付加価値23.8億米ドルの減少を誘発する．さらに，中国から2.1億米ドル，韓国から0.3億米ドル，米国から0.7億米ドルの中間投入財輸入減少を誘発する．また，図6-2bでは示されていないが，この第2ラウンドの波及効果は日本だけでなく，韓国，米国でも起こる．それぞれの国で中間財の生産が減少し，それが他の国からの中間投入財輸入減少を誘発する[7]．

上記の波及効果をそれぞれの内生国で第3ラウンドから第4ラウンド，第5ラウンド，……と逐次的に進めていくと，最終的に第Nラウンドで波及効果が無視できるほど小さくなる．この段階までの波及効果をすべて合計して，最終的影響として計算したものが図6-3aである．中国の米国向け最終財輸出が1,700億米ドル減少したことによる最終的影響として，中国国内の中間財の生産が2,465億米ドル，付加価値が1,507億米ドル減少する．また，海外諸国への波及効果として，例えば日本からの中間投入財の輸入は109億

　　全産業部門を対象として，最終財の米国向け輸出が10％落ち込んだ場合の影響を考察している．国際産業連関表を用いれば，米国向け輸出の減少の影響を産業毎に分析することができる．
[7]　なお，留意すべきは，図6-2と図6-3（後掲）のいずれの場合も，内生国が外生国（米国，日本，中国，韓国以外のすべての国）から中間財を輸入している点である．この内生国4カ国のモデルでは，例えば図6-2bにおいて，米国，中国，韓国からの日本の中間財輸入の減少が，これら3カ国の国内生産の減少をもたらす．しかし，外生国の国内生産への影響はこのモデルで捉えることができない．したがって，内生国の数が多いほど，あるいは当該国にとって重要な経済関係を持つ国々を内生国に含めれば含めるほど，現実の国際経済関係をより正確に捉えることが可能となる．

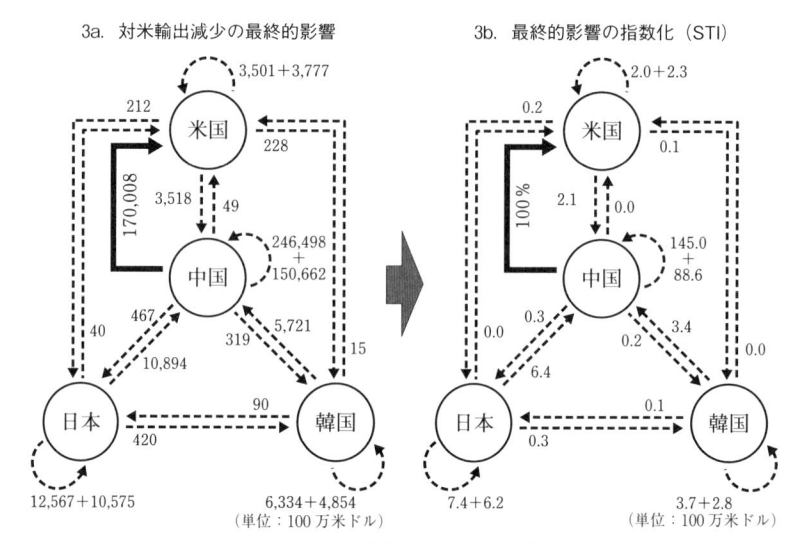

第Ⅱ部　ユーロ圏危機の世界経済・アジアへの影響

図6-3　中国の対米輸出減少による最終的影響とその指数化

2005年における中国の米国向け最終財輸出が10%減少したと仮定し，その最終的な波及効果が示されている．3bの指数化は，当初の1,700億米ドルの最終財輸出減少額で除することによって，直接・間接の波及効果を指数化している．この指数をSTI（Shock Transmission Index）と呼ぶ．

出所：Sato and Shrestha（2014）．YNU Global Input-Output Table（YNU-GIO Table）に基づいて作成．

米ドル減少するが，日本国内の中間投入財生産は126億米ドルの減少，付加価値は106億米ドルの減少という最終的な影響を受ける．このように図6-3aでは最終的な波及効果を金額ベースで示しており，中国が最終財を生産する上で日本からの中間財輸入に大きく依存すればするほど，中国から日本への波及効果もそれだけ大きくなる．この波及効果を計算することで，中国が自国の最終財生産を各国にどれだけ依存しているかを知ることができる．

図6-3bでは，それぞれの波及効果を中国の米国向け最終財輸出減少額1,700億米ドルで除することによって，中国を起点とした波及効果の影響を指数化してとらえている．この指数化によって得られた数値をSTI（Shock Transmission Index）と呼ぶことにする．

ここまでは図6-2と図6-3を用いて，中国の米国向け最終財輸出の減少に焦点を当てて説明してきた．同様に日本や韓国など他の内生国の米国向け最終財輸出の減少とその波及効果も分析することができ，日本や韓国を起点と

した波及効果であるSTIを計算することができる．実際に，2009年の世界金融危機時には，多くの国が米国やユーロ圏向け最終財輸出の大幅な減少を経験した．この同時的な影響を捉えるために，すべての内生国を起点としたSTIを計算し，それらを集計した（各国の最終財輸出減少による波及効果を全て考慮した）指数としてSSTI（Simultaneous Shock Transmission Index）を計算することができる[8]．

次節では，このSSTIを計算し，アジア諸国がユーロ圏向け輸出の減少によってどのような影響を受けたかを分析する．YNU-GIO Tableは27カ国の内生国で構成されており，ユーロ加盟国11カ国と英国が内生国に含まれている[9]．本章では，この英国を含む12カ国を「ユーロ圏」とみなして分析する．アジア諸国がユーロ圏向け輸出を減少させたと仮定し，その波及効果をSSTIによって評価する．なお，ユーロ圏加盟国が自国を除く他のユーロ圏諸国向け輸出を減少させている場合，その輸出減少額を用いてSSTIを計算する．輸出の減少額は，2008年との比較で2009年に各国がどれだけユーロ圏向け最終財輸出を減少させたかを実際に計算し，その減少額を用いて波及効果の分析とSSTIの計算を行っている．

4. 実証分析

4.1 産業別にみたアジア諸国の輸出減少の実際

表6-1は，アジアの内生国9カ国の最終財輸出額が2008年から2009年にかけてどのように変化したかを示している．経済規模を反映して，日本と中国の輸出減少額が大きい．日本と中国を比較すると，全製造業レベルでは，日本の方が中国よりも世界全体向けの最終財輸出の減少額が大きい．注目すべきは，マレーシアとインドネシアを除いて，米国向けよりもユーロ圏向けの最終財輸出額の減少の方が大きい点である．

次に電気機械と輸送用機器の主要2産業のデータをみてみよう．電気機械

[8) STIとSSTIの数学的説明についてはSato and Shrestha（2014）を参照．
[9) ユーロに加盟する11の内生国については脚注4を参照．

第Ⅱ部 ユーロ圏危機の世界経済・アジアへの影響

表 6-1 アジア諸国の最終財輸出の減少（2009 年）

(100 万米ドル)

		日 本	中 国	韓 国	台 湾	マレーシア
全製造業	対世界	112,882	78,908	21,732	20,472	9,489
	対米国	28,035	11,687	3,793	2,414	4,290
	対ユーロ圏	33,310	32,067	11,549	4,089	2,172
電気機械	対世界	9,932	20,787	6,354	4,228	5,817
	対米国	2,740	3,154	187	567	3,493
	対ユーロ圏	3,155	11,336	3,629	1,555	1,352
輸送用機器	対世界	61,031	11,865	9,609	140	226
	対米国	17,998	2,042	2,307	165	17
	対ユーロ圏	20,289	3,874	5,975	101	38

		タ イ	インドネシア	ベトナム	インド
全製造業	対世界	10,687	2,303	1,591	2,200
	対米国	1,454	603	242	411
	対ユーロ圏	3,443	525	1,104	828
電気機械	対世界	2,700	3	74	419
	対米国	471	16	17	31
	対ユーロ圏	890	12	0	223
輸送用機器	対世界	3,572	660	131	0
	対米国	5	11	0	0
	対ユーロ圏	905	4	0	0

注：表の数値は，アジアの内生国 9 カ国の最終財輸出の減少（2008 年から 2009 年にかけての金額ベースの輸出減少）をプラスの値で示している．
出所：UN Comtrade より筆者作成．

産業において，最終財輸出の減少額が最も大きいのは中国であり，その半分以上はユーロ圏向け輸出の減少である．日本，韓国，台湾でも米国向けよりユーロ圏向け輸出の減少の方が大きい．これに対して輸送用機器では，日本の最終財輸出額の減少が他のアジア諸国と比べて圧倒的に大きい．地域別にみると，ユーロ圏向け輸出の減少額が米国向け輸出の減少額を上回っている．韓国と中国の最終財輸出においても同様に，ユーロ圏向け輸出額の方が大きな落ち込みをみせている．以上は，最終財輸出減少という直接的な影響だけでみても，日本とアジア諸国はユーロ圏向け輸出減少の影響を大きく受けていることを示している．

4.2 国際産業連関表による分析

新しい国際産業連関表（YNU-GIO Table）を用いた SSTI の分析結果は表 6-2 と表 6-3 にまとめられている．この SSTI は，2009 年に内生国 27 カ国のそれぞれがユーロ圏向けの最終財輸出を減少させたことによって，各国の生産と中間投入財の輸出入がどのような影響を受けたのか，その波及効果を示したものである．表 6-2 はユーロ圏向け最終財輸出減少の波及効果によって減少する中間投入財取引への影響を，表 6-3 は同波及効果によって減少する付加価値がどの国に由来するかを示している．

まず，この表の読み方について解説しよう．表 6-2 の最上段の横方向に内生国 27 カ国の名前が並んでいる．これらはユーロ圏向け最終財輸出の減少によってマイナスの輸入需要ショックを最初に受ける国である．ただし，ここで示しているのは SSTI であり，当該国が輸入需要ショックを最初に受けた影響だけでなく，他の内生国がユーロ圏向け最終財輸出を減少させたことによって誘発される第 2 ラウンドや第 3 ラウンドなど間接的な波及効果まで含めていることに注意されたい．次に，左端の縦方向に JPN（日本）から ROW（その他の諸国）まで内生国と外生国の名前が並んでいる（表 6-3 の場合は内生国のみが並んでいる）．これらは最上段に並んだ内生国のそれぞれがユーロ圏向け最終財輸出を減少させたことに伴い，どの程度の中間財生産の減少を経験したか（表 6-3 ではその国に由来する付加価値がどの程度減少したか）を示している．つまり，各列を縦方向に読むことによって，最上段の内生国名に該当する国が，ユーロ圏向け最終財輸出の減少の影響（直接的影響と間接的影響の両方）をどの程度各国に波及させているかを分析することができる[10]．

実際に表 6-2 をみてみよう．左から 2 列目を縦方向にみると，中国のユーロ圏向け最終財輸出減少の波及効果（中間投入財ベース）を知ることができる．まず，中国国内の中間財生産の減少を示す SSTI が 148.7 という高い値

---

10) なお，例えば後掲の表 6-5 では，ベトナムとインドの SSTI を縦方向の値がすべてゼロとなっている．同表の参考欄が示すように，これら 2 カ国のユーロ圏向け輸出の減少額がゼロであることが理由である．

第Ⅱ部　ユーロ圏危機の世界経済・アジアへの影響

表6-2　2009年のユーロ圏向け最終財輸出減少の

	日本	中国	韓国	台湾	マレーシア	タイ	インドネシア	ベトナム	インド	オーストラリア	米国	カナダ	メキシコ
日　本	133.1	17.5	19.3	28.4	24.1	21.1	0.7	11.1	1.6	2.9	5.5	4.1	8.1
中　国	7.1	148.7	20.4	25.1	28.4	16.7	1.5	36.8	6.0	6.6	7.8	8.0	20.2
韓　国	2.1	11.3	135.5	8.3	8.6	4.7	0.7	17.8	1.6	1.4	1.8	1.6	5.6
台　湾	0.8	5.3	3.4	68.5	6.3	2.7	0.4	16.0	0.7	0.8	1.3	1.2	2.0
マレーシア	0.5	1.3	1.6	4.9	51.5	6.2	0.3	2.6	0.9	1.5	0.5	0.8	0.8
タ　イ	0.7	1.3	0.8	1.4	4.5	48.8	0.3	4.8	0.4	1.6	0.4	0.5	0.8
インドネシア	0.8	0.7	0.9	0.7	2.0	1.4	19.0	1.5	0.5	0.7	0.2	0.2	0.2
ベトナム	0.5	0.3	0.4	0.4	0.6	0.8	0.1	77.1	0.1	0.3	0.1	0.1	0.1
インド	0.2	0.9	0.6	0.6	1.1	1.6	0.2	2.3	117.1	0.7	0.7	0.5	0.6
オーストラリア	1.4	1.8	2.1	1.3	1.4	2.8	0.5	1.3	2.4	115.6	0.4	0.4	0.5
米　国	2.8	6.0	7.4	8.2	23.0	6.6	0.7	4.6	3.1	5.7	99.1	31.9	35.3
カナダ	0.3	0.7	0.8	0.5	0.7	0.4	0.1	0.5	0.4	0.5	4.7	51.5	2.5
メキシコ	0.2	0.3	0.3	0.2	0.5	0.2	0.0	0.2	0.1	0.3	3.3	1.8	25.9
ブラジル	0.4	1.3	0.8	0.5	0.5	1.1	0.1	1.2	0.3	0.4	0.8	1.1	1.8
英　国	0.5	0.8	1.1	0.8	2.0	1.4	0.1	0.6	0.6	1.2	1.4	1.3	0.8
ドイツ	1.3	6.4	4.4	3.5	9.7	2.9	0.2	1.9	1.7	2.1	3.0	2.1	6.9
フランス	0.5	1.6	1.3	0.8	2.1	1.0	0.1	0.8	0.6	1.1	1.3	1.0	1.0
イタリア	0.3	1.2	1.0	0.7	1.3	1.0	0.1	1.5	0.5	0.9	0.9	0.7	1.1
スペイン	0.2	0.4	0.3	0.7	0.4	0.3	0.0	0.3	0.2	0.3	0.3	0.2	0.6
オランダ	0.2	0.6	0.5	0.3	0.8	0.5	0.0	0.4	0.3	0.5	0.4	0.3	0.4
ベルギー	0.2	0.5	0.4	0.3	0.4	0.4	0.0	0.4	0.6	0.4	0.4	0.3	0.4
オーストリア	0.1	0.3	0.2	0.3	0.8	0.2	0.0	0.1	0.1	0.2	0.3	0.2	0.3
フィンランド	0.1	0.3	0.4	0.2	0.2	0.1	0.0	0.1	0.1	0.2	0.1	0.1	0.2
アイルランド	0.1	0.1	0.1	0.1	1.7	0.1	0.0	0.1	0.1	0.1	0.2	0.1	0.1
ルクセンブルク	0.0	0.0	0.0	0.0	0.0	0.0	0.0	0.0	0.0	0.0	0.0	0.1	0.0
ポーランド	0.0	0.1	0.0	0.0	0.1	0.1	0.0	0.0	0.0	0.1	0.0	0.0	0.0
南アフリカ	0.9	0.6	0.5	0.7	0.5	0.5	0.0	0.2	1.0	0.2	0.4	0.2	0.5
香　港	0.1	0.4	0.5	0.4	2.5	1.2	0.2	2.3	0.2	0.1	0.1	0.1	0.1
シンガポール	0.1	0.8	0.7	5.9	6.5	1.6	0.3	1.3	0.5	0.8	0.2	0.2	0.4
フィリピン	0.3	0.5	0.5	4.1	1.1	0.7	0.0	0.2	0.0	0.1	0.2	0.2	0.2
その他アジア	0.3	0.8	0.6	0.6	0.4	1.0	0.1	1.0	0.9	0.3	0.4	0.4	0.3
その他ヨーロッパ	0.6	1.7	1.4	1.1	1.2	1.2	0.1	1.0	0.9	0.7	0.9	0.7	1.0
OPEC諸国	1.8	2.6	2.9	5.1	1.5	2.1	0.3	2.7	4.4	0.8	0.7	0.7	0.6
その他諸国	0.8	2.1	2.1	1.6	3.2	2.3	0.2	1.6	2.3	2.7	1.5	2.3	1.4

注：表の数値はSSTIを示す．数値の大きさによって以下のように塗り分けられている．四捨五入した数値である

| SSTI<1.0 | SSTI<10.0 | SSTI<25.0 | SSTI≧25.0 |

出所：Sato and Shrestha (2014).

第 6 章 ユーロ圏危機がアジアのリアルセクターに及ぼす影響

波及効果（中間投入財取引の SSTI）：全産業

ブラジル	英国	ドイツ	フランス	イタリア	スペイン	オランダ	ベルギー	オーストリア	フィンランド	アイルランド	ルクセンブルク	ポーランド	南アフリカ
2.0	4.4	2.7	2.6	1.5	3.0	3.9	6.3	2.2	7.4	5.9	1.0	2.2	1.3
3.4	6.2	5.1	4.5	5.9	6.5	6.8	6.1	3.3	11.7	21.3	1.5	3.8	2.9
0.8	1.2	1.0	0.8	0.9	1.5	1.2	1.7	0.7	1.6	4.0	0.3	0.8	0.4
0.4	1.0	0.6	0.5	0.6	1.3	0.8	0.6	0.5	2.1	2.2	0.2	0.4	0.4
0.2	0.5	0.5	0.3	0.2	0.4	1.4	0.3	0.3	0.7	2.4	0.4	0.3	0.2
0.3	0.4	0.2	0.2	0.2	0.3	0.5	0.5	0.2	0.6	1.9	0.1	0.3	0.3
0.3	0.2	0.2	0.2	0.3	0.3	0.6	0.3	0.1	0.3	0.5	0.3	0.3	0.1
0.0	0.1	0.1	0.1	0.1	0.1	0.1	0.1	0.0	0.4	0.2	0.0	0.1	0.0
0.5	1.0	0.6	0.6	1.0	0.8	0.7	1.3	0.5	0.8	0.6	0.4	1.9	0.4
0.3	0.6	0.2	0.3	0.3	0.4	0.4	0.4	0.2	0.5	0.5	0.1	0.2	1.2
4.1	7.5	4.5	5.2	3.6	4.2	7.0	7.8	3.8	5.6	26.9	3.2	2.7	2.9
0.4	0.8	0.3	0.5	0.3	0.4	0.5	0.7	0.4	1.1	0.4	0.2	0.3	0.3
0.4	0.3	0.2	0.2	0.2	0.4	0.2	0.2	0.2	0.3	0.5	0.1	0.2	0.1
132.0	0.6	0.7	0.8	0.9	1.1	1.8	1.0	0.5	0.8	0.5	0.3	1.4	0.6
0.6	81.4	3.9	3.9	2.4	5.5	4.7	7.7	2.5	4.1	20.1	3.6	3.8	1.2
2.3	11.9	91.9	14.8	10.2	20.4	17.8	26.8	41.5	22.5	7.9	15.9	18.3	3.2
1.0	6.2	5.5	96.0	5.7	17.1	5.8	15.0	4.1	4.2	6.0	7.3	9.8	1.3
0.9	3.7	4.6	7.1	93.5	7.5	2.9	6.0	7.1	3.7	2.9	2.2	9.0	0.6
0.4	2.2	2.2	4.9	2.2	71.2	1.8	4.5	1.7	1.5	2.1	1.0	22.3	0.5
0.3	3.6	3.1	3.2	2.4	3.2	59.4	11.1	2.6	2.7	12.1	4.6	2.9	0.3
0.3	2.8	2.6	5.0	2.4	3.0	5.9	47.6	1.7	1.7	2.2	8.2	2.8	0.3
0.2	0.8	3.4	1.0	1.7	1.5	1.2	1.6	48.1	1.4	0.6	0.7	1.2	0.2
0.1	0.5	0.5	0.4	0.4	0.6	1.0	0.6	0.5	51.2	0.5	0.5	0.4	0.1
0.1	1.4	0.7	0.9	0.7	0.7	0.6	1.5	0.3	0.6	26.0	0.5	0.5	0.1
0.0	0.4	0.5	0.4	0.4	0.3	0.4	0.4	0.2	2.5	0.5	24.0	0.2	0.0
0.1	0.4	0.4	0.7	0.3	3.0	0.3	0.4	0.3	0.3	0.5	0.2	47.9	0.0
0.2	0.7	0.7	0.4	0.7	0.4	0.4	0.9	0.4	0.3	0.4	0.3	0.3	35.2
0.1	0.4	0.1	0.1	0.1	0.1	0.1	0.2	0.1	0.4	0.5	0.1	0.1	0.0
0.1	0.4	0.2	0.3	0.1	0.2	0.3	0.4	0.1	0.4	0.9	0.3	0.1	0.1
0.0	0.1	0.1	0.1	0.0	0.1	0.3	0.1	0.1	0.4	0.3	0.0	0.0	0.0
0.2	0.8	0.8	0.9	1.2	1.0	0.7	1.4	0.8	0.6	0.5	0.3	1.8	0.2
0.7	4.3	8.1	4.5	4.6	5.9	4.9	11.3	8.8	13.8	4.7	2.6	4.2	0.8
1.8	0.7	0.6	1.0	1.7	1.8	0.9	1.1	0.5	0.4	0.7	0.5	1.1	0.8
3.3	2.9	4.5	3.8	4.5	4.1	5.4	3.7	4.8	3.7	7.2	3.7	3.2	0.9

ため，例えば数値が 1.0 であっても，塗りつぶされている場合とそうでない場合がある．

表 6-3 2009 年のユーロ圏向け最終財輸出減少の

	日本	中国	韓国	台湾	マレーシア	タイ	インドネシア	ベトナム	インド	オーストラリア	米国	カナダ	メキシコ
日 本	88.1	7.1	7.8	11.4	9.7	8.0	0.3	5.2	0.6	1.2	2.1	1.6	3.1
中 国	2.0	67.9	5.7	6.9	7.4	4.3	0.5	11.9	1.7	1.9	2.1	2.1	5.1
韓 国	0.5	3.1	65.9	2.4	2.5	1.2	0.2	5.8	0.4	0.4	0.5	0.4	1.5
台 湾	0.2	1.5	0.9	49.4	1.7	0.7	0.1	4.5	0.2	0.2	0.4	0.4	0.6
マレーシア	0.2	0.4	0.5	1.3	37.5	1.5	0.1	0.9	0.3	0.5	0.1	0.1	0.2
タ イ	0.3	0.5	0.3	0.6	2.0	63.6	0.1	2.2	0.2	0.6	0.2	0.2	0.3
インドネシア	0.6	0.5	0.6	0.5	1.3	1.0	94.3	1.1	0.4	0.5	0.1	0.1	0.2
ベトナム	0.1	0.1	0.1	0.1	0.2	0.1	0.0	50.9	0.0	0.2	0.0	0.0	0.0
インド	0.1	0.4	0.2	0.2	0.4	0.4	0.1	1.0	82.0	0.3	0.2	0.2	0.2
オーストラリア	0.6	0.8	0.9	0.5	0.6	1.1	0.2	0.6	0.9	81.9	0.1	0.2	0.2
米 国	1.2	2.7	3.4	3.7	11.1	3.0	0.3	2.1	1.3	2.4	82.7	13.4	13.7
カナダ	0.2	0.3	0.3	0.2	0.3	0.2		0.2	0.2	0.2	1.9	65.1	1.0
メキシコ	0.1	0.2	0.2	0.1	0.1	0.1	0.0	0.1	0.1	0.1	1.4	0.8	59.6
ブラジル	0.2	0.6	0.3	0.2				0.5	0.1	0.2	0.3	0.4	0.6
英 国	0.2	0.3	0.5	0.3	0.9		0.3		0.3	0.5	0.6	0.6	0.3
ドイツ	0.5	2.4	1.7	1.4	3.8	1.1	0.1	0.8	0.7	0.9	1.1	0.8	2.3
フランス	0.2	0.6	0.3	0.3	0.8	0.3		0.3	0.2	0.4	0.4	0.3	0.4
イタリア	0.1	0.4	0.4	0.3	0.5	0.4		0.6	0.2	0.3	0.3	0.2	0.2
スペイン	0.1	0.2	0.2	0.1	0.2	0.1			0.1	0.1	0.1	0.1	0.2
オランダ	0.1	0.2	0.1	0.1	0.2	0.1		0.1	0.1	0.2	0.1	0.1	0.2
ベルギー	0.1	0.2	0.1	0.1	0.1	0.1		0.1	0.1	0.1	0.1	0.1	0.1
オーストリア	0.0	0.1	0.1	0.1	0.1	0.1		0.1	0.0	0.1	0.1	0.1	0.1
フィンランド	0.0	0.1	0.1	0.1	0.1	0.0			0.0	0.0	0.0	0.0	0.0
アイルランド	0.0	0.1	0.1	0.1	0.1	0.0			0.1	0.1	0.1	0.1	0.1
ルクセンブルク	0.0	0.0	0.0	0.0	0.0	0.0			0.0	0.0	0.0	0.0	0.0
ポーランド	0.0	0.0	0.0	0.0	0.0	0.0			0.0	0.0	0.0	0.0	0.0
南アフリカ	0.3	0.2	0.2	0.1	0.2	0.2			0.3	0.1	0.1	0.1	0.1

【参考】2008 年から 2009 年にかけて

	日本	中国	韓国	台湾	マレーシア	タイ	インドネシア	ベトナム	インド	オーストラリア	米国	カナダ	メキシコ
Export	33,310	32,067	11,549	4,089	2,172	3,443	525	1,104	828	852	30,459	1,321	1,842

注：表の数値は SSTI を示す．数値の大きさによって以下のように塗り分けられている．四捨五入した数値である

SSTI<1.0　SSTI<10.0　SSTI<25.0　SSTI≧25.0

出所：Sato and Shrestha (2014).

第6章 ユーロ圏危機がアジアのリアルセクターに及ぼす影響

波及効果（付加価値の SSTI）：全産業

ブラジル	英国	ドイツ	フランス	イタリア	スペイン	オランダ	ベルギー	オーストリア	フィンランド	アイルランド	ルクセンブルク	ポーランド	南アフリカ
0.8	1.7	1.1	1.1	0.7	1.2	1.6	2.4	0.9	3.0	2.4	0.4	0.9	0.5
1.0	1.7	1.4	1.3	1.7	1.8	1.9	1.7	0.9	3.3	5.2	0.4	1.1	0.8
0.2	0.3	0.3	0.2	0.2	0.4	0.4	0.5	0.2	0.5	1.0	0.1	0.2	0.1
0.1	0.3	0.2	0.1	0.2	0.3	0.2	0.2	0.1	0.6	0.7	0.1	0.1	0.1
0.1	0.1	0.1	0.1	0.1	0.1	0.4	0.1	0.1	0.2	0.5	0.2	0.1	0.1
0.2	0.2	0.1	0.1	0.1	0.1	0.2	0.1	0.3	0.9	0.0	0.1	0.1
0.2	0.1	0.1	0.1	0.2	0.2	0.4	0.2	0.1	0.2	0.4	0.2	0.1
0.0	0.0	0.0	0.0	0.0	0.0	0.0	0.0	0.1	0.0	0.0	0.0	0.0	0.0
0.2	0.4	0.2	0.2	0.4	0.3	0.3	0.5	0.2	0.3	0.2	0.1	0.7	0.1
0.1	0.2	0.1	0.1	0.1	0.1	0.2	0.1	0.2	0.2	0.0	0.1	0.4
1.8	3.4	2.0	2.3	1.7	1.9	3.4	3.4	1.6	2.7	14.7	1.5	1.2	1.0
0.2	0.4	0.2	0.2	0.2	0.2	0.3	0.2	0.1	0.3	0.5	0.1	0.2	0.1
0.2	0.1	0.1	0.1	0.2	0.1	0.1	0.1	0.1	0.1	0.0	0.1	0.1
86.3	0.3	0.3	0.3	0.3	0.4	0.4	0.4	0.2	0.3	0.2	0.1	0.6	0.2
0.2	68.5	1.5	1.6	1.1	2.2	2.2	2.9	1.0	1.8	9.3	1.7	1.5	0.4
0.9	4.4	69.2	5.5	4.1	7.2	6.9	9.3	14.9	8.4	3.4	6.7	6.4	1.0
0.3	2.1	1.9	67.3	2.1	5.6	2.2	5.4	1.4	1.5	2.4	2.8	3.4	0.4
0.3	1.3	1.6	2.5	70.2	2.6	1.1	2.1	2.5	1.3	1.3	0.9	3.1	0.2
0.2	0.8	0.8	1.7	0.9	57.1	0.7	1.4	0.6	0.6	0.9	0.4	7.6	0.2
0.1	1.3	1.2	0.9	1.2	60.6	4.5	1.0	1.1	5.2	1.6	1.1	0.2
0.1	0.9	0.8	1.6	0.9	1.9	43.3	0.5	0.6	0.1	2.8	0.8	0.1
0.1	0.3	1.3	0.4	0.7	0.5	0.5	0.6	57.5	0.6	0.3	0.5	0.1
0.0	0.2	0.2	0.1	0.2	0.2	0.2	51.4	0.2	0.2	0.1	0.1
0.0	0.6	0.3	0.4	0.4	0.3	0.7	0.1	0.2	32.3	0.1	0.1
0.0	0.1	0.1	0.2	0.1	0.4	0.1	0.1	1.3	54.5	0.1	0.0
0.0	0.1	0.2	0.3	0.1	1.0	0.2	0.1	0.2	0.1	59.1	0.0
0.1	0.3	0.2	0.1	0.2	0.3	0.1	0.1	0.2	0.1	0.1	16.9

のユーロ圏向け最終財輸出の減少額

(100万ドル)

ブラジル	英国	ドイツ	フランス	イタリア	スペイン	オランダ	ベルギー	オーストリア	フィンランド	アイルランド	ルクセンブルク	ポーランド	南アフリカ
3,759	22,256	90,927	31,844	35,698	14,877	18,725	26,971	11,308	9,929	5,339	635	3,190	2,055

ため，例えば数値が1.0であっても，塗りつぶされている場合とそうでない場合がある．

をとっている．これは，自国の最終財輸出額減少分と比較して中間投入財の国内生産が148.7％減少したことを示している．また，日本への波及は17.5と比較的大きい値をとっている．中国の最終財輸出額減少分の17.5％に相当する中間投入財生産の減少を日本が被ったことを示している．

　表6-2の対角部分（左上から右下にかけての対角線に位置する箇所）は自国の中間投入財生産が受ける影響の程度を示しているが，日本，中国，韓国は100を大きく上回る値をとっており，ユーロ圏諸国と比較しても際立って大きい数値である．また，アジア諸国では表6-2の対角部分よりも上部で（特に上から二つの行で）SSTIが高い数値をとっている．これは，アジア各国が自国のEU向け最終財輸出減少に伴い，日本と中国からの中間財輸入を大きく減少させることを示している．言い換えると，これらアジア諸国の日本と中国への中間財輸入依存度が非常に高く，同諸国が最終財輸出の減少を経験した場合，日本と中国もその影響を大きく受けることを示唆している．また，ユーロ圏諸国のSSTIを縦方向にみていくと，同諸国における日本と中国のSSTIが比較的大きく，特にフィンランドとアイルランドにおける中国のSSTIが高い．日本と中国はアジア域内からの波及だけでなく，ユーロ圏からの波及の程度も高いことが確認できる．

　ここまでは中間投入財の生産と貿易に焦点を当ててショックの波及効果を検討してきた．次に付加価値ベースのショックの波及効果をみていこう．近年，付加価値をベースにした貿易の評価が盛んに行われている[11]．例えば，付加価値ベースでみると，米国やユーロ圏諸国に対する中国の最終財輸出の中には，日本や他のアジア諸国に由来する付加価値が含まれているのは明らかである．したがって，米国やユーロ圏諸国向けの中国の輸出額のデータそれ自体をみるだけでは，付加価値ベースでみた中国からの輸出額を過大評価することになる．「付加価値貿易アプローチ」と呼ばれる現在の研究動向は，国際産業連関表を用いて付加価値ベースの各国の貢献を計測している．

　表6-3は，この付加価値貿易アプローチに即して，付加価値ベースのSSTIをまとめたものである[12]．表6-2と比較して，SSTIのパターンに大

---

11)　最も代表的な研究としてJohnson and Noguera（2012）を参照．
12)　中間投入財ベースと付加価値ベースのSSTIの導出に関する詳細はSato and

きな違いはみられない．しかし，付加価値で評価した SSTI の場合，中間投入財の SSTI と比べて，アジア各国の中国に対する SSTI よりも日本に対する SSTI の方が相対的に大きな値をとっている．また，ヨーロッパ諸国にとって，中間投入財の場合は中国に対する SSTI の方が日本に対する SSTI よりも総じて大きな値をとっていた．しかし，付加価値ベースの場合，日本に対する SSTI と中国に対する SSTI の間でほとんど差がなくなっている．これは付加価値ベースでみた場合，日本の方がより大きなショックの波及を受ける傾向があることを示唆している．

もう一つ，日本は他国からの中間投入財調達が極端に少ない点も強調すべきであろう．表6-2が示すように，日本はドイツや米国と比べても他国からの中間投入財調達のウェイトが小さくなっている．表6-3で付加価値ベースの SSTI をみると，この点はより明瞭となる．付加価値ベースでみると，日本は最終財輸出減少による影響のほとんどを自国内で吸収する（自国の付加価値の減少となる）傾向が非常に強い．自国経済へのマイナスのショックの影響を他国に波及させることができず，自国経済が大きな生産減少を被り，GDP も大きな影響を受ける結果となっている．世界金融危機後に日本経済が深刻な国内生産活動の減少を経験したのは，こうした日本の特徴によると言えよう．

4.3　産業別の輸入需要ショックの波及

次に，ユーロ圏向け最終財輸出の波及効果を電気機械と輸送用機器の二つの産業に焦点を当てて考察する．表6-4は電気機械産業の SSTI の表の中から，アジアへの波及を示す部分のみを取り出してまとめたものである．

(1) 電気機械産業における波及効果

電気機械産業の場合，表6-4の参考欄が示すように，ユーロ圏向け最終財輸出の減少は中国で最も大きかった．また他のアジア諸国でも輸出の大きな減少がみられるが，その波及効果を表6-4(a) の SSTI（中間投入財）で測

Shrestha (2014) を参照．

表 6-4 2009 年のユーロ圏向け最終財

(a) SSTI（中間投入財）

	日本	中国	韓国	台湾	マレーシア	タイ	インドネシア	ベトナム	インド	オーストラリア	米国	カナダ	メキシコ
日本	105.5	29.1	28.2	30.6	26.7	16.4	0.0	0.0	2.2	3.2	4.8	9.1	6.4
中国	16.8	123.5	35.2	30.5	34.8	33.4	0.0	0.0	6.9	8.1	10.4	21.3	27.8
韓国	3.4	18.5	76.3	9.5	9.8	5.1	0.0	0.0	2.0	1.6	2.1	3.9	5.1
台湾	1.7	7.2	7.8	48.0	7.1	3.7	0.0	0.0	0.8	0.9	1.6	3.5	2.0
マレーシア	1.0	2.1	3.0	6.7	39.0	15.2	0.0	0.0	1.0	1.1	1.5	2.8	1.2
タイ	1.3	2.0	1.4	1.7	4.7	34.0	0.0	0.0	0.4	1.5	0.5	1.9	1.1
インドネシア	1.2	0.8	1.0	0.6	1.3	0.7	0.0	0.0	0.4	0.5	0.2	0.3	0.2
ベトナム	1.5	0.5	0.4	0.4	0.4	1.8	0.0	0.0	0.1	0.2	0.1	0.1	0.1
インド	0.3	0.9	0.5	0.5	0.7	0.5	0.0	0.0	120.7	1.0	0.5	0.6	0.2

(b) SSTI（付加価値）

	日本	中国	韓国	台湾	マレーシア	タイ	インドネシア	ベトナム	インド	オーストラリア	米国	カナダ	メキシコ
日本	81.5	11.7	11.7	12.3	10.7	6.4	0.0	0.0	0.9	1.3	1.9	3.6	2.5
中国	4.5	55.1	9.6	8.4	8.8	8.0	0.0	0.0	1.9	2.2	2.7	5.2	6.6
韓国	0.9	4.9	54.8	2.8	2.9	1.4	0.0	0.0	0.5	0.4	0.5	1.0	1.3
台湾	0.5	2.1	2.1	44.9	1.9	1.1	0.0	0.0	0.2	0.3	0.3	1.1	0.6
マレーシア	0.3	0.6	0.8	1.7	30.7	3.1	0.0	0.0	0.2	0.3	0.3	0.6	0.3
タイ	0.5	0.8	0.6	0.7	2.0	58.3	0.0	0.0	0.2	0.6	0.2	0.7	0.3
インドネシア	0.9	0.6	0.7	0.4	0.8	0.4	0.0	0.0	0.3	0.4	0.1	0.2	0.1
ベトナム	0.3	0.1	0.1	0.1	0.1	0.2	0.0	0.0	0.1	0.1	0.1	0.1	0.1
インド	0.1	0.2	0.1	0.1	0.3	0.2	0.0	0.0	79.0	0.3	0.2	0.2	0.1

【参考】2008 年から 2009 年にかけてのユー

	日本	中国	韓国	台湾	マレーシア	タイ	インドネシア	ベトナム	インド	オーストラリア	米国	カナダ	メキシコ
Export	3,155	11,336	3,629	1,555	1,352	890	12	0	223	24	1,968	226	107

注：表の数値は SSTI を示す．数値の大きさによって以下のように塗り分けられている．四捨五入した数値である．
SSTI<1.0　SSTI<10.0　SSTI<25.0　SSTI≧25.0

出所：Sato and Shrestha（2014）．

ると，表の対角部分の SSTI が示すように，日本と中国の国内生産部門が受ける影響が 100 を超えており，他のアジア諸国と比べて格段に高い．日本と中国では自国の最終財輸出の減少額以上に国内の中間投入財生産額が減少することを示している．

電気機械産業では韓国企業のプレゼンスが大きいが，自国に対する SSTI は 76.3 にとどまっている．これは，韓国国内の中間投入財生産部門の受ける影響が日本や中国と比べるとはるかに小さいことを示している．他方で，

第6章 ユーロ圏危機がアジアのリアルセクターに及ぼす影響

輸出減少の波及効果：電気機械産業

ブラジル	英国	ドイツ	フランス	イタリア	スペイン	オランダ	ベルギー	オーストリア	フィンランド	アイルランド	ルクセンブルク	ポーランド	南アフリカ
3.3	7.1	6.3	3.5	2.1	8.1	5.5	5.4	3.7	12.2	8.3	0.2	3.8	3.9
8.5	10.8	15.6	8.3	7.2	20.0	14.1	11.5	6.2	20.5	30.9	0.2	11.3	13.1
2.6	2.1	3.7	1.5	1.2	5.2	2.2	1.8	1.1	2.6	5.9	0.0	2.4	2.3
1.1	2.7	2.3	1.2	0.9	6.8	1.6	1.1	1.7	4.1	3.1	0.0	1.4	1.8
0.4	1.2	2.2	0.9	0.4	1.6	3.2	0.7	1.3	1.4	3.4	0.0	2.2	1.2
0.3	0.7	0.5	0.4	0.2	0.9	0.8	0.5	0.4	1.1	2.9	0.0	1.3	1.6
0.2	0.2	0.3	0.2	0.2	0.5	0.4	0.4	0.2	0.4	0.3	0.0	0.3	0.5
0.1	0.1	0.1	0.1	0.0	0.1	0.1	0.1	0.0	0.0	0.1	0.0	0.1	0.2
0.7	0.8	0.9	0.5	0.7	1.5	0.9	0.9	0.7	1.0	0.6	0.0	1.0	1.3

ブラジル	英国	ドイツ	フランス	イタリア	スペイン	オランダ	ベルギー	オーストリア	フィンランド	アイルランド	ルクセンブルク	ポーランド	南アフリカ
1.3	2.8	2.6	1.4	0.9	3.3	2.3	2.2	1.5	5.0	3.4	0.1	1.6	1.6
2.4	2.9	4.2	2.3	2.0	5.5	3.8	3.2	1.7	5.7	7.4	0.1	3.1	3.7
0.8	0.6	1.0	0.4	0.3	1.6	0.6	0.5	0.3	0.7	1.4	0.0	0.7	0.6
0.3	0.8	0.7	0.4	0.2	1.8	0.5	0.3	1.1	1.0	0.0	0.4	0.5
0.1	0.3	0.5	0.2	0.1	0.4	0.8	0.2	0.3	0.4	0.0	0.6	0.4
0.1	0.3	0.2	0.2	0.1	0.4	0.4	0.2	0.2	0.5	1.3	0.0	0.6	0.7
0.2	0.1	0.2	0.1	0.1	0.3	0.2	0.2	0.1	0.3	0.2	0.0	0.2	0.4
0.0	0.0	0.0	0.0	0.0	0.0	0.0	0.0	0.0	0.0	0.0	0.0	0.0	0.1
0.3	0.3	0.3	0.2	0.2	0.6	0.4	0.4	0.2	0.3	0.2	0.0	0.4	0.5

口圏向け最終財輸出（電気機械）の減少額

(100万ドル)

ブラジル	英国	ドイツ	フランス	イタリア	スペイン	オランダ	ベルギー	オーストリア	フィンランド	アイルランド	ルクセンブルク	ポーランド	南アフリカ
118	2,521	7,694	2,489	1,413	1,761	3,598	1,692	1,035	4,375	3,464	81	138	28

ため，例えば数値が1.0であっても，塗りつぶされている場合とそうでない場合がある．

韓国，台湾，マレーシアは日本と中国に対する中間投入財輸入依存度が高い．つまり，韓国，台湾，マレーシアの最終財輸出が減少すると，同諸国が日本と中国から調達する中間投入財の輸入も大きく減少することになる．アジア域内諸国の最終財輸出の減少という負のショックが日本と中国に大きく波及する構造となっている[13]．

13) Koopman *et al.*（2008, 2012）は，中国の加工貿易（Processing Trade）のかなりの部分が欧米などの外国企業（現地法人）によって行われていることを指摘している．

もう一つ注目すべきは，欧米諸国の中国に対するSSTIが際立って大きい点である．これは欧米諸国の最終財輸出減少という負のショックが中国に大きく波及することを示している．電気機械産業においては，中国を中心とする生産ネットワークがアジア域内だけでなく，グローバルに構築されていることを示唆している．

　以上は中間投入財ベースのSSTIが示す結果であるが，表6-4(b) の付加価値ベースのSSTIをみると，中国のSSTIは相対的に低下する．むしろアジア域内で日本のSSTIの高さが際立つ結果となっている．アジア諸国の最終財輸出において日本の付加価値が占めるウェイトが最大であることが確認できる．また表の対角部分をみると，自国の生産部門に対する付加価値ベースのSSTIは日本の81.5が最大であり，中国は55.1の水準にとどまっている．中間投入財ベースのSSTIと比較すると，中国の付加価値ベースのSSTIの水準の低さは際立っている．他のアジア諸国もインドを除いて30～58の水準であり，自国の付加価値の貢献が日本と比較すると小さいことがわかる．さらに，日本の他のアジア諸国に対する付加価値ベースのSSTIは非常に小さい．中国に対するSSTIは4.5であるが，他のアジア諸国に対しては1.0を下回る水準である．これらの結果は，電気機械産業において，アジア諸国が最終財輸出の減少を経験すると，そのショックは付加価値ベースで日本に大きく波及すること，そして日本から他国への間接的な波及はほとんど見られず，日本の国内生産部門に吸収される構造となっていることを示している．

(2) 輸送用機器産業における波及効果

　表6-5の参考欄はユーロ圏向け最終財輸出の減少額を示している．同表から明らかなように，日本の輸出減少額がアジア諸国の中で突出して大きい．ユーロ圏向け輸出減少の直接的な影響としては日本の受けた影響が最も大きいことは明らかだが，最終財輸出減少から生まれる間接的な波及効果まで考

　欧米企業の現地法人が中国での生産・販売活動を拡大すれば，それだけ自国の本社企業との取引も拡大する．欧米諸国の中国に対するSSTIが高い値をとっているのは，このような理由からだと考えられる．

慮する必要がある．

　表6-5(a)は中間投入財ベースのSSTIを示している．電気機械産業と比較して，中国よりも日本のSSTIの方がアジア域内で大きな値をとっている．欧米諸国にとっては中国に対するSSTIの方が大きいが，日本に対するSSTIもかなり高い値をとっている．

　表6-5(b)の付加価値ベースのSSTIにおいても，アジア諸国にとって日本に対するSSTIの方が中国に対するSSTIよりも高い値をとっている．対角部分のSSTIは自国の付加価値の貢献を示しているが，輸送用機器産業においても日本のSSTIが最も高い値をとっている．とりわけ日本のアジア諸国に対する付加価値ベースのSSTIは非常に小さい値である．日本の輸送用機器の最終財輸出が減少してもその影響はほぼ日本国内の生産部門によって吸収され，海外への波及は非常に限られている．アジア諸国がユーロ圏向けの輸出を減少させると，日本が最も影響を受ける構造となっている．

5. おわりに

　2008年9月のリーマンショックを契機とする世界金融危機と，その後のユーロ圏危機の深刻化によって，アジア諸国は米国向け輸出だけでなく，ユーロ圏向け輸出も大きく減少させた．こうしたユーロ圏の危機によってアジア諸国の輸出産業は大きな影響を受けることになるが，その影響を正確に捉えるには，通常の貿易データによる分析だけでは十分ではない．本章は，アジア諸国を内生国として広くカバーする新しい国際産業連関表（YNU-GIO Table）を用いて，日本を含むアジア諸国がユーロ圏向けの最終財輸出を減少させたことによるショックの波及メカニズムを，中間投入財ベースと付加価値ベースに分けて分析を行った．さらに電気機械と輸送用機器の二つの産業に着目し，ショックの波及メカニズムを検討した結果，アジア諸国の最終財輸出減少によって，日本の中間投入財のアジア向け輸出が大きく減少すること，付加価値ベースでみても日本国内の生産低下という大きな影響を受けることが確認できた．これまで日本企業はアジア域内で生産ネットワークを構築し，中間投入財のアジア域内取引は大きく拡大してきた．しかし，日本

表6-5 2009年のユーロ圏向け最終財

(a) SSTI（中間投入財）

	日本	中国	韓国	台湾	マレーシア	タイ	インドネシア	ベトナム	インド	オーストラリア	米国	カナダ	メキシコ
日　本	147.8	12.9	15.8	39.9	25.4	38.3	13.7	0.0	0.0	8.2	6.6	13.9	8.7
中　国	5.2	183.0	13.8	17.8	21.9	10.6	3.8	0.0	0.0	12.8	8.3	12.2	20.9
韓　国	1.7	7.3	169.2	6.0	7.4	5.3	1.4	0.0	0.0	2.7	2.1	3.7	6.1
台　湾	0.6	3.6	1.4	90.0	4.6	2.2	0.7	0.0	0.0	1.7	1.4	1.7	2.1
マレーシア	0.4	0.8	0.9	2.1	92.7	3.1	1.2	0.0	0.0	1.6	0.5	0.5	0.9
タ　イ	0.6	0.7	0.5	2.1	8.5	45.2	4.8	0.0	0.0	3.6	0.4	0.4	0.8
インドネシア	0.7	0.5	0.5	1.2	4.2	2.3	13.2	0.0	0.0	0.8	0.2	0.2	0.3
ベトナム	0.3	0.2	0.3	0.4	0.2	0.5	0.1		0.0	0.4	0.1	0.1	0.1
インド	0.2	0.9	0.7	0.5	1.9	1.5	0.4	0.0	0.0	1.2	0.7	0.8	0.6

(b) SSTI（付加価値）

	日本	中国	韓国	台湾	マレーシア	タイ	インドネシア	ベトナム	インド	オーストラリア	米国	カナダ	メキシコ
日　本	90.2	5.1	6.2	15.0	9.5	14.0	5.0	0.0	0.0	3.2	2.5	5.2	3.4
中　国	1.4	72.5	3.9	4.8	5.8	2.9	1.0	0.0	0.0	3.5	2.3	3.3	5.3
韓　国	0.4	1.9	71.0	1.6	2.0	1.3	0.4	0.0	0.0	0.7	0.6	1.0	1.6
台　湾	0.2	0.9	0.4	56.8	1.2	0.6	0.2	0.0	0.0	0.4	0.4	0.5	0.6
マレーシア	0.2	0.4	0.4	0.6	45.0	1.2	0.4	0.0	0.0	0.5	0.1	0.1	0.2
タ　イ	0.3	0.3	0.2	0.9	3.6	61.7	2.0	0.0	0.0	1.4	0.2	0.2	0.3
インドネシア	0.5	0.3	0.6	0.9	2.9	1.7	86.0	0.0	0.0	0.6	0.1	0.2	0.2
ベトナム	0.1	0.1	0.1	0.1	0.3	0.1	0.0		0.0	0.2	0.0	0.0	0.0
インド	0.1	0.4	0.3	0.2	0.9	0.5	0.2	0.0	0.0	0.4	0.3	0.3	0.2

【参考】2008年から2009年にかけてのユー

	日本	中国	韓国	台湾	マレーシア	タイ	インドネシア	ベトナム	インド	オーストラリア	米国	カナダ	メキシコ
Export	20,289	3,874	5,975	101	38	905	4	0	0	65	19,589	70	1,553

注：表の数値はSSTIを示す．数値の大きさによって以下のように塗り分けられている．四捨五入した数値である．
SSTI<1.0 　SSTI<10.0 　SSTI<25.0 　SSTI≧25.0

出所：Sato and Shrestha（2014）．

　とアジアの生産ネットワークが深まるほど，アジア諸国の最終財輸出減少という負のショックが日本に集中し，日本国内の生産部門に吸収される傾向がみられる．日本の中間財生産部門の強さが，逆にショックの国内部門への波及を強める結果となっていると言えるだろう．

　本章の分析には次のような限界がある．第1に，本章の分析は世界金融危機からユーロ圏の財政危機へと危機が連鎖する過程の2009年に焦点を当てている．同年のユーロ圏向け輸出額の減少が日本を含むアジア諸国にどのよ

第 6 章　ユーロ圏危機がアジアのリアルセクターに及ぼす影響

輸出減少の波及効果：輸送用機器産業

ブラジル	英国	ドイツ	フランス	イタリア	スペイン	オランダ	ベルギー	オーストリア	フィンランド	アイルランド	ルクセンブルク	ポーランド	南アフリカ
5.7	5.7	2.8	4.3	2.2	3.3	4.9	11.1	3.3	5.6	0.0	0.1	4.5	5.1
5.6	6.6	4.2	5.1	7.1	5.7	5.1	6.4	3.4	5.4	0.0	0.2	4.1	10.6
1.5	1.3	0.8	0.9	1.1	1.4	1.5	2.7	0.8	1.0	0.0	0.0	1.0	1.6
0.6	0.9	0.5	0.5	0.7	0.6	0.7	0.7	0.5	0.6	0.0	0.0	0.5	1.7
0.2	0.5	0.2	0.3	0.2	0.2	0.3	0.3	0.2	0.2	0.0	0.0	0.2	0.6
0.8	0.4	0.2	0.3	0.3	0.2	0.2	0.6	0.2	0.3	0.0	0.0	0.2	1.0
0.3	0.2	0.1	0.2	0.2	0.2	0.2	0.2	0.1	0.2	0.0	0.4	0.2	0.3
0.1	0.1	0.0	0.1	0.1	0.1	0.1	0.1	0.0	0.1	0.0	0.0	0.0	0.1
0.7	1.2	0.6	0.7	1.1	0.8	0.7	1.4	0.5	0.9	0.0	0.1	0.8	1.4

ブラジル	英国	ドイツ	フランス	イタリア	スペイン	オランダ	ベルギー	オーストリア	フィンランド	アイルランド	ルクセンブルク	ポーランド	南アフリカ
2.2	2.2	1.1	1.7	0.9	1.3	1.9	4.2	1.3	2.1	0.0	0.1	1.7	1.9
1.6	1.8	1.2	1.4	2.0	1.6	1.4	1.7	0.9	1.5	0.0	0.1	1.2	3.0
0.4	0.4	0.2	0.3	0.3	0.4	0.4	0.7	0.2	0.3	0.0	0.0	0.3	0.4
0.2	0.3	0.1	0.1	0.2	0.2	0.2	0.2	0.1	0.2	0.0	0.0	0.1	0.5
0.1	0.1	0.1	0.1	0.1	0.1	0.1	0.1	0.1	0.1	0.0	0.0	0.1	0.1
0.3	0.1	0.1	0.1	0.1	0.1	0.1	0.3	0.1	0.1	0.0	0.0	0.1	0.3
0.2	0.1	0.1	0.1	0.1	0.2	0.1	0.2	0.1	0.1	0.0	0.3	0.1	0.2
0.0	0.0	0.0	0.0	0.0	0.0	0.0	0.0	0.0	0.0	0.0	0.0	0.0	0.1
0.3	0.5	0.2	0.3	0.4	0.3	0.3	0.4	0.2	0.3	0.0	0.0	0.3	0.5

□圏向け最終財輸出（輸送用機器）の減少額

(100万ドル)

ブラジル	英国	ドイツ	フランス	イタリア	スペイン	オランダ	ベルギー	オーストリア	フィンランド	アイルランド	ルクセンブルク	ポーランド	南アフリカ
778	8,275	39,003	10,910	6,731	7,221	4,504	10,696	3,606	2,468	0	169	1,190	454

ため，例えば数値が 1.0 であっても，塗りつぶされている場合とそうでない場合がある．

うな影響を及ぼしたかを分析したが，2010 年以降のデータも用いて時系列的な影響を分析する必要がある．本章で用いた国際産業連関表（YNU-GIO Table）は 2010 年までのデータしか利用できないが，今後，同国際産業連関表を延長して分析を行うことが求められるだろう[14]．特に，日本は 2011 年の東日本大震災発生以降，貿易収支が赤字に転じ，同赤字が拡大を続けて

---

14) 脚注 4 で述べたように，2015 年 3 月末から公表した YNU-GIO Table の最新版では，2012 年までのデータが公表されている．

いる[15]．ユーロ圏や北米向けの輸出が日本経済に及ぼす影響は今まで以上に注目を集めており，国際産業連関表を延長して分析することの意義は大きいと考えられる．第2に，本章の分析は内生国としてシンガポールとフィリピンを含んでいないという限界がある．これら2カ国は外生国として分析しているが，アジアで活発に展開されている生産ネットワークの深化と域内貿易の拡大を捉えるには，シンガポールとフィリピンも内生国として含めて分析する必要がある[16]．これらは今後取り組むべき課題である．

参考文献

Ando, Mitsuyo and Fukunari Kimura (2012), "How did the Japanese Exports Respond to Two Crises in the International Production Networks? The Global Financial Crisis and the Great East Japan Earthquake," *Asian Economic Journal*, Vol. 26(3), pp. 261-287.

Crowley, Meredith A. and Xi Luo (2011), "Understanding the Great Trade Collapse of 2008-09 and the Subsequent Trade Recovery," *Economic Perspectives*, 2nd Quarter, Federal Reserve Bank of Chicago, pp. 44-68.

Ferrarini, Benno (2013), "Vertical Trade Maps," *Asian Economic Journal*, Vol. 27(2), pp. 105-123.

Foster-McGregor, Neil and Robert Stehrer (2013), "Value Added Content of Trade: A Comprehensive Approach," *Economics Letters*, Vol. 120(2), pp. 354-357.

Johnson, Robert C. and Guillermo Noguer (2012), "Accounting for Intermediates: Production Sharing and Trade in Value Added," *Journal of International Economics*, Vol. 86(2), pp. 224-236.

Kimura, Fukunari and Ayako Obashi (2011), "Production Networks in East Asia: What We Know So Far," ADBI Working Paper Series, No. 320, 11 November.

Koopman, Robert, Zhi Wang and Shang-Jin Wei (2008), "How Much of Chinese Exports is Really Made In China? Assessing Domestic Value-Added When

---

15) 清水・佐藤（2014），Shimizu and Sato (2015) は近年の日本の貿易収支赤字と為替相場の関係について分析している．

16) 脚注4を参照．2015年3月末から，シンガポールとフィリピンも内生国として含めたYNU-GIO Tableの最新版が公表されている．

Processing Trade is Pervasive," NBER Working Paper, No. 14109.
Koopman, Robert, Zhi Wang and Shang-Jin Wei (2012), "Estimating Domestic Content in Exports When Processing Trade Is Pervasive," *Journal of Development Economics*, Vol. 99(1), pp. 178-189.
Miller, Ronald E. and Peter D. Blair (2009), *Input-Output Analysis: Foundations and Extensions*, Second Edition, Cambridge University Press.
Sato, Kiyotaka and Nagendra Shrestha (2014) "Global and Regional Shock Transmission: An Asian Perspective," CESSA Working Paper 2014-04, Center for Economic and Social Studies, Yokohama National University.
Shimizu, Junko and Kiyotaka Sato (2015), "Abenomics, Yen Depreciation, Trade Deficit, and Export Competitiveness," RIETI Discussion Paper Series, No. 15-E-020.
Timmer, Marcel P., Abdul Azeez Erumban, Bart Los, Robert Stehrer and Gaaitzen J. de Vries (2014), "Slicing Up Global Value Chains," *Journal of Economic Perspectives*, Vol. 28(2), pp. 99-118.
清水順子・佐藤清隆 (2014),「アベノミクスと円安,貿易赤字,日本の輸出競争力」RIETI Discussion Paper Series (独立行政法人経済産業研究所), No. 14-J-022.

第7章

ユーロ圏危機がアジア通貨にもたらした影響

清 水 順 子

1. はじめに

　リーマンショック以降，日米欧を中心とした先進国の中央銀行は，信用創造機能を失いかけていた金融システムを救済することを目的に，政策金利を大幅に引き下げただけでなく，非伝統的金融政策と言われる量的緩和政策を行ってきた．その結果，世界の金融システムには潤沢な流動性としていわゆる「グローバル流動性（Global Liquidity）」が供給され続けた．一方，先進国の民間部門ではバランスシート調整が続き，民間資金需要が盛り上がりに欠ける状況が続いていたため，資金余剰の状況が数年に渡り続いた．加えて，欧州債務危機によりユーロ圏危機が深刻化したことから，これまでの主要な投資先の一つを失いさらに余剰となった資金は，アジア諸国を含む新興国市場に向かっていった．このようにして，アジア諸国には先進国の余剰資金が直接投資と証券投資という二つの形で大量に流入した．直接投資としては，中国やアセアン諸国を中心として，人口動態に裏打ちされた豊富かつ安価な労働力を求めた製造拠点の移転とともに，経済成長に伴う旺盛な消費に対応する販売拠点という両面で促進された．証券投資としては，量的緩和という非伝統的な金融政策の領域に踏み込み，低金利が定着した先進国と比較して，高水準にあった金利水準を求めた債券投資と，直接投資と同様の理由で持続的な高成長を見込んだ株式投資という形で資本流入が起こり，同時にアジア通貨は増価した．

こうして，リーマンショック後に順調な資本流入がもたらされていたアジア諸国でも，2011年10月のEU首脳会合で合意された銀行の資本増強や自己資本比率の引き上げにより欧州銀行のデレバレッジ（貸出の縮小）が本格化すると，クレジット・チャネルを通じた世界金融市場におけるリスク回避行動が誘発され，一転して急激な資本流出が起こり，為替相場も一時的に減価した．このように，ユーロ圏危機はアジアの資本フローと為替相場のどちらにもボラタイルな影響を与えた[1]．

本章では，ユーロ圏危機がアジア通貨にもたらした影響について，アジア域内の資本フローの動きとアジア通貨がどのように変動しているかを概観する．さらに，ユーロ圏危機がドル基軸のアジア通貨体制にどのような変化を与えたかを検証するとともに，将来のアジア通貨体制における課題について考察したい．

2. 近年のアジア向け資本フローの変化

2.1 リーマンショック後の資本フロー全体の変化

2008年9月のリーマンショックと，2011年10月以降本格化した欧州銀行のデレバレッジは，2000年代半ば以降拡大し始めた世界の新興国向けの資本フローに大きな影響を与えた．図7-1は，新興国に流入するクロスボーダーの与信の動向について地域別にまとめたものであるが，アジア新興国に流入する資本フローが最も不安定な動きを示していることがわかる．2000年代半ば以降，アジア通貨危機の影響から立ち直ったアジア新興国には資本流入が戻り始めていた．特に，2007年第3四半期以降にアジア新興国向けの資本流入が急増したが，リーマンショックを契機に大規模な資本流出に転じた．2010年に入ると，ユーロ圏危機勃発にも関わらずアジア向けの資本流入は順調に回復していたが，2011年第3四半期に欧州周辺国のソブリン債への懸念から，欧州金融機関が外貨建資産の圧縮を余儀なくされデレバレッ

---

[1] ユーロ圏危機がアジア通貨に与えた影響については，清水（2012, 2013）を参照．

第7章　ユーロ圏危機がアジア通貨にもたらした影響

(10億ドル)

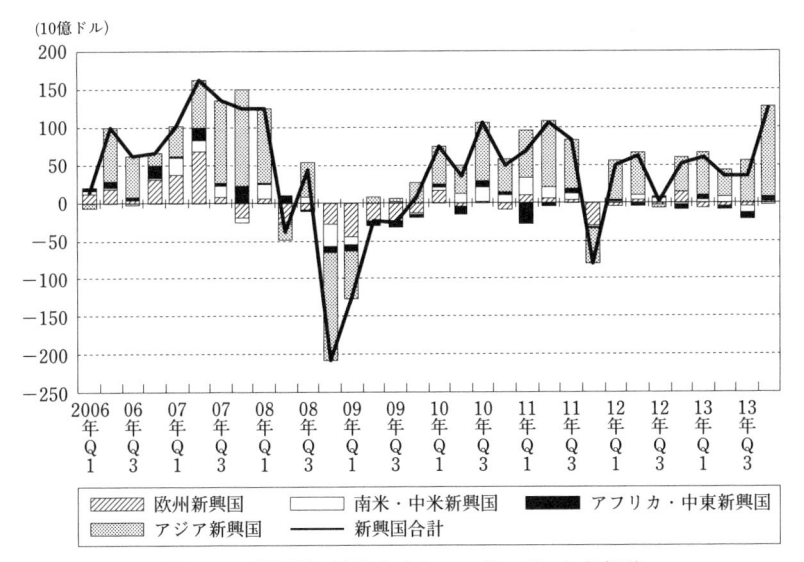

[図: 新興国に流入するクロスボーダー与信推移のグラフ。凡例: 欧州新興国／南米・中米新興国／アフリカ・中東新興国／アジア新興国／新興国合計]

図7-1　新興国に流入するクロスボーダー与信推移

注：アジア新興国は，中国・香港・インド・インドネシア・韓国・マレーシア・フィリピン・シンガポール・台湾・タイの10カ国・地域の合計．
出所：BISのデータ（International bank positions, by residence）より作成．

ジが起こり，クレジット・チャネルを通じた影響から，2011年第4四半期には再び資本流出に転じた．しかし，デレバレッジによる影響は短期間に終わり，その後資本流入は継続し，2013年第4四半期にはリーマンショック以前とほぼ同じ水準にまで回復した．先進諸国が高齢化と低成長により投資先としての魅力を失うなかで，今後も成長が見込まれるアジア新興国へは資本流入が続くと考えられる．

図7-2は，同じくアジア新興国10カ国・地域に対する国際収支統計の金融収支の中の直接投資・証券投資・その他投資項目の負債サイドだけを合計し，グロスの資本流入についてその内訳の推移を示したものである．前述のグラフと同様に，リーマンショック前後の一時期においてアジアへの資本流入は急減しているが，2009年半ば以降回復し，2010年以降は堅調に推移していることがわかる．それぞれの収支項目別にその動きを見ると，アジア全体では危機前後においても直接投資による資本流入が継続していたこと，さらに2009年の半ば以降は，銀行融資を主としてその他投資が増加したこと

183

第Ⅱ部　ユーロ圏危機の世界経済・アジアへの影響

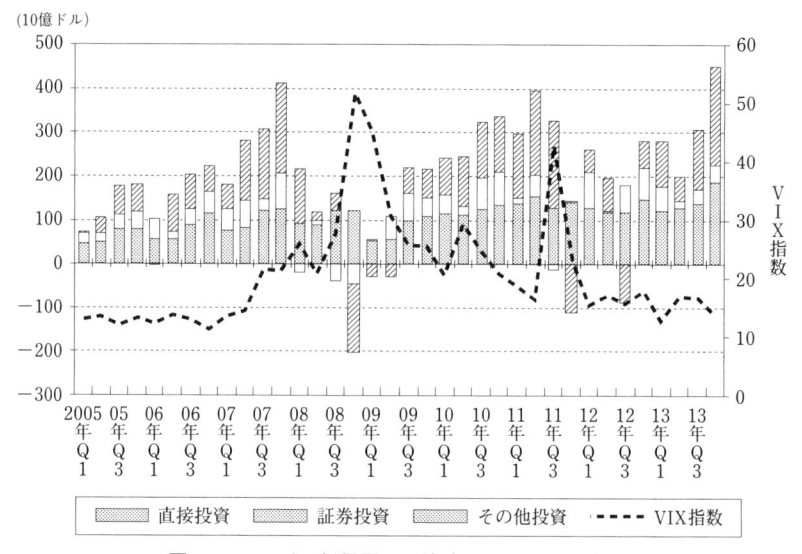

図 7-2　アジア新興国への資本フローと VIX 指数

注：アジア新興国は，中国・香港・インド・インドネシア・韓国・マレーシア・フィリピン・シンガポール・台湾・タイの 10 カ国・地域．
出所：IFS（IMF），CEIC，VIX 指数は CBOE のウェブサイトより採取．

が，全体として資本フロー増大の主因となっている．ただし，2011 年末以降のデレバレッジとともに世界的なリスク回避度が高まったことを背景に，その他投資の流入が急増していることには注意が必要である．

　次に，国別の金融収支項目の動向について，中国，韓国，タイ，シンガポールの 4 カ国のそれぞれの特徴を概観してみよう．まず，韓国を除く 3 カ国では直接投資が 2008～2009 年の金融危機時に減少したもののマイナスに転じることはなく，欧州通貨危機後も堅調に推移している．特に，シンガポールは危機前後で経常収支がプラス，金融収支から外貨準備増減を除いた部分もプラスという国際収支の構造がほとんど変わっておらず，どちらの危機の影響も受けていない．一方で，タイと韓国はリーマンショック直後に資本が急激に流出した．特に，韓国は他のアジア諸国と比較すると直接投資による資本流入が少ないため，証券投資，その他投資の動きのみに大きく左右され，世界的な金融危機の影響を受けた資本フローの流出入がさらに不安定になっていることが指摘される．

184

一方，これまで経常収支は黒字，かつ資本流入も資本流出を大幅に上回っていた中国は，2013年以降一時的に資本流入が減少するなど，資本流出入の動きが活発化している．中国の経済成長が鈍り，人民元の増価が止まるなかで，2013年6月には外国資本が流出し，銀行システムに一時緊張が走るなどのクレジットクランチ（信用収縮）の予兆も見られた．近年の中国からの隣国アジアへの直接投資増加などを背景に，中国からのグロスの資本流出も拡大しており，中国では資本規制の緩和と人民元相場の柔軟化を進める局面を迎えている．このように，国際的な金融緩和や金融市場におけるリスクの高まりがアジア各国の資本フローに非対称な影響を与えている要因としては，各国の成長率や金利だけでなく，為替制度や資本規制などの違いが挙げられる．

2.2 ユーロ圏危機後のデレバレッジによる影響

アジアの一部の国では，2011年10月以降の欧州銀行のデレバレッジと先進諸国による大規模な金融緩和に影響され，銀行融資や債券発行といった形態での外貨建て資本流入が急増していることが，BISの報告書（2013）などで指摘されている．欧州では引き続き金融機関の貸出縮小が続き，米国では経済の回復基調にともない徐々に銀行貸出が増えているが，世界金融危機の影響が比較的軽微であったアジアや南米では，海外からの銀行を通じた貸出が拡大しており，前述のその他投資増加の主因となっている．特に，アジアでは国際的な金融機関を通じた外貨建て（主に米ドル建て）の銀行貸出が急増している（図7-3）．これらの国々では外貨建て融資に関わる資本規制や国内でのマクロプルーデンシャル政策が行われている国が多いが，例えば，ドルの国内持ち込み割当が銀行毎に決められている中国でも，2009年第1四半期の残高2,570億ドルから2014年第1四半期には1兆2,289億ドルとほぼ5倍に増大している．2013年1年間では，銀行による外貨建ての貸出が48%増加しており，この時期の人民元高の一因となっていたことが指摘される．

一方，グローバルには欧米金融機関のバランスシート調整に伴う企業のデレバレッジで負債調達の伸びが一転し，債券発行も鈍化しているのに対して，

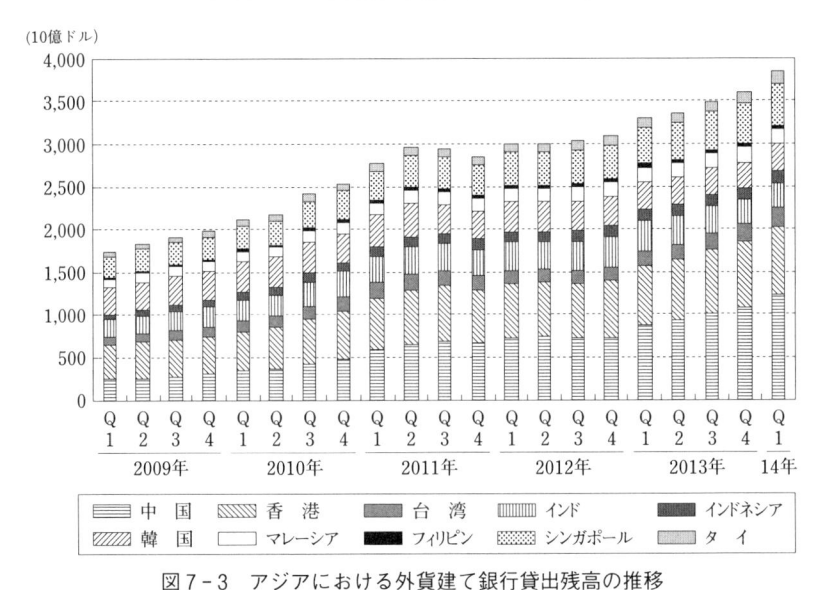

第Ⅱ部　ユーロ圏危機の世界経済・アジアへの影響

図7-3　アジアにおける外貨建て銀行貸出残高の推移

出所：BIS, The International Banking Statistics, International bank claims, consolidated base より作成。

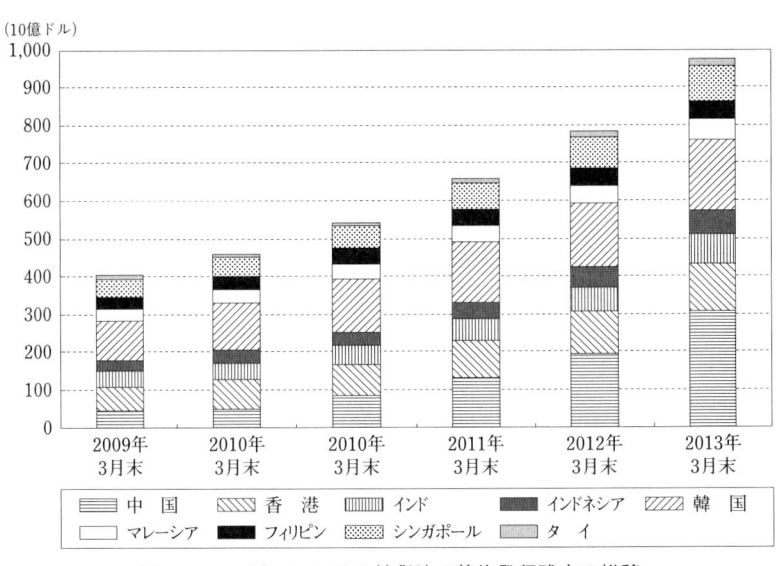

図7-4　アジアにおける外貨建て債権発行残高の推移

出所：BIS, Quarterly Review: June 2014, Table 12A: International debt securities – all issuers より作成。

アジアではアジア新興国企業を中心とする外国子会社等を通じた外貨建て債券発行が大幅に増加している（図 7-4）．従来は，アジアの企業は銀行貸出による資金調達が中心であったが，バーゼル規制の強化によりアジアの銀行もその対応を迫られ，貸出抑制の懸念が生じた．加えて，これまで大口融資の供給者であった欧州金融機関がアジア向け融資を引き揚げたことから，代替的な資金調達手段の確保が必要になり，社債発行に積極的になったことが債券発行残高増大の背景となっている．現地通貨建てではなく，米ドル建て債券の発行が増加している理由は，企業としてはドル建ての方が低コストで資金調達でき，さらに流動性の高いドル建て債券の方が投資家に容易に売買できるという利点があるためである．国別にみると，前述の外貨建て銀行貸出と同様に，中国や香港での債券発行が拡大している．中国では 2009 年 3 月末の残高 440 億ドルから，2014 年 3 月末には 3,060 億ドルとほぼ 7 倍に増大している．特に，親会社を中国とする企業が，香港等のオフショアで米ドル建てで発行するケースが多いが，そこで調達された資金の一部はシャドーバンキングで問題になっている中国の理財商品に投資されている可能性があり，中国政府による対応が注目される．

2.3　アジア向けの資本フローはどこからくるのか

　それでは，アジア向けの資本フローはどこからきているのだろうか．日本を含む東アジア 11 カ国・地域向けの地域別の直接投資額を見ると（図 7-5），アジアの直接投資の半分以上が域内からの直接投資であり，2009 年末から 2011 年末にかけて域内からの直接投資が急増していることがわかる．こうした域内での直接投資拡大はアジアにおける生産ネットワークが拡大していることを示唆するものである．一方，2012 年末には EU 地域からの直接投資流入額が一番大きくなっている．これは，欧州債務危機により欧州経済の長期停滞を予想した欧州系企業が，それに代わる販売先として東アジア地域への進出に積極的になっている様子がうかがえる．

　これに対して，地域別のアジア向け証券投資額を見ると（図 7-6），米州，欧州からの株式投資が主流であることがわかる．域内からのポートフォリオ投資額は米州，欧州に次いで 3 番目であり，特に日本からの投資が小さい．

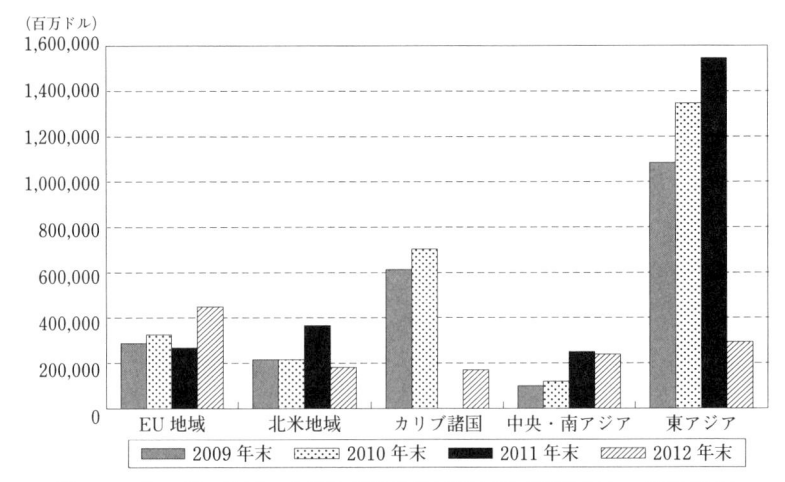

第Ⅱ部 ユーロ圏危機の世界経済・アジアへの影響

図7-5 東アジア地域への直接投資の地域別内訳（2009年末～2012年末）

注：東アジア地域は，日本・中国・香港・インド・インドネシア・韓国・マレーシア・フィリピン・シンガポール・台湾・タイの11カ国・地域．
出所：IMF, Coordinated Direct Investment Survey より作成．

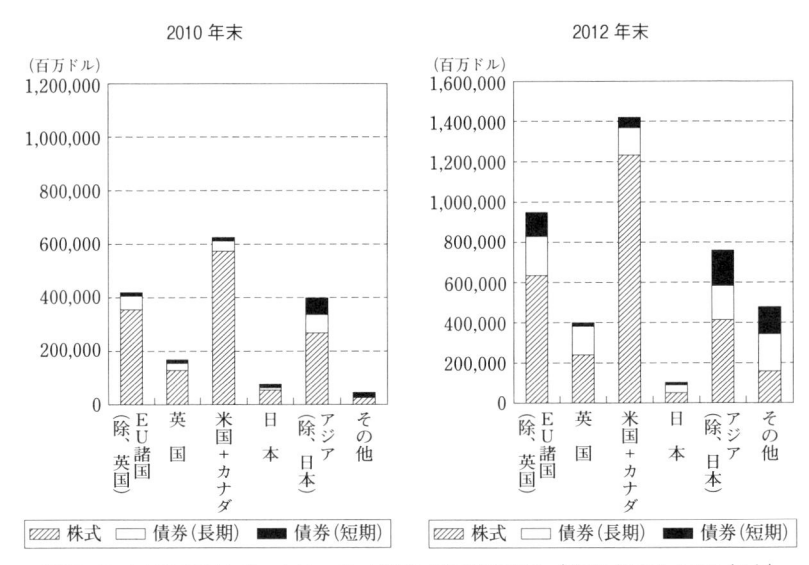

図7-6 アジア向けポートフォリオ投資の地域別内訳（2010年末と2012年末）

注：「アジア向け」は，日本・中国・香港・インド・インドネシア・韓国・マレーシア・フィリピン・シンガポール・台湾・タイの11カ国・地域．
出所：IMF, Coordinated Portfolio Investment Survey より作成．

第 7 章　ユーロ圏危機がアジア通貨にもたらした影響

2010 年末と 2012 年末を比較すると，全体として資本流入額が増加しているが，特に大規模な金融緩和を行った米国からのアジア向け株式投資に対する資本流入額が倍増している一方で，ユーロ圏危機深刻化の影響を受けて欧州からの資本流入額は微増に留まっていることがわかる．また，2012 末ではアジアからの債券投資に対する資本流入額が増加しているが，これは世界的な金融危機を受けて，アジア諸国による日本国債の購入が増大していることを反映している．

　アジア域内の債券のクロスボーダー取引について，2012 年末の残高を各国別にまとめたのが表 7-1 である．これによると，日本のアジア各国債券のクロスボーダー投資額は金額ベースでは最大であるが，日本全体の総投資残高に比べるとその投資比率は 1.6％ と非常に低いことがわかる．これに対して，その他のアジア諸国のアジア域内へのクロスボーダー債券投資が各国の総投資残高に占める割合は 30％ から 50％ を占める国もあり，日本と比較して高い．例えば，香港やシンガポールといったアジアの二大オフショア市場では，アジア各国への投資シェアは香港では 48.35％，シンガポールでは 30.4％ となっている．また，投資受け入れ残高に占めるクロスボーダー取引のシェアも日本では 4.9％ と低いが，その他のアジア諸国ではフィリピンを除くと 30％ 以上であり，最も高い中国ではおよそ 8 割がアジアからの投資（大半は香港から）となっている．

　東アジアにおける，株式に対する域内クロスボーダー投資の 2012 年末残高を見てみると（表 7-2），日本の東アジア域内への株式投資の比率は総投資残高に対して 6.56％ であり，債券と同様にその他アジア諸国に比べて低い．その一方で，香港，シンガポール，マレーシアでのクロスボーダー株式取引の割合は，3 割から 4 割前後を占めている．香港，シンガポールを拠点としたアジア株式投資は活発に行われているが，香港では中国向け株式投資に集中している一方，シンガポールでは投資先がアジア域内各国に分散されており，それぞれアジアの株式投資の拠点となっていることがうかがえる．

　図 7-7 と図 7-8 は，それぞれ，日本とアジアとの株式投資，債券投資の収支を示したものである．まず，株式投資については，リーマンショック以前には日本からアジアへ，及びアジアから日本への双方向の株式投資が徐々に

表7-1 東アジアのクロスボーダー

投資国・地域 受け入れ国・地域	香　港	インドネシア	日　本	韓　国
香　港		120	3,649	1,285
中　国	104,035	539	600	292
イ ン ド	5,867	61	1,381	123
インドネシア	443		4,133	146
日　本	31,489	142		385
韓　国	20,358	11	19,028	
マレーシア	10,783	12	3,817	374
フィリピン	406	2	2,619	33
シンガポール	8,124	334	8,782	340
台　湾	1,140	2	109	2
タ　イ	1,673	4	1,361	217
各国・地域の総投資残高 （クロスボーダー取引シェア）	381,719 (48.3%)	11,762 (10.4%)	2,838,097 (1.6%)	38,737 (8.3%)

出所：IMF, Coordinated Portfolio Investment Survey (2013) より作成.

表7-2 東アジアのクロスボーダー

投資国・地域 受け入れ国・地域	香　港	インドネシア	日　本	韓　国
香　港		304	13,335	5,937
中　国	179,200	364	9,824	6,358
インドネシア	200		3,410	400
日　本	5,805			5,056
韓　国	1,837		5,200	
マレーシア	1,172		1,859	317
フィリピン	424		425	128
シンガポール	7,178	91	6,297	936
台　湾	2,665		2,659	813
タ　イ	1,503		1,721	469
各国・地域の総投資残高 （クロスボーダー取引シェア）	605,504 (33.0%)	1,724 (44.1%)	687,170 (6.5%)	97,337 (21.0%)

出所：IMF, Coordinated Portfolio Investment Survey (2013) より作成.

第 7 章　ユーロ圏危機がアジア通貨にもたらした影響

証券投資取引残高・2012 年末（債券）

(百万ドル)

マレーシア	フィリピン	シンガポール	タ　イ	各国・地域の総受入れ残高 （クロスボーダー取引シェア）	
556	246	8,531	1,257	39,757	(39.3%)
89	367	4,514	337	139,045	(79.7%)
255		29,947	409	63,503	(59.9%)
901	1,022	13,923	53	61,076	(33.8%)
64	36		132	654,187	(4.9%)
2,231	479	26,498	3,406	173,968	(41.4%)
	68	17,883	93	88,847	(37.2%)
204		3,277	4	41,007	(16.0%)
5,101	80		259	71,575	(32.2%)
		4,652		12,313	(48.0%)
378	88	5,148		23,526	(37.7%)
17,838 (54.8%)	6,699 (35.6%)	375,705 (30.4%)	21,952 (27.1%)	26,613,665	

証券投資取引残高・2012 年末（株式）

(百万ドル)

マレーシア	シンガポール	タ　イ	各国・地域の総受入れ残高 （クロスボーダー取引シェア）	
2,243	10,211	249	318,260	(10.1%)
462	46,380	190	500,147	(48.5%)
902	14,137		79,011	(24.1%)
158	21,566	15	798,562	(4.1%)
373	23,197	20	298,904	(10.2%)
	8,124	40	63,819	(18.0%)
44	2,613	8	28,593	(12.7%)
10,276		594	140,673	(18.0%)
363	13,011		179,216	(10.9%)
408	5,423		80,692	(11.8%)
32,746 (46.5%)	425,495 (34.0%)	7,123 (15.7%)	16,954,634	

191

第Ⅱ部 ユーロ圏危機の世界経済・アジアへの影響

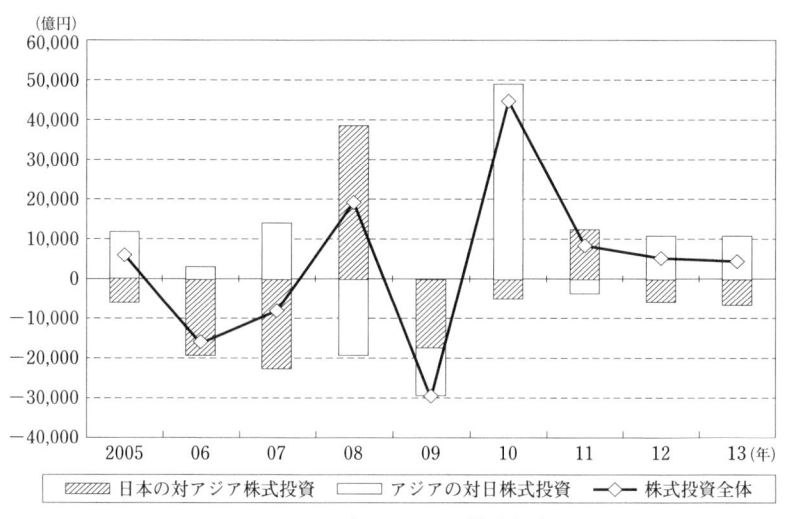

図7-7 日本とアジアの株式投資

注：日本の対アジア投資はマイナス値が日本からアジアへの投資額を示す．アジア諸国・地域は，中国・香港・インド・インドネシア・韓国・マレーシア・フィリピン・シンガポール・台湾・タイ・ベトナム．
出所：国際収支統計（日本銀行）より作成．

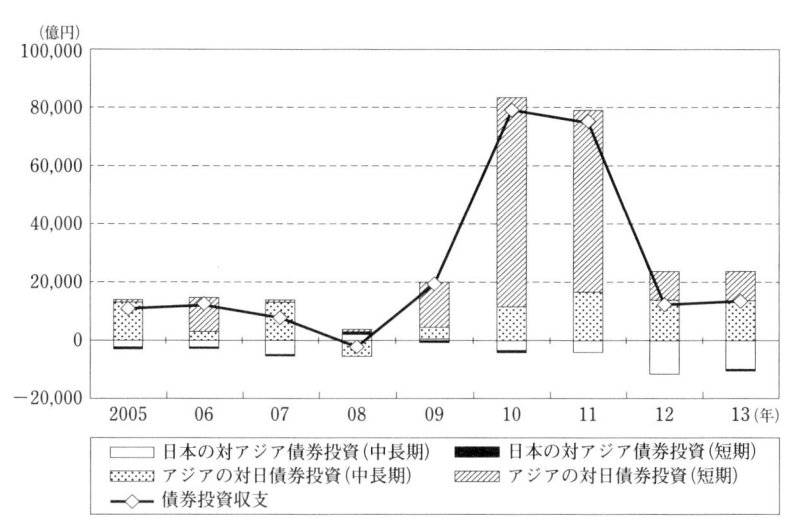

図7-8 日本とアジアの債券投資

注：日本の対アジア投資はマイナス値が日本からアジアへの投資額を示す．アジア諸国・地域は，中国・香港・インド・インドネシア・韓国・マレーシア・フィリピン・シンガポール・台湾・タイ・ベトナム．
出所：国際収支統計（日本銀行）より作成．

第7章　ユーロ圏危機がアジア通貨にもたらした影響

増加していたが，リーマンショックでいったん両者とも引き揚げられた．その後，2010年にはアジアから日本の株式投資が再び投資が活発化したものの，ユーロ圏危機深刻化によりリスク回避度が高まった2011年以降は，双方の投資額が減少している．債券投資については，リーマンショック以降の2010年・2011年にアジアから日本の短期債券投資が急増している．また，同時期にアジアから日本の中長期債投資も増加している．これに対し，日本からアジアへの債券投資はほとんどなされていなかったが，2012年には日本から対アジアの債券投資額が増加している．

　以上の結果をまとめると，不安定さを増す国際金融情勢を反映し，アジアへの資本フローの不安定さは趨勢的に上昇傾向にあることが確認された．アジア向け資本フローの内訳としては，安定的な直接投資が半数を占めており，その多くがアジア域内のクロスボーダー投資であることは，アジア域内の生産ネットワークが拡大し，経済統合が進展していることを示唆するものである．その一方で，アジア新興国に向かう証券投資フローは，国際金融市場のリスク指標の上下に呼応してボラティリティを増している．また，アジア域内のクロスボーダー証券投資の割合は一部の国を除くと限られており，アジア域内に滞留する膨大な貯蓄をアジア域内の投資として活用する，という目標はまだ発展途上にある．しかし，ユーロ圏危機後に欧米金融市場の信頼性に対する懸念が増すなか，アジア諸国から日本の短期国債向けの債券投資が急増したという一面も観察されており，アジア各国の安全な投資先としての日本の重要性が高まっていることが示唆される．

3. アジア通貨に対する影響

3.1　アジア通貨の為替相場と為替制度

　次に，同時期におけるアジア通貨の動向について見てみよう．図7-9は，2005年1月時点のアジア通貨の対ドル相場を100とした指数で直近までの推移を表したものである．これによると，2013年7月時点で2005年1月時点よりも通貨安になっているのはインド，インドネシアと韓国の3カ国であ

第Ⅱ部　ユーロ圏危機の世界経済・アジアへの影響

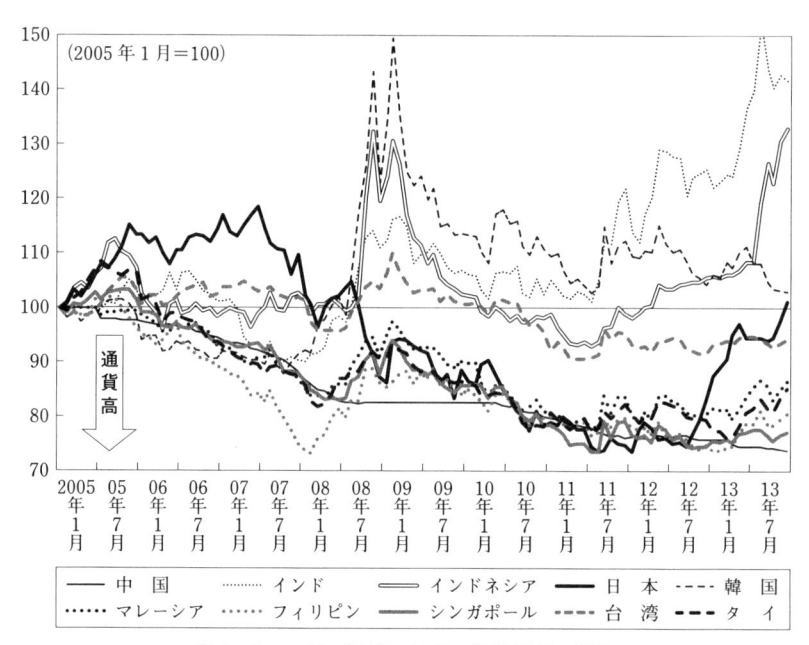

図7-9　アジア通貨の対ドル為替相場の推移

出所：International Financial Statistics (IMF) のデータより作成．

り，その他の通貨のなかでも中国，タイ，マレーシア，シンガポール，フィリピンは2005年1月時点と比較しておよそ2割程度，通貨高になっている．このようなアジア通貨のなかで非対称な動きが顕著となったのはリーマンショック直後であった．2009年以降リーマンショック後の下落から転じて増価していたアジア通貨は，2011年半ばのユーロ圏危機の深刻化に伴い，多くの国で減価に転じ，一部の国ではドル売り介入も実施された．その結果，アジア各国が大量に積み上げてきた外貨準備にも歯止めがかかっている．

　アジア通貨の対ドル相場が非対称な動きをする背景には，前述してきた資本フローの不安定な動きが影響しているが，さらに各国が採用する為替制度の違いも影響していると考えられる．表7-3は，IMFに報告されている東アジア諸国の為替制度をまとめたものである．これによると，日本，インドネシア，韓国，フィリピンは自由変動相場制，タイは変動相場制，シンガポールとマレーシアは通貨バスケットを参照とした管理変動相場制，中国はあ

第7章　ユーロ圏危機がアジア通貨にもたらした影響

表7-3　東アジア諸国・地域の為替制度

国	IMFに報告された制度
中　国	管理変動相場制*1
香　港	カレンシー・ボード
インド	管理変動相場制
インドネシア	自由変動相場制
日　本	自由変動相場制
韓　国	自由変動相場制
マレーシア	管理変動相場制*2
フィリピン	自由変動相場制
シンガポール	管理変動相場制*2
タ　イ	変動相場制

注：*1 Crawl-like arrangement，一定の変動幅を設けた管理変動相場制．
　　*2 通貨バスケットを参照とした管理変動相場制．
出所：IMF, AREAER 2012

る一定の変動幅を設けて変動する管理変動相場制，香港は米ドルにペッグしたカレンシーボード制となっている．香港を除くと，その他の国は変動相場制に属する制度を採用しているが，実際には，それぞれの国が自国通貨の過度な変動に対して積極的な為替介入を行っている．さらに，アジア向けの資本フローの増大に伴い，資本取引に絡む為替取引においてさまざまな規制を導入していることも指摘される．

3.2　アジア通貨の主要通貨に対する連動性の検証

東アジアの通貨当局がIMFに報告している通貨制度とは別に，実際にはどの主要通貨をリファレンスとして，よりその主要通貨に対して安定するような為替政策を行っているかを実証的に分析する手法としては，Frankel and Wei（1994）の回帰式モデルが用いられている．これは，暗黙的な通貨バスケットの構成ウェイトの検出するものであり，一般的に以下のような回帰式によって表現される．

$$\Delta e_{i/k,t} = \alpha_0 + \sum_{h=1}^{n} \alpha_h \Delta e_{h/k,t} + \varepsilon_{i,t} \quad (1)$$

ここで e は為替相場（自然対数），i は各国通貨，k はニュメレール通貨，h は通貨 i が連動するアンカー通貨，n はバスケットを構成すると想定される通貨の数，ε は誤差項である．$\Delta e_{i/k,t}$ は，ニュメレールに対する各通貨の

対数差で，変化率（前期比）を近似している．したがって (1) 式は，対象とする新興国通貨のニュメレールに対する変化率を，バスケットを構成していると見られる複数の通貨の，同じくニュメレールに対する各変化率の加重平均で表現していることになり，そのウェイトを計測することになる[2]．ここでは，アジア通貨を分析するこれまでの先行研究にならい，ニュメレールとしてはスイスフランを用いる[3]．アジア通貨が参照としているアンカー通貨を米ドル，円，ユーロの三大通貨とすると，(1) 式は以下のように表すことができる．

$$\Delta \log e^{Asia/Sfr} = \alpha_0 + \alpha_1 \Delta \log e^{US\$/Sfr} + \alpha_2 \Delta \log e^{euro/Sfr} + \alpha_3 \Delta \log e^{Jpy/Sfr} + \varepsilon_t \quad (2)$$

表 7-4 は，アジア通貨の日次データを用いて，2000 年から 2014 年までのサンプル期間に (2) 式を推計した結果をまとめたものである．これによると，2005 年時点では，多くのアジア通貨でドルと円にそれぞれ連動している，いわゆるドルと円で構成された通貨バスケットを参照とした為替政策を採っていることが示されている．また，2000 年時点ではドルの係数が 1，すなわちドルペッグ政策を採っていた中国は，2005 年 7 月にドルペッグ制から通貨バスケットを参照とした管理フロート制に移行した結果，ドルの係数が 93％ まで下がり，より柔軟な為替政策に移行したことがわかる．リーマンショック直後の 2009 年では，全体的にアジア通貨はドルの動きに連動した為替政策に一時的に回帰したが，2014 年では，中国とインドネシアを除くアジア通貨ではドル連動の割合が低下し，決定係数も下がった．このことは，各通貨がドルとユーロ，あるいはドルと円で構成されたバスケットを参照しながらも，独自の相場変動を許容していることを示唆するものである．

アジア通貨と円との関係に着目して表 7-4 の結果を見ると，リーマンショック以降世界的な金融危機が進行した 2009 年と 2012 年では，円との連動係数が有意にマイナスとなっている通貨がある．例えば，韓国ウォンを例にと

---

[2] 推計された係数 α がどれも有意でない場合は，すなわち完全な変動相場制であると判断される．
[3] ニュメレールの選択肢は一様ではない．これまでの先行研究では，スイスフラン，英ポンド，豪ドル，SDR などが試みられている．

第7章　ユーロ圏危機がアジア通貨にもたらした影響

表7-4　アジア通貨の主要三通貨（米ドル・ユーロ・円）に対する連動性の検証

		中国人民元	韓国ウォン	インドネシアルピア	マレーシアリンギット	フィリピンペソ
2000年	米ドル	1.0000***	1.0030***	1.1109***	1.0006***	1.0875***
	ユーロ	0.0001	-0.1135	0.4315*	-0.0004	-0.2777
	円	-0.0001	0.1361**	0.1390	-0.0004*	-0.0809
	決定係数	1.0000	0.6828	0.4409	1.0000	0.5604
2005年	米ドル	0.9365***	0.5697***	0.7370***	0.9883***	0.8567***
	ユーロ	0.0269	0.1817	-0.0395	0.0157	0.0170
	円	0.0748***	0.2123***	0.1584	-0.0104	0.1147***
	決定係数	0.9608	0.5749	0.3230	0.9398	0.8343
2009年	米ドル	0.9875***	0.7161***	0.9005***	0.8384***	0.9225***
	ユーロ	0.0091*	0.5853***	0.0738	0.3573***	0.1926**
	円	-0.0002	-0.2069***	-0.0838*	-0.1051***	-0.1063***
	決定係数	0.9988	0.2789	0.5841	0.7559	0.6926
2012年	米ドル	0.9981***	0.7124***	0.9820***	0.7393***	0.7188***
	ユーロ	-0.0122	0.0463	0.1435	0.5433**	0.3838**
	円	-0.0220*	-0.0686*	-0.0604	-0.0210	0.0045
	決定係数	0.9717	0.5871	0.7708	0.5928	0.6489
2013年	米ドル	0.9962***	0.7425***	0.9916***	0.8230***	0.8124***
	ユーロ	0.0129	0.3108***	0.0238	0.3811***	0.2848***
	円	0.0011	0.0652*	-0.0423	-0.0382	0.0273
	決定係数	0.9866	0.5989	0.6770	0.5635	0.6721
2014年	米ドル	0.9648***	0.7384***	0.5190***	0.7059***	0.6778***
	ユーロ	0.0230	0.3563***	0.6533*	0.3526	0.4280*
	円	0.0155	0.1149**	0.1510	0.0675	0.0480
	決定係数	0.8743	0.6031	0.2974	0.5171	0.4990

		シンガポールドル	タイバーツ
2000年	米ドル	0.8312***	0.8823***
	ユーロ	0.0687	0.1372
	円	0.1356***	0.1627***
	決定係数	0.9126	0.7111
2005年	米ドル	0.5543***	0.6629***
	ユーロ	0.1452*	0.1068
	円	0.3335***	0.2714***
	決定係数	0.8712	0.8249
2009年	米ドル	0.7795***	0.8422***
	ユーロ	0.3165***	0.1670***
	円	-0.0170	0.0227
	決定係数	0.8115	0.9348
2012年	米ドル	0.5867***	0.5848***
	ユーロ	0.2164	0.1033
	円	0.0834**	0.0906***
	決定係数	0.6959	0.7401
2013年	米ドル	0.6732***	0.7780***
	ユーロ	0.1343***	0.1315
	円	0.1266***	0.0284
	決定係数	0.7436	0.6439
2014年	米ドル	0.7062***	0.8044***
	ユーロ	0.3422**	0.2701
	円	0.1195***	0.0401
	決定係数	0.7054	0.5984

注：***，**，*はそれぞれ有意水準1％未満，5％未満，10％未満を示す．薄いアミの部分は連動係数が有意に推定されたもの，濃いアミの部分はマイナスの連動係数が有意に推定されたものを示す．2014年の結果は2014年7月末までのデータで推定されたものである．分析に用いられた為替データはDatastreamよりダウンロードした．

ると，図7-9 からもわかる通り，リーマンショック後に韓国ウォンはドルに対して減価したのに対して，円は増価しているが，これは韓国ウォン売り，円買いが行われたと解釈できる．すなわち，金融市場でリスク回避度が高まった時期にアジア通貨の円に対する連動係数がマイナスいうことは，ユーロ圏危機時にユーロに対してスイスフランが避難通貨（セーフヘイブン）として買われたのと同様に，円がアジア通貨のセーフヘイブンとなっていることを示唆するものである．最近の研究では，Botman et al.（2013）がリスクオフ時にデリバティブ取引において円買いポジションが積み上がっていることを実証しており，アジアにおけるセーフヘイブンという円の新たな役割が注目されている．2013年以降は，アベノミクスの影響で円安が進んだ結果，韓国ウォンとシンガポールドルでは円の係数がプラス，かつ有意になっており，これらの通貨が米ドル，ユーロ，円という主要三通貨に対して連動する通貨バスケット政策を採っていることがうかがえる．

3.3 アジア通貨の人民元に対する連動性の検証

最近の研究では，前述の回帰式（2）のアンカー通貨に人民元を加えることにより，アジア通貨が人民元に対して安定した為替政策を採っているかどうかを検証しているものがある．実際には，表7-4が示す通り人民元とドルの連動性は極めて高いため，前述の回帰式（2）の説明変数に人民元を加えても統計的に有意な結果を得ることは難しい．アジア通貨がドルとの高い連動性を保っているのは，ドルに連動させることによって人民元に対して安定する為替政策を採っているためと解釈することができるが，ドルに対する連動性と人民元に対する連動性をそれぞれ分けて分析し，両者を比較する試みがなされている．

例えば，Subramanian and Kessler（2012）はあらかじめ人民元をドルのみを説明変数として回帰し，それから得られる残差の系列を人民元のドルに依存しない独自の動きと解釈し，その残差データを人民元として前述の回帰式（2）に加え，回帰分析を行った．しかし，この方法では係数の有意性は検証できるとしても，その大きさを相互に比較することができない．そこで，Subramanian and Kessler（2012）はもう一つの手段として，主要三通貨に

第 7 章　ユーロ圏危機がアジア通貨にもたらした影響

図 7-10　人民元の対ドル為替相場推移

出所：為替データは Datastream による．

　人民元を加えて回帰分析を行うために，人民元が対ドルに対して変動している時期のみをサンプル期間として限定することにした．図 7-10 は人民元の対ドル為替相場の推移を示したものであるが，人民元がドルに対して変動していた時期として，2005 年 7 月 21 日の人民元の為替制度変更直後からリーマンショック前の 2008 年 8 月までと，2010 年 6 月 19 日に中国政府が人民元を再び管理変動相場制に戻すと発表した後の 2010 年 7 月から，直近の 2014 年 6 月までの 2 期間を抽出することができる．

　そこで，この 2 期間について以下の回帰式を推定する．

$$\Delta\log e_{Asia/Sfr,t} = \alpha_0 + \alpha_1 \Delta\log e_{USD/Sfr,t} + \alpha_2 \Delta\log e_{Euro/Sfr,t} + \alpha_3 \Delta\log e_{Jpy/Sfr,t}$$
$$+ \alpha_4 \Delta\log e_{CNY/Sfr,t} + \varepsilon_t \tag{3}$$

　リーマンショックと欧州危機の前後で，(3)式から推定されたアジア 12 カ国の通貨のドルと人民元に対する連動係数がどのように変化したのかをまとめたのが表 7-5 である．これによると，リーマンショック前には 12 カ国中の韓国，シンガポール，ブルネイを除く 9 カ国はドルに対して最も連動して

表7-5 アジア通貨の主要三通貨（米ドル・ユーロ・円）と人民元に対する連動性の検証

連動係数	韓国	インドネシア	マレーシア	フィリピン	シンガポール	タイ
人民元の対ドル相場変動期（2005/7〜2008/8）						
米ドル	0.3852***	0.6809***	0.4577***	0.7829***	0.3143***	0.5239**
ユーロ	0.4512***	0.3527***	0.2998***	0.2175***	0.3317***	0.1463
円	-0.0186	-0.0272	0.0150	-0.0129	0.0521***	0.0241
人民元	0.4741***	0.1082	0.4049***	0.1336	0.3987***	0.3311
決定係数	0.6446	0.4236	0.7314	0.5941	0.8237	0.3657
人民元の対ドル相場変動期（2010/7〜2014/6）						
米ドル	0.0082	0.4352***	-0.0655	0.2488**	0.2724***	0.4491***
ユーロ	0.3365***	0.0657***	0.1996***	0.1553***	0.3166***	0.1762***
円	-0.0102	-0.0159	-0.0468**	-0.0189	0.0927***	0.0272*
人民元	0.6994***	0.5179***	0.9198***	0.6105***	0.3181***	0.3105***
決定係数	0.6491	0.8038	0.7484	0.7864	0.7815	0.8247

連動係数	ブルネイ	カンボジア	ラオス	ミャンマー	ベトナム	台湾
人民元の対ドル相場変動期（2005/7〜2008/8）						
米ドル	0.1472**	1.0322***	0.9391***	1.0329***	1.0650***	0.5653***
ユーロ	0.3851***	-0.0323	0.1122	0.0848**	0.0221	0.1327***
円	0.0286*	0.0385	0.0237	0.0150	0.0062	0.0089
人民元	0.5306***	-0.0420	-0.0196	-0.0974*	-0.0658	0.3341*
決定係数	0.8180	0.6513	0.7695	0.8963	0.9621	0.8326
人民元の対ドル相場変動期（2010/7〜2014/6）						
米ドル	0.0790	0.9297***	1.0369***	0.8750***	1.0148***	0.3459***
ユーロ	0.3783***	-0.0013	-0.0018	0.2578**	0.0134	0.1435***
円	0.0366**	-0.0139	0.0037	0.0535	-0.0025	0.0224**
人民元	0.4823***	0.0844	-0.0400	0.0854	-0.0181	0.4827***
決定係数	0.8075	0.7736	0.9694	0.8914	0.8995	0.8920

出所：***，**，*はそれぞれ有意水準1％未満，5％未満，10％未満を示す．アミの部分は4通貨の中で最も連動係数が大きいものを示す．

いたが，欧州危機勃発後の2010年7月以降は12カ国中7カ国が人民元に対して最も連動している，すなわち人民元をアンカー通貨とした為替政策を採用するようになったことが示された．特に，中国との貿易量が多い韓国，台湾，およびASEAN原加盟国に注目すると，欧米の金融危機を契機にアンカー通貨がドルから人民元に移行しており，アジアでの人民元圏ができつつあることが示唆される．一方で，アジア新興国であるCLMV諸国（カンボジア・ラオス・ミャンマー・ベトナム）では相変わらずドルペッグ政策が続

けられており，今後の動向が注目される．

4. アジア通貨の将来

　アジア通貨の中で唯一ハードカレンシーなのは円でありながら，アジアにおける円の国際化はこれまで進展することなく，アジアでのドル基軸が続いてきた．前述したように，アジアにおける貿易の中心となる中国がドルペッグに近い為替政策を採っており，その他の国もドルの連動性が高かったため，アジア全体がドルを貿易建値および貿易決済通貨として利用することがどの国にとっても合理的な選択であった．しかし，ユーロ圏危機が深刻化し，世界的な金融危機が蔓延するなかでドル資金の流動性制約が高まり，国際的にドル資金の調達が困難になったことを受けて，アジアのドル基軸に対する疑念が生じるようになった．世界的な金融危機によるドル資金の逼迫に直面したとしても，アジア域内の貿易取引などの実体経済に悪影響を及ぼすことを防ぐためには，アジア諸国がアジア通貨で様々な国際的取引を行うようにすることが望ましいだろう．

　近年，中国は人民元の国際化を積極的に推進している．まず，中国人民銀行は 2008 年 12 月以降，韓国，香港，マレーシア，ベラルーシ，インドネシア，アルゼンチンの 6 カ国・地域との間で合計 6,500 億元の人民元建て通貨スワップを締結した．この目的は短期流動性支援，貿易決済，投資決済など締結国によりそれぞれで若干異なっているが，通常は短期流動性支援を目的とする通貨スワップに貿易金融としての用途を付与した点に独自性がある．通常，通貨の国際化は当該通貨に係る規制緩和と金融・資本市場の整備・開放が条件となるが，中国は多くの資本規制を残したまま人民元国際化の一環として，人民元建てクロスボーダー貿易決済を 2009 年 7 月に一部解禁し，元決済の試行を開始した．こうした人民元の国際化政策に伴い，元建て貿易取引のシェアは中国・香港間の貿易において近年急増しているが，世界全体でみるとまだわずかである．SWIFT（国際銀行間通信協会）によると，世界全体で決済に使われる通貨として，人民元の比率は 2013 年 6 月に 0.87％であり，2011 年 6 月時点での 0.24％ から大きく増加したが，米ドルやユー

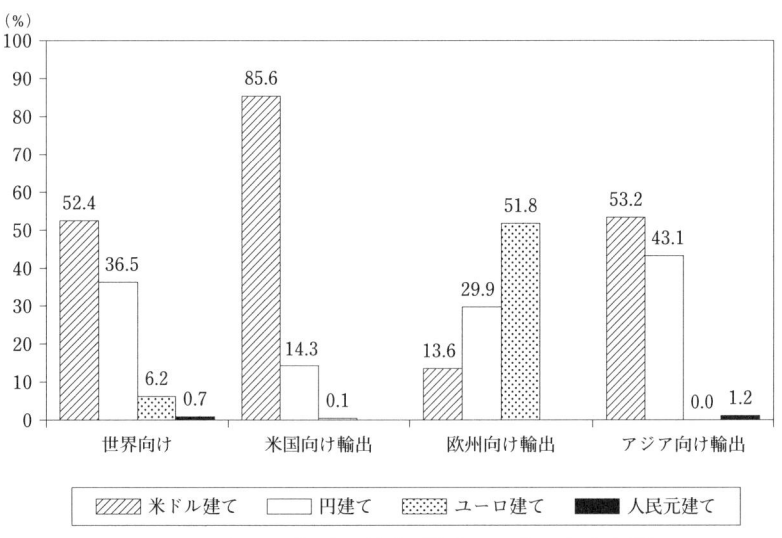

図7-11 貿易取引通貨別比率（輸出：平成26年上半期）

出所：財務省貿易統計.

ロの各36%，円の2.7%にはまだ及ばない（SWIFT 2014）.

　それでは，円建て取引の現状はどのようになっているだろうか？Grassman（1973）がまとめた貿易建値通貨（インボイス通貨）選択における古典的な定型化された事実（Classical Stylized Facts）によれば，貿易建値通貨として，①先進国間の貿易であれば輸出国通貨建てが使われる，②発展途上国と先進国間の貿易では先進国通貨建てが使われる，③貿易財の種類で分けた場合に，差別化された財，競争力のある財の貿易では輸出国通貨建てが使われるが，同質的な財，その財の商品取引市場がある財についてはドル建てが使われる，という傾向がある．図7-11は，財務省が公表している貿易統計の平成26年（2014年）上半期のデータに基づき日本の輸出地域別の貿易取引通貨別比率をまとめたものである．これによると，米国向け輸出は，85.6%がドル建てで行われており，円建てはわずか14.3%となっている．欧州向け輸出は，約半分がユーロ建て，3割が円建てである．アジア向け輸出では，上述の古典的な事実に当てはめれば先進国・新興国間の貿易ということで円建てが多くなるはずだが，ドル建てが53.2%と円建ての43.1%を

第7章　ユーロ圏危機がアジア通貨にもたらした影響

表7-6　国際通貨の機能

国際通貨の機能	民間利用	公的利用
交換手段	貿易建値・決済通貨 為替媒介通貨	介入通貨
価値の尺度	国際商品の価格表示	為替制度のアンカー通貨
価値の貯蔵	調達通貨 投資通貨	準備通貨

出所：European Commission（2002）．

上回っているというのが日本の特徴である[4]．また，近年国際化が急速に促進されている人民元建てについては，日本からの対世界輸出において0.7%，アジア向け輸出において1.2%と過去最高のシェアとなっているが，全体に占める割合は依然として小さい．

　前節での為替政策のアンカー通貨という観点からは欧米での金融危機を契機に徐々に人民元を重視する政策に変化していることが確認されたが，アジアにおける貿易建値，決済通貨や外貨準備保有通貨としてのドル基軸が今後徐々に変化していく場合に，その代わりとして使われるようになる通貨は円と元のどちらになると考えられるだろうか？　国際通貨には貨幣の3機能と同様に交換手段，価値の尺度，価値の貯蔵という三つの機能がある（表7-6）．これに基づき，円と元の現在を評価してみよう．交換手段の機能で比較すると，貿易建値や決済通貨での利用については，現時点では円が元に比べればより使われている．為替媒介通貨ということでも，例えばユーロ円取引は世界の為替市場で取引されている．中国は2012年6月に円元直接取引市場を開設し，その他のアジア通貨や豪ドルに引き続き，2014年6月にはロンドンでもポンドと元の直接取引を開始した．このように，元を媒介通貨と

---

[4]　Ito *et al.*（2010a, 2010b）によると，日本とアジアの貿易は，アジアで製造し，そこから現地顧客に販売する，あるいはその他のアジア諸国や欧米に輸出するといったような本社・子会社間のプロダクション・ネットワークが構築されている．この場合に，インボイス通貨をドルで統一することにより，本社が子会社の為替リスクを負担し，本社・子会社間の取引を相殺することが可能となる．このように，アジアにおけるインボイス通貨としてドル建てを選択することは，日本企業にとって効率的，かつ合理的な選択であり，その結果として，アジアにおける日本企業の貿易取引はドル建ての割合が非常に高くなっている，ということをアンケート調査を用いた実証分析で明らかにしている．

した取引は始まったばかりである．

　価値の尺度からは，為替制度のアンカー通貨としての役割は，第3節で行った回帰分析結果からも明らかな通り，多くのアジア通貨は欧米の金融危機を契機にアンカー通貨をドルから人民元に移行している．これに対して，円をアンカー通貨の一つとしているのは一部のアジア通貨に限られており，その割合も大きくない．

　価値の貯蔵からは，アジア諸国の外貨準備の大半はドル債券で運用されていることは周知であるが，前掲の図7-8で示されているように，近年はアジア諸国の日本国債への投資が急増している．IMFのCCOFER（Currency Composition of Official Foreign Exchange Reserves）に基づくと，新興国の外貨準備の通貨構成においてドルは支配的な存在であるが，ユーロが登場した2000年代以降徐々に多元化が進んできた．外貨準備におけるドルのシェアは2000年に74.9％であったが，2009年には58.6％まで低下し，代わりにユーロのシェアが18.0％から30.2％まで上昇した．しかし，2011年以降は欧州債務危機を背景に，ユーロのシェアは2014年第1四半期には24.5％と低下している．2000年代の円のシェアは，ほぼ2％台であったが，2014年第1四半期にはユーロのシェアの下落を受けて，4.0％に上昇している．中国への証券投資は，近年香港を通じて急増しているものの，資本規制により制限されており，外貨準備の正式な運用対象にはなっていないことを鑑みると，価値の貯蔵の準備通貨としての役割ではまだ円に軍配が上がるだろう．

　一方で，オフショア人民元の取引額は人民元の直接取引市場開設に伴い急増しており，オフショア人民元建て預金が香港のみならず世界的に急拡大している[5]．SWIFTの報告書（2014）によれば，世界における決済通貨のなかで人民元が占める割合は2013年1月には13位（0.63％）だったが，2014年1月には7位（1.79％）と急速に順位を上げている．現時点で，円と元のどちらがアジアの新たな基軸通貨になりうるか，という答えを出すことはできない．しかし，少なくともこれまでアジア諸国がドルに任せてきた機能の

---

[5]　上海市場で人民元との直接取引が行われているのはオーストラリアドル，ニュージーランドドル，円，米ドルで，2014年には英ポンドは追加された．

一部を円や元が担うようになってきていること，さらにタイバーツが近年ASEAN 域内貿易での建値のシェアが高まっていることなど[6]，ドル基軸が今後変わりつつある点に注目したい．

5. おわりに

　円の国際化推進は 1980 年代から始まっていたが，円の運用や調達に対する規制や税制上の障害が取り除かれても，円の利用はアジアでは限定的であった．ドルは，多くの人が利用することでさらにその利便性が高まるというネットワーク外部性により，これまでアジア域内の貿易や投資でも圧倒的なウェイトを占めてきたが，今回のユーロ危機がもたらした世界的なドルの流動性危機は，アジア諸国が本気で自国通貨の利用を高めようとする契機になっている．それとともに，アジアにおいて円が担う役割が徐々に大きくなっていることは，日本経済にとっても望ましいことである．

　2013 年 5 月に米国の量的金融緩和政策 QE 3 の縮小が示唆されると，アジア新興国の通貨市場と株式市場からの資金流出が起こった．こうしたリスクオフ時にアジア新興国からの資金流出が起こると，日本円はセーフヘイブン通貨として上昇圧力が強まる．アジアに投資したお金を一時的に日本に回避し，リスクオンになればまた円からアジア通貨に投資される，という状況は当面続くかもしれない．しかし，アジアのなかのセーフヘイブンとしての円の存在が，リスクオフ時の一時的な避難通貨ではなく，外貨準備のポートフォリオの一つとして長期的に保有する準備通貨となり，そのシェアを高めるようにするためには，日本経済の復活と財政改革が急務となろう．アジアに展開している日本企業がこれまで円建て取引を行ってこなかった第 1 の理由は，アジア通貨に対する円の乱高下が激しいから，と言われる．その意味では，今後，円を中心としてアジア通貨，域内通貨を安定させる域内為替協調

　6）　例えば，タイ中央銀行のデータによると，2012 年のタイから ASEAN 向け輸出の通貨別建値シェアは米ドル 76.8％，円 2.9％，バーツ 17.4％，シンガポールドル 1.1％，マレーシアリンギット 0.6％ となっており，特にバーツ建ては近年タイ周辺の新興国向け貿易で利用されている．

が重要になる.

　反面,人民元はドルに対して安定した為替政策をとってきたため,ドルに連動した為替政策を行ってきた周辺のアジア諸国は,徐々に人民元に連動した為替政策に移行しつつある.McKinnon and Schnabl (2014) が指摘するように,中国は今やアジア域内での最大の貿易国である.かつ,日本を含めたアジア諸国からの中間財貿易により,部品を輸入して欧米市場に完成品として輸出するというアジア全体の輸出のプラットフォームになっていることから,人民元を中心としてアジア通貨が安定していることは,アジア経済の発展に大きく貢献するものとなっている.これまでのドル円相場の乱高下,リーマンショック後の円高は,多くの日本の製造業にアジアへの生産拠点移転を促し,結果的に,中国と日本を中心とする広大なアジア生産ネットワークが構築された.その意味では,今後アジア経済が安定的に成長するためには,人民元と円を中心として,アジア通貨,域内通貨を安定させる域内為替協調が重要となる.

　将来的に,アジアでユーロのような地域通貨を作るという可能性も否定できないが,これまでのユーロ導入の歴史を振り返ると,欧州ではドル中心ではなく,ドイツマルクという欧州通貨中心の通貨体制が築き上げられ,その先にユーロが誕生したという経緯がある.したがって,アジアで共通通貨を作るということを最終的な目標として考える場合にも,現在のようなドル基軸からではなく,まずはアジア通貨を中心として貿易決済や貯蓄・投資が行われる通貨体制を築き上げることが大切になるだろう.

参考文献

Botman, Dennis, Irineu de Carvalho Filho and W. Raphael Lam (2013), "The Curious Case of the Yen as a Safe Haven Currency: A Forensic Analysis," IMF Working Paper, WP/13/228.

European Commission (2002), "The Euro Area in the World Economy–Development in the First Three Years," Euro Papers, No. 46, July 2002.

Frankel, Jeffrey A. and Shang-Jin Wei (1994), "Yen Bloc or Dollar Bloc? Exchange Rate Policies of the East Asian Economies," in Takatoshi Ito and Anne

O. Krueger eds., *Macroeconomic Linkage: Savings, Exchange Rates, and Capital Flows*, University of Chicago Press.

Grassman, Sven (1973), "A Fundamental Symmetry in International Payment Patterns," *Journal of International Economics*, Vol. 3(2), pp. 105-116.

He, Dong and Robert N. McCauley (2013), "Transmitting Global Liquidity to East Asia: Policy Rates, Bond Yields, Currencies and Dollar Credit," BIS Working Paper, No. 431.

Ito, Takatoshi, Satoshi Koibuchi, Kiyotaka Sato and Junko Shimizu (2010a), "2009 RIETI Survey on Currency Invoicing and Exchange Rate Risk Management of Japanese Firms," RIETI Discussion Paper, No. 10-J-032.

Ito, Takatoshi, Satoshi Koibuchi, Kiyotaka Sato and Junko Shimizu (2010b), "Why Has the Yen Failed to Become a Dominant Invoice Currency in Asia? A Firm-Level Analysis of Japanese Exporters' Invoicing Behavior," NBER Working Paper, No. 16231.

McKinnon, Ronald and Gunther Schnabl (2014), "China's Exchange Rate and Financial Repression: The Conflicted Emergence of the Renminbi as an International Currency," CESifo Working Paper Series, No. 4649.

Subramanian, Arvind and Martin Kessler (2012), "The Renminbi Bloc Is Here: Asia Down, Rest of the World to Go?" Peterson Institute for International Economics Working Paper 12-19.

SWIFT (2014), "Chinese Renminbi Overtakes the Swiss Franc as a World Payments Currency," Press release, 27 Feb 2014. http://www.swift.com/assets/swift_com/documents/products_services/RMB_tracker_February2014_final_sdc.pdf

清水順子 (2012), 「アジアにおけるマネーフローと通貨選択」貝塚啓明・財務省財務総合政策研究所編『国際的マネーフローの研究——世界金融危機をもたらした構造的課題』中央経済社, 第6章.

清水順子 (2013), 「ユーロ圏危機がアジアの通貨に及ぼす影響」『日経研月報』第426号 (2013年12月号).

終 章
総括及びユーロの今後の行方

小 川 英 治

1. はじめに

　本書は,「ユーロ圏危機と世界経済」というメインテーマの下に8人の研究者がユーロ圏における財政危機とそれに伴う金融危機, そしてそのヨーロッパ経済のみならずアジア経済への影響, さらにはEUとユーロ圏における対応に焦点を当てて, 論文を執筆した. 本章では, これらの8本の論文に基づいて, ユーロ圏危機とその影響と対応について総括するとともに, ユーロ圏及びユーロの今後の行方について論じる.

2. ユーロ圏における財政危機とその対応

　序章「ユーロ圏における財政危機とその対応」(小川英治) は, ギリシャに始まるユーロ圏諸国の財政危機の背景と原因を, グローバル・インバランス及び世界金融危機にまで遡りながら考察した. そのうえで, ギリシャにおける財政危機の問題の本質, そして, ギリシャから他の南欧諸国などへの財政危機の波及のメカニズム, さらに, これらへの対応について検証した.
　世界金融危機直前の2000年代半ばにおけるグローバル・インバランスは, アメリカにおける基本的な貯蓄不足のなかでの住宅投資ブームへの資金調達が, サブプライム・ローンの証券化商品への投資という形で欧州の金融機関

によって支えられた[1]．欧州連合（EU）の中では，それぞれの国が経常収支不均衡を抱えているものの，EU 全体では経常収支はそれほど大きな黒字となっていない．欧州の金融機関は，中国や日本と並んで大きな経常収支黒字を計上している石油輸出国からその資金の調達をしていた．しかし，いったん住宅ブームから変容した住宅バブルが崩壊すると，サブプライム・ローンとともにそれを担保としている証券化商品も不良債権化することとなった．そのため，アメリカのみならず欧州の金融機関もバランスシートを棄損することとなった．これは，政府による資本注入によって対応せざるを得なくなった．同時に，G20 において世界同時不況に対する対策として財政刺激が国際政策協調としてとられ，先進諸国は財政赤字を増大させることとなった．

このような状況のなかで，ギリシャの財政当局の信認が失墜する事態となり，国債の借換えが市場参加者によって受け容れられないかもしないという懸念が財政危機を発生させることとなった．Reinhart and Rogoff（2009）が指摘するように，国債バブルから国債バブル崩壊への複数均衡のシフトとして財政危機が発生したのである[2]．それまで，ユーロ導入の経済収斂条件である，財政赤字の対 GDP 比 3% がギリシャによって順守されていなかったにもかかわらず，市場参加者によってそのことが問題視されず，財政危機を発生させることなくきたギリシャにおいて，財政当局の信認が失墜することによって，複数均衡間のシフトが発生したのである．このような複数均衡間のシフトは，財政当局の信認が脆弱な国々へ波及し，次々と財政危機に直面することになった．これがギリシャにおける財政危機の本質と財政危機の波及メカニズムである．

これらを考慮に入れると，直接的には，財政当局の信認が失墜したユーロ圏諸国が導入しているユーロ及びその通貨同盟に問題があるわけではなく，ユーロ圏の一部の諸国政府に財政規律が欠如していたことが問題であった．確かに通貨主権のみ統合し，財政主権を統合していない通貨同盟は片肺飛行を行っているようなものであるが，ユーロ圏における財政危機の本質は，一部の国の財政規律の欠如にある．財政規律が欠如していることによって財政

---

1) 小川（2013）．
2) 小川（2012）．

危機に直面した国を，EUあるいはユーロ圏という経済・通貨同盟のなかで面倒を見なければならないという状況が，リスボン戦略の下で生産性を高めるべく努力し，かつ，財政上健全な国に財政危機に直面した国を救済させるという負担を強いることと，それによって財政危機に直面した国が救済されることが前提となってしまいモラルハザードを起こしていることが，問題の本質である．

このような考察から，財政危機に対する問題解決策のための3点セット（①財政再建，②債務削減，③金融機関へのセイフティネットの提供（欧州中央銀行（ECB）による国債の買上げや，欧州金融安定ファシリティ（EFSF）や欧州安定メカニズム（ESM）による資本注入など））がとられているが，本質的には欠如している財政規律を確立して，財政当局の信認を回復することが必要である．そのためには，財政再建に関する頑健な計画を可視的に提示し，強力に着実に実行していくことが第一である．しかし，ユーロ圏における財政危機が発生した当初においては，③金融機関へのセイフティネットが整備されていなかったために，②債務削減を実現できず，ギリシャへの第1次金融支援に際しては，①財政再建のみに依存したために，ギリシャの危機を深刻化するとともに，他の国への波及を促してしまった．

さらには，財政主権の統合を欠いたEUの「経済・通貨同盟」の問題点が指摘されることから，この財政安定化同盟は，EUにおける経済統合の新たな段階に向けての動きにつながっていくことが求められる．そして，「財政安定化同盟」が将来において真の意味での「財政同盟」に向かって深化していくことになれば，通貨主権とともに財政主権をEUに委譲した，Balassa（1961）が言う「完全な経済統合」に近づいていくであろう．

3. 金融危機としてのユーロ圏危機

第1章「金融危機としてのユーロ圏危機」（鯉渕賢）は，ユーロ圏危機を金融危機とみなす視点から，三つの主要な論点について考察を行った．第1に，ユーロ圏危機の背後には，1999年のユーロ導入以降の域内の経常収支インバランスの拡大があり，その原因として，ユーロ圏域内国間の生産性格

差や放漫財政による財政規律の欠如などのサプライサイドの要因だけでなく，それを仲介した民間金融部門のクロスボーダーバンキングという金融面の要因が重要であったことを指摘した．第2に，2007年から2009年にかけての世界金融危機の顕在化以降の，ユーロ圏内周辺国への民間資金フローの反転について論じた．特に欧州銀行によるクロスボーダーの国債保有の解消が，ギリシャ問題の深刻化を一つの契機としてどのように起こったかを明らかにした．第3に，ECBによる証券市場プログラム（SMP）と長期資金供給（リファイナンス）オペレーション（LTRO）が欧州銀行部門にもたらした効果を検証し，金融システム安定の目的の下で，金融危機時に通貨同盟の中の中央銀行が担いうる役割について論じた．

経常収支インバランス拡大の金融的側面については，欧州主要銀行による積極的なクロスボーダーバンキングに目を向けなければならない．ユーロ導入に前後して，英国を含むEU各国の大手銀行の国境を越えた業務拡大が加速した．ユーロ導入による為替リスクの消滅によって，クロスボーダーの証券取引，相手国への現地法人・支店の開設を通じた融資業務が積極化した．これらのクロスボーダーの金融活動は，不動産バブルによる建設・不動産向け融資の資金を提供し，大きな資金フローが周辺国国債の購入を通じて行われた．このユーロ圏内各国政府の国債保有により，ユーロ圏内の大手銀行が周辺国の財政部門への直接的なエクスポージャーを高める状況が常態化した．その結果として，ユーロ圏諸国の国債利回りが収斂した．ユーロ圏諸国の国債利回りは，ベンチマークとなるドイツ国債利回りの近傍で収斂し，世界金融危機までこうした収斂が常態化していた．

このような状況のなかで，ギリシャの財政危機によってギリシャ国債の債務再編比率（ヘアカット率）が漸次的に上昇したことによって，ユーロ圏加盟国国債への投資家は，財政危機国の国債について新たな認識を持つようになったと指摘した．第1は，ユーロ圏加盟国からの救済策による財政危機国への財政移転が，最小限に限定されたものであることである．第2に，危機国あるいは潜在的な危機国の国債の利回りが急上昇しても，ECBによるSMPを通じた危機国国債の直接購入の実行が，極めて限定的であることが認識されたことである．第3に，民間部門の関与（PSI）の下で，民間部門

が保有する国債が公的部門の保有国債に劣後することによって，民間部門が非対称に大きな負担を担うことが明らかになったことである．

　以上の三つの状況が認識されると，ユーロ導入以来の積極的な欧州銀行のクロスボーダー国債保有行動を，根本的に変化させる契機となった可能性がある．危機国としてのギリシャ国債のみならず，潜在的な危機国としての他のユーロ圏諸国の国債のソブリン・リスクを顕在化し，これらの国債の売却圧力をもたらし，リスク・プレミアムが高まった．このように，それまで積極的であった欧州銀行部門によるクロスボーダーの国債保有行動に根本的な変化が生じ，潜在的な危機国の国債をも売却するという急激な解消のプロセスが発生した可能性がある．

　この可能性を所与とすると，財政再建やデフレーションによる競争力の強化といったサプライサイドの施策だけではない金融危機対応の施策が求められる．そのなかには，金融監督体制の強化とともに，中央銀行による金融システム安定のための政策が含まれる．実際に，2011年まで小規模ではあるが継続的に行われていたSMPは，イタリアやスペインの国債の利回りを一定のターゲットにまで低下させることに効果を発揮した．ECBによる総額1兆ユーロ規模のLTROは，ユーロ圏の危機国の国債利回りを一定期間以上押し下げることができ，ユーロ圏危機を鎮静化させる効果をもたらした．

　さらに，2012年9月に公表された特定国の国債の国債購入プログラム（OMT）は，ユーロ圏諸国に対しEFSFやESMによる支援を要請した危機国が，支援の前提となる財政再建等に取り組むことを条件として，ECBが危機国の国債を無制限に購入するというプログラムであるが，このOMTが発表された2012年9月以降，ユーロ圏危機国の国債利回りが急速に低下した．ECBが段階的に銀行部門への大規模な流動性供給及び国債購入プログラムを履行・表明することにより，拡大していた中核国と周辺国との間の国債利回りの乖離が急速に縮小した．このことは，金融システム安定の役割が，ECBのような通貨同盟の中央銀行の金融政策に盛り込まれることが重要であったことを示唆した．

4. ユーロにおける金融規制とユーロ圏危機の影響

　世界金融危機以降，金融危機を防止するために金融規制が様々な形で大きく改正されたものの，ユーロ危機が勃発し，欧州では危機を乗り越えるために必要な制度，規制が整備されることになり，金融をとりまく状況は大きな変化をとげた．**第 2 章「ユーロにおける金融規制とユーロ圏危機の影響」（佐々木百合）**は，この変化を振り返り，新しい金融規制，制度がどのように改正されたのかを欧州に焦点をあてて考察した．

　2008 年の世界金融危機後，EU は他国と協調しつつバーゼル III の作成と導入を進めてきた．そしてそれと並行して，米国，英国と同様に EU もまた独自の規制改革を行った．2008 年 8 月の監督カレッジの導入，証券化商品のリスク管理強化などを経て，2009 年 2 月のド・ラロジェール（de Larosière）報告において，EU 全体の規制の見直しと，新しく統合された監督体制が提案された．それには，新たなマクロプルーデンスに関する監督機関の創設と，これまでのミクロプルーデンスに関する監督機関の改組を含む．これらをあわせて欧州金融監督制度（ESFS）と呼ぶ．これはミクロ面，マクロ面をまとめてパッケージ法案として，2010 年 9 月 22 日に欧州議会で可決され，2010 年 11 月 17 日に理事会で最終的に採択された．

　マクロプルーデンス監督については，2010 年 12 月に欧州システミックリスク理事会（ESRB）が設立された．その目的は，早期にシステミックな脅威をみつけること，そしてそれに対処し，コントロール不能なインパクトを抑えていくことである．つまり，マクロレベルの金融機関の健全性をチェックし，全システム規模のリスクを管理し，早期警戒システムを発動することである．

　マクロプルーデンスを実際に評価する方法として，ECB が作成しているシステミック・ストレス指数（CISS）がある．CISS とは，ECB によって作られた，金融市場におけるシステミックリスクをとらえるための新しい指数のことである．この指数は，15 のストレス指標をベーシックなポートフォリオ理論をもとに組み合わせたものである．CISS の動向を見ると，2008 年の金融危機の際に上昇した後，2011 年に再び上昇したものの，現在ではそ

の値は 2008 年の危機前の状態にまで戻っていることがわかる．

　ミクロプルーデンス監督については，これまでもすでに監督を行ってきているため，既存の機関を再構築した形になっている．欧州監督当局（ESAs）が，従来の欧州銀行監督当局委員会（CEBS），欧州保険企業年金監督当局委員会（CEIOPS），欧州証券監督当局委員会（CESR）を改組したEBA（欧州銀行当局），欧州証券及び市場当局（ESMA），欧州保険・年金当局（EIOPA）の三つの監査機関をもつ形になっている．

　2012 年 6 月に開かれた EU 首脳会議で提案された銀行同盟は，時期的にも内容的にもユーロ危機の影響を受けて出てきたものと言っていいだろう．その会議では，銀行同盟，財政同盟，経済同盟，政治同盟という四つの面からユーロ域内の統合を進めることが合意され，債務危機の対応はもちろん，信用回復や，今後の成長と雇用の促進のための対策がとりいれられた．その後，EU の経済財務相理事会は，2012 年 12 月に，ユーロ圏の銀行監督を ECB に集中させる単一監督メカニズム（SSM）の法案に合意した．銀行監督を EBA に任せるか，ECB に任せるかは議論となったが，結局は ECB が監督することになった．

　破綻処理は，「銀行再生・破綻処理指令」による EU 加盟国の破綻処理ルールの共通化が進められ，破綻処理委員会と基金からなる共通の破綻処理メカニズム（SRM）が 2015 年 1 月から導入される．

　最も合意が難しいのは預金保険の一元化で，預金保護などの基準はそろえるが，域内の預金制度を統一するのはかなり先になるのではないかと考えられている．ベイル・インのガイドラインとしては，10 万ユーロ以下の預金は全額保護する，個人，中小企業預金，欧州投資銀行（EIB）への返済は優先するなどといった部分で合意しているという．スペインのようにユーロ危機後の銀行再編が必要とされる国にとっては銀行同盟が実効的に行われることにより，銀行への信頼をとりつけることができるため，特にこの銀行同盟の早期成立が期待されている．

5. ユーロ圏危機への法的対応

　第3章「ユーロ圏危機への法的対応」(中西優美子)は，なぜギリシャ危機及びそれに端を発するEUの金融危機が起こったのかを踏まえた上で，ユーロ圏危機に対してEU（及びEUの諸機関）とその構成国がどのような法的措置をとってきたのか，また，とりつつあるのかを，とくに，権限にかかわる法的諸問題に留意しながら，法学的アプローチにより考察している．そこでは，法的な対応措置を救済措置，再発防止措置，金融の監督・安定化措置に分けて考察した．

　債務危機に対する救済措置については，欧州安定化メカニズム（ESM）条約及びECBによる流通市場でのユーロ圏の国債を購入する国債購入プログラム（OMT）を取り扱った．特に，ESM条約については，ドイツ連邦憲法裁判所による合憲判決に関して詳細に説明がなされた．

　また，金融危機の再発防止措置については，欧州委員会主導によるユーロ圏の経済ガバナンスの強化のための五つの規則と一つの指令（シックスパックと呼ばれる）と，ユーロ圏構成国の予算案のモニタリング等の諸規則（ツーパックと呼ばれる），ユーロ圏EU構成国自らの主導によるTSCG（経済・通貨同盟における安定，調整及びガバナンスに関する条約），財政規律条約及びヨーロピアン・セメスターを取り扱った．

　さらに，金融の監督・安定化措置については，真の経済・通貨同盟（①銀行同盟，②財政同盟，③経済同盟，④政治同盟の四つのブロックから構成），銀行同盟（①単一監督メカニズム，②単一破綻処理メカニズム，③預金保険制度から構成），欧州金融監督制度及び金融取引税の導入を取り扱った．

　それらの措置はそれぞれ単独に存在するのではなく，有機的に結びついている．また，それらの措置は，欧州委員会，理事会，ECB及び下部機関並びにEU構成国が，それぞれに与えられた権限を最大限に用いつつ，ユーロ圏危機に対応した結果でもある．それらを通じて，欧州統合のなかでの最大の危機の一つと捉えられるユーロ圏危機への，EU及びその構成国の危機対応能力のしなやかな強靭さ並びにそれを支える法制度を提示した．

　金融危機に対処し，また再発を予防するために，金融危機後，多くの措置

がとられてきた．その措置は，多段階統合の一形態である，EUの枠外における国際条約（ESM条約，TSCG）及びEU機関が採択した措置である．EUの措置は，規則，指令，決定，さらには先行統合の措置にまで至る．また，行動する主体も，欧州委員会及び理事会のみならず，構成国，欧州首脳理事会議長（真の経済・通貨統合の提案），欧州中央銀行，さらに新たに設立された数多くの下部機関となっている．さらに，それらの条約や措置がEUの権限，構成国の権限，ECBの権限，下部機関への権限付与，EU法あるいは憲法との合憲性の問題，民主主義的意思決定の不足などのさまざまな法的問題を生じさせている．EU司法裁判所のみならず，ドイツ連邦憲法裁判所など国内裁判所までも合憲ぎりぎりの判断を行ってきた．また，現在裁判所に係属中のものもあり（OMTなど），今後新たに提訴される可能性もあると指摘した．

6. ユーロ圏の最適通貨圏の再検証

　ユーロ圏諸国の間では，ドイツをはじめとする西欧では経常収支が黒字で推移する国が多い一方，南欧諸国では経常収支赤字を抱える国が多い．西欧諸国と南欧諸国との間で発生する競争力の格差は，ユーロ圏諸国が抱える構造的な問題であり，非対称性ショックによるものと言える．しかし，Mundell（1961）が提唱した最適通貨圏理論では，非対称的なショックが発生しないことが最適通貨圏の最も重要な決定要因とされている．**第4章「ユーロ圏の最適通貨圏の再検証」（王志乾）**は，ユーロ圏，特に，南欧諸国がユーロ圏のコア国と最適通貨圏を形成しているか否かについて，一般化購買力平価モデル（G-PPPモデル）を利用して再検証した．

　G-PPPモデルは，各国実質為替相場の長期における定常性に注目している．G-PPPモデルにより，経済構造が比較的同質で生産要素の移動性が高い国の間で，各国の基軸通貨に対する実質為替相場は長期にわたって共通のトレンドに含まれる．経済構造の類似性という観点から，国と国との間で発生する供給ショックが対称的であり，各国の産出水準は共通のトレンドに従うと考えられる．したがって，複数の国の間でG-PPPモデルが成り立つか

否かを検証することによって，これらの国は最適通貨圏を形成し得るか否かを確認することができる．最適通貨圏を形成し得る国々の実質為替相場は，長期的に安定した均衡状態に収束する．各国の実質為替相場に含まれる共通要素の検出には，共和分検定といった分析手法が用いられた．

ユーロ圏危機の時に，ユーロ圏の中で最も注目が集まったのはユーロの初期メンバーのうち4カ国（ポルトガル，アイルランド，スペイン，イタリア）及びギリシャであったため，実証分析の対象をユーロ圏発足当時の11カ国及びギリシャの12カ国に限定した．さらに，経済ショックの非対称性という観点から，実証分析の対象は5カ国の危機国（ポルトガル，アイルランド，スペイン，イタリア，ギリシャ）とその他のコア諸国の7カ国（ドイツ，フランス，ベルギー，オランダ，ルクセンブルク，オーストリア，フィンランド）に分類し，5カ国の危機国のそれぞれが，コア諸国との間で最適通貨圏の条件が満たされているのかを検討した．

31通りの組み合わせのうち，各系列が長期均衡関係に含まれることについてのテストでは，有意性が確認されたのは26の組み合わせであった．また，各系列の定常性における共和分ベクトルとの関係についてのテストでは，有意性が確認されたのはすべての組み合わせであった．さらに，各系列が長期均衡関係に対して弱外生性を持たないことについては，31通りの組み合わせのうち，8の組み合わせで有意であることが確認された．一方，3つの補足テストにおいて，有意性が同時に確認できたのはギリシャ，ポルトガルとコア諸国との組み合わせ，ギリシャとコア諸国との組み合わせ，イタリアとコア国との組み合わせ及びスペインとコア諸国との組み合わせであった．これらの分析の結果から，コア諸国と1国だけ加わって最適通貨圏を形成することができるのはギリシャとイタリアとスペインとし，アイルランドとポルトガルはコア諸国と最適通貨圏を形成することができないと結論した．

7. ユーロ圏危機が世界のマクロ経済に及ぼす影響

第5章「ユーロ圏危機が世界のマクロ経済に及ぼす影響」（中村周史）は，ユーロ圏危機がどのように世界と繋がっており，その結果どういった影響を

世界経済へ及ぼしているのか，また及ぼしうるのかについて焦点を当てて，考察した．まずユーロ圏と世界経済の関係についてデータと共に概観し，貿易を通じた実体経済への影響のみならず，金融面における関係に焦点を当てて，ユーロ圏危機が世界のマクロ経済に対して及ぼす影響について整理した．なかでも，欧州金融機関が進出し，多額に貸し込んでいた中東欧諸国に対して，資金引揚げという形で最も深刻な影響を及ぼしたことを明らかにした．さらに，中南米には金融取引関係を通じて，アジアには貿易取引関係を通じて，ユーロ圏危機の影響が及んだことを考察した．

ユーロ圏危機が世界経済に対して及ぼす最も端的な影響は，ユーロ圏諸国の内需が縮小することによって輸入の減少が生じ，取引相手国の実体経済に直接的に影響するという貿易チャネルによるものである．2012年時点において，EU 27カ国で世界全体の輸入の3割超を担っている．世界経済におけるその存在は，非常に大きいものである．また，2011年に比べ2012年時点でEUの輸入総額が約3,834億米ドルも減少した．実際，現在の世界経済において，特に新興国を中心にその景気の拡大が鈍化し，緩やかなものとなっている一因として，このユーロ圏をはじめとするEU諸国での需要の減退と低迷がしばしば指摘されている．

金融危機としての側面を強く持つユーロ圏の危機は，当該地域の銀行の与信行動によっても世界経済に影響を与えている．2011年に再燃した欧州のソブリン・リスクの深刻化は，こうした国々への債権を多く持つユーロ圏の銀行に対する懸念を高め，米銀や邦銀はその与信を圧縮した．この事態は，2011年半ばから年末にかけてインターバンク市場金利を上昇させることへと繋がり，米銀や邦銀と比較して相対的にインターバンクや銀行債発行による資金調達の比重が高いユーロ圏の銀行は，その資金調達，特に米ドルの資金調達環境を大きく悪化させることとなった．そうしたなか，行われたのは域内だけでなく域外に対する銀行資産圧縮による「デレバレッジ」である．

ユーロ圏の危機の影響が最も深刻である地域として考えられるのは，そのユーロ圏域外周縁に位置する東欧諸国である．近年のEU拡大による経済の統合は，多くの経済的障壁を排除し，モノやカネの流れを加速させ，その結果ユーロを採用していない東欧諸国においても，その関係を貿易・金融の両

面から極めて強く結びつけることとなった．東欧新興諸国はこうした経済構造のため，特に高い不良債権比率を抱えてしまった国々は，家計の消費や対内直接投資といった内需の回復が遅れ，経済成長の低迷に直面している．また，南欧のユーロ圏を中心とする欧州の重債務国である GIIPS（ギリシャ，イタリア，アイルランド，ポルトガル，スペインの頭文字）の問題が根本的な解決に至っていない状況下では，これらと経済的に密接な関係にある南東欧の新興国についても注意が必要である．こうした国々はその経済規模こそ大きくないものの，ギリシャやイタリアの銀行が占める与信比率が高く，クロアチアでは実際にデレバレッジの動きが観察された．GIIPS の危機が深刻さを増した場合には，南欧諸国のみならず東欧諸国で一層デレバレッジが進行する可能性が高い．

　中南米については，EU 向けの輸出は米国向けと中国向けに次ぐ比率を占めているものの，平均的に輸出依存度が高くないことから，貿易を通じたユーロ圏危機の直接的な影響は限定的である．一方，中南米諸国は金融面において問題を抱えている．同地域の対外与信に占める欧州銀行の比率は平均で 6 割を超えており，なかでもスペインからの与信の割合が高い．そのため，ユーロ圏危機の当事者であるスペインで金融危機が深刻化した場合には，デレバレッジによる資本流出，さらには資本逃避と信用不安が高まるリスクが中南米では高いことを意味している．今後，スペインをはじめとする南欧諸国での金融危機が深刻化した場合，中南米でも信用収縮が生じ，実体経済へ大きな影響を及ぼす可能性が依然と残っている．

　アジア経済への影響については，その高い輸出依存度から，輸出を通じたユーロ圏危機の影響，すなわちユーロ圏の需要低迷によるアジアからの輸出の減退が起こっている．同時に，アジア諸国は中国への輸出が多いうえに，中国から欧州向けの輸出がアジア諸国の中では相対的に大きいことから，中国を通じたユーロ圏危機の影響もみられる．日本へのユーロ圏危機の影響については，アジア新興諸国の成長の減退によって生じる二次的な影響を日本は受ける可能性が高い．輸出依存度の高いアジア諸国にとって，EU が貿易相手として比較的大きなシェアを持ち，日本のアジア貿易の大半が中間財輸出であることを踏まえれば，ユーロ圏における危機の影響は決して小さいも

のではない．

8. ユーロ圏危機がアジアのリアルセクターに及ぼす影響

　第6章「ユーロ圏危機がアジアのリアルセクターに及ぼす影響」（佐藤清隆）は，ユーロ圏の危機が貿易を通じて世界各国の実体経済にどのような影響を及ぼしたのかについて，アジア諸国の実体経済への影響に焦点を当てながら分析を行うことを目的とした．特に，世界金融危機後に世界的な貿易の縮小が起きた2009年に着目し，この年にアジア諸国のユーロ圏向け最終財輸出が減少したことによって，アジア諸国の生産と，域内の中間財貿易がどのような影響を受けたかを明らかにした．さらに，近年盛んに研究が進んでいる付加価値貿易アプローチに基づいて，付加価値ベースでアジア各国がどのような影響を受けたかについても考察を加えた．

　通常の貿易統計に基づく研究では，例えばアジア諸国のユーロ圏向け最終財輸出の減少によって，アジア諸国の生産活動がどのように低下し，それが緊密な生産ネットワークを張り巡らせているアジア域内諸国にどのように波及していくのかを分析することは極めて難しいことから，新しい国際産業連関表（YNU Global Input-Output（YNU-GIO）Table）を用いることでこの問題点を乗り越える．後述するように，2009年中のアジア諸国のユーロ圏向け最終財輸出は大きく減少した．これはアジア諸国の最終財の生産を減少させたが，その結果，最終財生産部門の中間投入財調達も減少することになる．この中間投入財は国内部門からの調達だけでなく，海外からの調達も含んでいる．特にアジアでは域内生産ネットワークの中で中間財の活発な取引が域内諸国間で行われている．この中間投入財調達減少の波及効果について，国際産業連関表を用いて明らかにする．さらに，こうしたアジア域内諸国への波及効果を付加価値ベースで捉え直し，アジア諸国のリアルセクターが受けた影響をより厳密に評価した．

　YNU-GIO Tableを用いて，すべての内生国を起点としたSTIを計算し，それらの集計した（各国の最終財輸出減少による波及効果をすべて考慮した）指数として計算されるSSTIに基づいて，分析が行われた．分析は，

EU 向け最終財輸出減少による中間投入財ベースの波及効果と付加価値ベースの波及効果について行われた．

中国の EU 向け最終財輸出減少の波及効果については，自国の最終財輸出額減少分と比較して 148.7% の中国国内の中間投入財の減少が生じたことを示している．また，日本への波及については，中国の最終財輸出額減少分の 17.5% に相当する中間投入財生産の減少が日本で生じたことを示している．自国の中間投入財生産が受ける影響の程度については，日本，中国，韓国は 100% を大きく上回る値をとっており，ヨーロッパ域内諸国と比較しても際立って大きい数値である．

次にアジア諸国間の波及効果を考慮に入れると，アジア各国が自国の EU 向け最終財輸出減少に伴い，日本と中国からの中間財輸入を大きく減少させることを示している．言い換えると，これらアジア諸国の日本と中国への中間財輸入依存度が非常に高く，同諸国が最終財輸出の減少を経験した場合，日本と中国もその影響を大きく受けることを示唆している．また，ヨーロッパ諸国における日本と中国の SSTI は比較的大きく，特にフィンランドとアイルランドにおける中国の SSTI が高い．日本と中国はアジア域内からの波及だけでなく，ヨーロッパからの波及の程度が高いことが確認された．

付加価値で評価した SST を用いて付加価値ベースの波及効果をみると，中間投入財の SSTI と比べて，中国よりも日本の SSTI の方が相対的に大きな値をとっている．また，ヨーロッパ諸国にとって，中間投入財の SSTI の場合は中国の方が日本よりも総じて大きな値をとっていたが，付加価値ベースの SSTI では日本と中国の間で大きな差がみられなくなっている．これは付加価値ベースでみた場合，日本の方がより大きなショックの波及を受ける傾向があることを示唆した．

さらに，日本は他国からの中間投入財調達が極端に小さい点も強調されている．日本はドイツや米国と比べても他国からの中間投入財調達のウェイトが小さくなっている．付加価値ベースでみると，日本は最終財輸出減少による影響のほとんどを自国内で吸収する（自国の付加価値の減少となる）傾向が非常に強い．自国経済へのマイナスのショックの影響を他国に波及させることができず，自国経済が大きな生産減少を被り，GDP も大きな影響を受

ける結果となっているのである．世界金融危機後に日本経済が深刻な国内生産活動の減少を経験したのは，こうした日本の特徴によるものであることを指摘した．

9. ユーロ圏危機がアジア通貨にもたらした影響

　欧州債務危機はアジアに大量な資金流入をもたらしたものの，2011年10月のEU首脳会合で合意された銀行の資本増強や自己資本比率の引き上げ（2012年6月までに9％）により，欧州銀行のデレバレッジ（貸出の縮小）が本格化すると，クレジット・チャネルを通じた影響により世界金融市場におけるリスク回避行動を誘発した．それにより，リーマンショック後に順調な資本流入がもたらされていたアジア諸国では，一転して急激な資本流出が起こり，為替相場が減価する等，資本フローと為替相場のどちらも不安定な影響を受けている．**第7章「ユーロ圏危機がアジア通貨にもたらした影響」（清水順子）**は，アジア域内の資本フローの動きとそれに伴いアジア通貨がどのように変動しているかを概観することにより，アジア通貨の勢力図に与えた変化について検証するとともに，ユーロ圏危機の教訓が，将来のアジアにおける通貨体制にもたらした課題について考察した．

　2011年10月以降に本格化した欧州銀行のデレバレッジは，世界の新興国の資本フローに大きな影響を与えた．アジア新興国に流入する資本フローが，最も不安定な動きを示していることを指摘した．リーマンショック後に大規模な資本流出が見られたアジアでは，ユーロ圏危機勃発後はむしろ資本流入が順調に回復していた．しかし，2011年第3四半期に欧州周辺国のソブリン債への懸念から，欧州の幅広い金融機関がドルなど，外貨を調達できず，外貨建資産の圧縮を余儀なくされた欧州銀行のデレバレッジ（貸出の縮小）によるクレジット・チャネルを通じた影響から，2011年第4四半期には再び急激な資本流出が起こり，その後も資本の流出入が激しい．

　不安定さを増す国際金融情勢を反映し，アジアへの資本フローのボラティリティは趨勢的に上昇傾向にある．アジア向け資本フローの内訳としては，安定的な直接投資が半数を占めており，その多くがアジア域内のクロスボー

ダー投資であることは，アジア域内の生産ネットワークが拡大し，経済統合が進展していることを示唆するものである．その一方で，アジア新興国に向かう証券投資フローは，国際金融市場のリスク指標の上下に呼応してボラティリティを増している．また，アジア域内のクロスボーダー証券投資の割合は一部の国を除くと限られており，アジア域内に滞留する膨大な貯蓄をアジア域内の投資として活用する，という目標はまだ達成されているとは言い難い．しかし，ユーロ圏危機後に欧米金融市場の信頼性に対する懸念が増すなか，アジア諸国から日本の短期国債向けのポートフォリオ投資が増えており，アジア各国の安全な投資先としての日本の重要性が高まっていることを指摘した．

リーマンショック直後，アジア通貨の中で非対称的な動きが顕著となった．その後の2009年以降は，リーマンショック後の下落から転じて増価していたアジア通貨は，2011年半ばのユーロ圏危機の深刻化に伴い，多くの国で減価に転じた．アジア通貨の対ドル相場が非対称な動きをする背景には，資本フローのボラタイルな動きのほかに，各国が採用する為替制度の違いも影響している．

東アジアの通貨当局が実際にはどの主要通貨をリファレンスとして，よりその主要通貨に対して安定するような為替政策を行っているかを実証的に分析する手法である Frankel and Wei（1994）の回帰式モデルを用いて，実証分析を行うと，以下のことが分かる．リーマンショック直後の2009年は，全体的にアジア通貨はドルの動きに連動した為替政策に一時的に回帰したが，2012年には，中国とインドネシアを除くアジア通貨ではドル連動の割合が低下し，決定係数も下がった．このことは，各通貨がドルとユーロ，あるいはドルと円で構成されたバスケットを参照しながらも，独自の相場変動をしていることを示唆した．

10. おわりに──ユーロの今後の行方

ユーロ圏においては，国際資本移動の自由化及び通貨主権の統合が実施される一方，財政主権の統合や金融監督の統合が進んでいなかったことから，

ギリシャにおける財政に関する統計処理の不備があり，財政赤字の数字だけではなく，それを発表した財政当局及び政府に対する信認が失墜し，国家政府に対するリスク，すなわち，ソブリン・リスクが高まってしまった．このような状況で，ユーロ圏において財政危機が発生し，さらには国債の債務削減，及びその影響によって金融危機に発展するまでになった．このようなユーロ圏における財政危機，さらには金融危機をとらえて，ユーロそれ自体が崩壊するのではないかという議論にまで発展した．ユーロ圏において財政危機が発生したのは事実であるし，またそれが金融危機に発展しかねない状態に至ったのも否定することはできない．さらに，ユーロ圏において，危機国の通貨を減価させることによって危機に対応することができなかったという足枷がユーロ圏に存在していたことも事実である．しかし，ユーロそれ自体がユーロ圏危機を引き起こし，そして，そのためにユーロが本当に崩壊する危機的状況に至ったのであろうか．

図終-1のユーロの対ドル相場と対円相場の動向を見ると，ユーロがEU11に初めて導入された1999年1月1日以降，ユーロが減価し続けたのは事実である．しかし，これは，当時のアメリカにおけるITブームあるいはITバブルに誘引されたユーロ圏からアメリカへの資金移動によってユーロが減価したのであって，そのユーロの減価は，2000年末のアメリカにおけるITバブル崩壊によって止まることになる．むしろ，それ以降，ユーロはリーマンショックが発生する2008年夏まで一本調子に増価し続けた．そして，リーマンショックの前後にユーロは大きな暴落を起こすが，ギリシャの財政危機に始まるユーロ圏における財政危機時においては，ユーロの暴落はリーマンショック時に比較してそれほど大きくない．また，レベルで見ても，ユーロはドルに対して1999年のユーロ導入時と比較して，それを下回っていないし，むしろまだユーロ高にあった．一方，FRBが2014年10月に量的金融緩和政策を終了し，日本銀行が量的・質的金融緩和政策を続けるなか，ECBがFRBや日本銀行に比べて周回遅れで2015年3月より量的金融緩和政策を開始する状況にあり，ユーロ圏経済の状況は予断を許さない．

ユーロ圏諸国と欧州委員会は，ユーロ圏危機に直面するまでは財政主権の統合を検討してこなかった．ところが，今回のユーロ圏における危機に直面

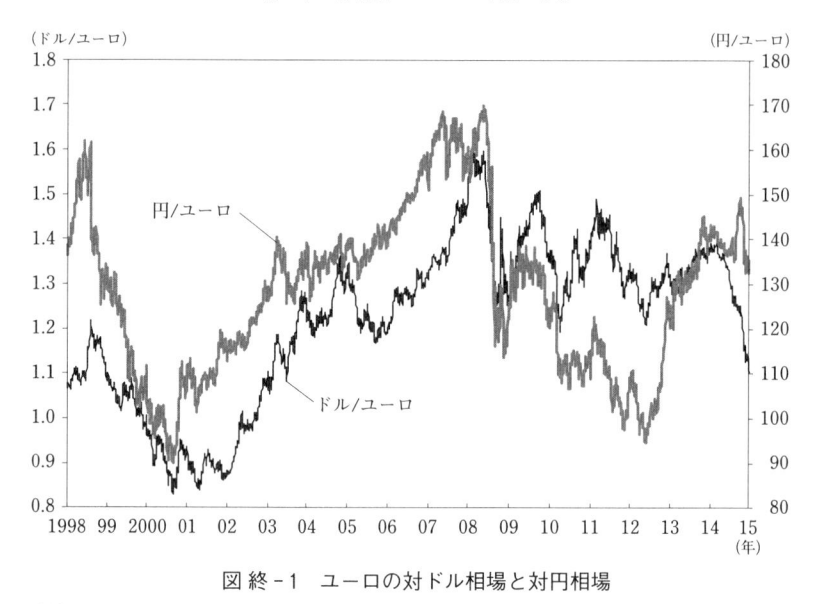

終　章　総括及びユーロの今後の行方

図 終-1　ユーロの対ドル相場と対円相場

出所：Datastream.

して，現在は，漸次的にではあるものの，あるいは，まだ政治的な困難な局面を乗り越えてはいないものの，財政主権の統合に向けて動こうとしている．実際に，お互いに財政規律及び予算をチェックし合うという財政安定化同盟が成立している．各国政府の財政規律が高められないかぎりは，ユーロ圏危機の根底にある財政問題が根本的に解決しないであろうし，それが財政危機を通じてユーロ圏危機の再発につながるであろうという教訓を学んでいる．

　一方，かつてリスボン条約においてモラルハザードを防止するために財政移転を禁止していたが，今回のユーロ圏における財政危機に直面して，金融支援のスキームが用意されていなかったことから，財政危機が深刻化し，他の諸国に波及したという経験を経て，財政移転を可能として，ESM を設立するに至った．一方，EU の銀行同盟の 3 本の柱の内の 1 本である単一監督メカニズム（SSM）が 2014 年 11 月に始動し，その下で ECB がボーダーレスに金融機関を監督することができるようになった．もう 1 本の柱である単一破綻処理メカニズム（SRM）については，Single Resolution Board が 2015 年 1 月に設立され，2016 年 1 月からフル稼働する SRM の準備を始め

た.さらに,第3の柱である共通預金保護制度も今後,成立に向けて準備が進められている.

以上のように,ユーロ圏諸国及び EU は,経済危機の試練に立たされて,それらを克服すべき財政主権が統合されていない,「不完全な経済統合」から少しでも財政主権が統合された「完全な経済統合」に向かおうとしている.その最終的な姿に到達するまでにはまだ紆余曲折があることが想像されるが,時間を要しながらも一歩一歩着実に進んでいくことであろう.

参考文献

Balassa, Bela A. (1961), *The Theory of Economic Integration*, Irwin.(中島正信訳『経済統合の理論』ダイヤモンド社,1963 年)

Frankel, Jeffrey A. and Shang-Jin Wei (1994), "Yen Bloc or Dollar Bloc? Exchange Rate Policies of the East Asian Economies," in Takatoshi Ito and Anne O. Krueger eds., *Macroeconomic Linkage: Savings, Exchange Rates, and Capital Flows*, University of Chicago Press, pp. 295-355.

Mundell, Robert A. (1961), "A Theory of Optimum Currency Areas," *American Economic Review*, Vol. 51 (4), pp. 657-665.

Reinhart, Carmen M., and Kenneth S. Rogoff (2009), *This Time Is Different: Eight Centuries of Financial Folly*, Princeton University Press.(村井章子訳『国家は破綻する――金融危機の 800 年』日経 BP 社,2011 年)

小川英治(2012),「複数均衡としての欧州ソブリン危機とその解決策」『世界経済評論』第 56 巻第 2 号,pp. 19-23.

小川英治編(2013),『グローバル・インバランスと国際通貨体制』東洋経済新報社.

索引

ア　行

アジア経済　149, 220
アジア国際産業連関表　158
安定・成長協定　7, 72, 123
　　――実施の改善　73
域内生産ネットワーク　156
一般化購買力平価モデル（G-PPP モデル）　117, 217
インボイス通貨　→貿易建値通貨
ウェルナー報告　109
エクスポージャー　147
欧州安定メカニズム　→ESM
欧州銀行監督機関（European Banking Authority: EBA）　30, 96
欧州銀行のアジア向け与信　151
欧州銀行の中東欧諸国向け与信　141
欧州銀行のデレバレッジ　185, 223
欧州銀行の南米諸国向け与信　145
欧州金融監督制度（European System of Financial Supervisors: ESFS）　57, 99, 214
欧州システミックリスク理事会　57
欧州司法裁判所　79
欧州重債務国　142
欧州中央銀行　→ECB
欧州中央銀行制度（European System of Central Banks: ESCB）　85
欧州通貨制度　110
欧州通貨単位　110
欧州における金融規制　46
欧州金融安定ファシリティ　→EFSF
欧州金融安定メカニズム　→EFSM
欧州金融機関　5

オフショア人民元　204
オペレーショナルリスク　52
オルタナティブ投資ファンド運用者指令　65

カ　行

過剰財政赤字手続き　7, 87
価値の尺度　→貨幣の3機能
価値の貯蔵　→貨幣の3機能
貨幣の3機能　203
　　交換手段　203
　　価値の尺度　204
　　価値の貯蔵　204
空売り　65
為替政策　196
　　――のアンカー　203
完全な経済統合　→経済統合
逆特定多数決　92
救済禁止条項　80
共和分検定　118, 121
狭義の中核的資本比率（CET）　55
共同フロート制　110
ギリシャの財政危機　10
銀行業の規制と監督実務に関する委員会　49
銀行再生・破綻処理指令　62
銀行指令
　　第1次――　47
　　第2次――　47
銀行同盟　60, 96, 215, 226
金融緩和政策のパッケージ　17
金融規制の見直し　54
金融サービス行動計画　48

229

索　引

金融支援プログラム　14
金融取引税（Financial Transaction Tax：FTT）　101
金融の監督・安定化措置　216
クレジット・チャネル　183, 223
グローバル・インバランス　2, 4, 209
グローバル流動性（Global Liquidity）　181
クロスボーダー国債保有行動　37
クロスボーダー与信　182
クロスボーダーバンキング　28, 212
経済ガバナンス　88
　　——の強化　216
経済収斂基準（マーストリヒト基準）　6, 71, 111
経済統合
　　完全な——　21, 227
　　不完全な——　227
経済・通貨同盟（Economic and Monetary Union：EMU）　1
　　——における安定，調整及びガバナンスに関する条約　→TSCG
経済同盟　95
決済通貨　203
コア Tier 1 資本　31
交換手段　→貨幣の3機能
国債購入プログラム（Outright Market Transaction：OMT）　42, 82, 83, 213, 216
　　——をめぐる法的問題　85
国際産業連関表　156
国際通貨基金　→IMF
コリドー　18

サ　行

財政赤字　210
財政安定化同盟　15, 211, 226
財政移転　36
財政危機　3, 210
　　——解決のための3点セット　14, 211
財政協定（Fiscal Compact）　15, 94
財政規律条約（Fiscal Compact）　90
財政再建　13
財政支援が認められる場合の三つの条件　82
財政主権の統合　225
財政当局の信認の失墜　10
財政同盟　95
最適通貨圏　117, 126
　　——理論　108, 116, 217
債務削減　14
　　——比率（ヘアカット率）　35
債務不履行
　　秩序だった——　15
　　無秩序な——　15
三角貿易　159
3点セット　→財政危機
自己資本比率規制　50
システミック・ストレス指数　59, 214
資本フロー　184
シャドーバンキング　187
　　——規制　64
集団行動条項（Collection Action Clauses：CAC）　37
周辺国　26
証券市場プログラム　36, 83
証券投資　187
真の経済・通貨同盟　95
人民元　200
　　——建て通貨スワップ　201
　　——の国際化　201
信用ブーム　29
ストレステスト　30
生産性格差　26
政治同盟　95
セイフティネット　14
セーフヘイブン　→避難通貨
世界的な貿易の縮小　156, 221
是正的な手段　89
総合比率　55

230

索　引

ソブリン・リスク　134, 225

タ　行

ターゲット型長期資金供給オペレーション
　→長期資金供給オペレーション
第1次銀行指令　→銀行指令
第2次銀行指令　→銀行指令
対外与信構成比率　140
単位当たり生産コスト　26
単位根検定　120
単一欧州議定書　47, 70, 111
単一監督メカニズム（Single Supervisory Mechanism: SSM）　60, 96
単一破綻処理メカニズム（Single Resolution Mechanism: SRM）　62, 97
単一ルールブック　59, 96
秩序だった債務不履行　→債務不履行
中間財貿易　156
中間投入財ベース　165
　——の波及効果　222
中南米　145, 220
長期資金供給（リファイナンス）オペレーション（Long-Term Refinancing Operations: LTRO）　17, 42
直接投資　187
通貨バスケット　196
デレバレッジ　134, 182, 219
電気機械産業　163, 171
ドイツ連邦憲法裁判所　93
　——の判決　77
ド・ラロジェール（de Larosière）報告　57, 214
ドル連動　224
トロイカ　2
ドロール委員会報告　111

ナ　行

内的減価　28
ニュメレール　196

ネイキッドショートセリング　65

ハ　行

バーゼル規制（BIS規制）　46
　バーゼル I　49
　バーゼル II　52
　バーゼル III　54
バーゼル銀行監督委員会　49
波及効果　161
破綻処理基金　98
ハンガリー　87
反特定多数決　89
避難通貨（セーフヘイブン）　198
付加価値ベース　170
　——の波及効果　222
付加価値貿易アプローチ　156, 170
不完全な経済統合　→経済統合
二つの方策（two-pack）　89
不動産バブル　30
不良債権残高　51
プロシクリカリティ　52
ヘアカット率　→債務削減比率
ベイルアウト　62
ベイルイン　63, 98
ヘッジファンド規制　65
貿易建値　203
　——通貨（インボイス通貨）　202
貿易チャネル　132, 219

マ　行

マーケットリスク　52
マーストリヒト（EU）条約　70, 71
マーストリヒト基準　→経済収斂基準
マイナス金利　18, 19
マクロプルーデンス監督　57
ミクロプルーデンス監督　99
民間部門の関与（Private Sector Involvement: PSI）　36
無秩序な債務不履行　→債務不履行

231

索 引

六つの方策(six-pack) 88

ヤ 行

ユーロ 225
ユーロ圏 126, 225
ユーロ圏危機 225
ユーロ圏諸国の一般政府債務残高 8
ユーロ圏諸国の財政赤字 8
ユーロ圏諸国の経常収支 27
ユーロ圏諸国の国債利回り 12
　——の収束 29
ユーロ圏内のインバランス 26
ユーロ圏向け最終財 156
ユーロ導入の基準 →経済収斂基準
輸出依存度 138
輸送用機器産業 164, 175
ユニバーサルバンク制度 46
ヨーロピアン・セメスター(European Semester) 94
預金保険制度(Deposit Guarantee Scheme：DGS) 98
予算監視メカニズム 90
予防的な手段 89

ラ 行

リーマンショック 5, 182
リファイナンスオペレーション →長期資金供給オペレーション
量的金融緩和政策 17, 20
連邦議会の財政政策上の全面的責任 77

アルファベット

BIS規制 →バーゼル規制
CAC →集団行動条項
CET →狭義の中核的資本比率
DGS →預金保険制度
EBA →欧州銀行監督機関
ECB (European Central Bank：欧州中央銀行) 16
　——の権限 35
EFSF (European Financial Stability Facility：欧州金融安定ファシリティ) 73
EFSM (European Financial Stabilisation Mechanism：欧州金融安定メカニズム) 73
EMU →経済・通貨同盟
ESCB →欧州中央銀行制度
ESFS →欧州金融監督制度
ESM (European Stability Mechanism：欧州安定メカニズム) 74, 216
　——条約 75
　——条約・TSCG事件 77
ESMA (European Securities and Markets Authority：欧州証券市場監督局) 100
EUROPE 2020 94
EU条約 →マーストリヒト条約
EUの域外貿易 132
FTT →金融取引税
G20 6
G-PPPモデル →一般化購買力平価モデル
IMF (International Monetary Fund：国際通貨基金) 2, 73
LTRO →長期資金供給オペレーション
OMT →国際購入プログラム
Pringle事件 79
PSI →民間部門の関与
SRM →単一破綻処理メカニズム
SSM →単一監督メカニズム
SSTI (Simultaneous Shock Transmission Index) 163
STI (Shock Transmission Index) 162
Tier 1比率 55
TSCG (経済・通貨同盟における安定，調整及びガバナンスに関する条約) 90
ESM条約・TSCG事件 →ESM

索　引

World Input-Output Database（WIOD）
　158

YNU Global Input-Output Table（YNU-GIO Table）　158, 165, 221

編者・執筆者紹介

［編　者］
小川英治（おがわ　えいじ）　序章，終章
一橋大学大学院商学研究科教授（国際金融論）
1957 年北海道生まれ．一橋大学商学部卒業．一橋大学大学院商学研究科博士後期課程単位取得退学．一橋大学商学部専任講師，助教授を経て，1999 年 4 月より現職．2009 年～10 年同研究科長，2011 年～14 年理事・副学長．1986～88 年ハーバード大学経済学部，1992 年カリフォルニア大学バークレー校経済学部，2000 年 9 月国際通貨基金調査局で客員研究員．博士（商学）．
〈主要業績〉
『国際通貨システムの安定性』東洋経済新報社，1998 年．
『グローバル・インバランスと国際通貨体制』東洋経済新報社，2013 年．
Who Will Provide the Next Financial Model?: Asia's Financial Muscle and Europe's Financial Maturity, edited by, with Sahoko Kaji, Springer, 2013.

［執筆者］（掲載順）
鯉渕　賢（こいぶち　さとし）　第 1 章
中央大学商学部准教授（金融システム，マクロ経済学）
1973 年長野県生まれ．早稲田大学政治経済学部卒業．東京大学大学院経済学研究科博士課程満期退学．東京大学先端科学技術研究センター特任教員，千葉商科大学商経学部専任講師を経て，2010 年 3 月より現職．2000 年～2001 年カリフォルニア大学サンディエゴ校，2015 年スタンフォード大学で客員研究員．博士（経済学）．
〈主要業績〉
「銀行主導の企業再建の再検討──銀行 - 企業間関係・債権者調整スキーム・損失負担配分」『社会科学研究』（東京大学社会科学研究所）第 64 巻第 3 号，2013 年．
"The Choice of an Invoicing Currency by Globally Operating Firms: A Firm-Level Analysis of Japanese Exporters," with Takatoshi Ito, Kiyotaka Sato and Junko Shimizu, *International Journal of Finance & Economics,* Vol. 17(4), 2012.

佐々木百合（ささき　ゆり）　第 2 章
明治学院大学経済学部教授（金融論，国際金融論）
東京生まれ．一橋大学大学院商学研究科博士後期課程単位取得退学．一橋大学助手，

高千穂商科大学講師，助教授，明治学院大学経済学部助教授を経て，2007年4月より現職．2006年～2007年ワシントン大学客員研究員．博士（商学）．
〈主要業績〉
「グローバル・インバランスの調整と為替相場のパススルー」小川英治編『グローバル・インバランスと国際通貨体制』東洋経済新報社，2013年．
"The Disclosure of Non-Performing Loan Prevented Banks' Evergreening Policy?: Lessons from Japanese Banks' Experiences,"『経済研究』（明治学院大学），第147号，2014年．
"Automobile Exports: Export price and retail price," with Yoshida Yushi, RIETI Discussion Paper Series, No. 15-E-024, 2015.

中西優美子（なかにし　ゆみこ）　第3章
一橋大学大学院法学研究科教授（EU法）
大阪府生まれ．一橋大学大学院法学研究科博士後期課程退学．2000年専修大学法学部講師，助教授，教授を経て，2012年4月より現職．2015年4月よりEUSI（EU Studies Institute in Tokyo）所長．博士（法学，ドイツ・ミュンスター大学）．
〈主要業績〉
『法学叢書EU法』新世社，2012年．
『EU権限の法構造』信山社，2013年．
『EU権限の判例研究』信山社，2015年．
雑誌『自治研究』において「EU法における先決裁定手続に関する研究」を隔月で連載中．

王　志乾（Wang Zhiqian）　第4章
（国際金融論）
1983年中国生まれ．中央大学経済学部卒業．一橋大学大学院商学研究科博士後期課程修了．2014年4月より2015年3月まで一橋大学大学院商学研究科特任講師．博士（商学）．
〈主要業績〉
"East Asian Monetary Cooperation System: Based on the AMU Deviation Indicator and Growth Rate of Productivity," with Eiji Ogawa, *Journal of World Economy (Institute of World Economics and Politics Chinese Academy of Social Sciences)*, Vol. 36(8), 2013.
"AMU Deviation Indicators Based on Purchasing Power Parity and Adjusted by Balassa-Samuelson Effect," with Eiji Ogawa, *Global Journal of Economics*, Vol. 2(2), 2013.

中村周史（なかむら　ちかふみ）　第5章
中央大学総合政策学部准教授（国際マクロ経済学，金融政策）
1983年山口県生まれ．一橋大学商学部卒業．一橋大学大学院商学研究科博士後期課程修了．杏林大学総合政策学部助教，九州大学大学院経済学研究院講師を経て，2015年4月より現職．博士（商学）．
〈主要業績〉
「グローバル・インバランスとマクロ経済の関係」小川英治編『グローバル・インバランスと国際通貨体制』東洋経済新報社，2013年．
"Asian Currencies in the Global Imbalance and Global Financial Crisis," with Eiji Ogawa, in *The Oxford handbook of the economics of the Pacific Rim*, edited by Inderjit N Kaur and Nirvikar Singh, Oxford University Press, 2014.

佐藤清隆（さとう　きよたか）　第6章
横浜国立大学大学院国際社会科学研究院教授（国際金融論）
1968年長崎市生まれ．1991年3月横浜国立大学経済学部卒業．1998年3月東京大学大学院経済学研究科博士課程単位取得満期退学．（財）国際東アジア研究センター研究員，横浜国立大学経済学部助教授，准教授，教授を経て，2013年4月より現職．博士（経済学）．
〈主要業績〉
"Exchange Rate Changes and Inflation in Post-Crisis Asian Economies: Vector Autoregression Analysis of the Exchange Rate Pass-Through," with Takatoshi Ito, *Journal of Money, Credit and Banking*, Vol. 40(7), 2008.
"Should Chinese Renminbi be Blamed for Its Trade Surplus? A Structural VAR Approach," with Zhaoyong Zhang, *The World Economy*, Vol. 35(5), 2012.

清水順子（しみず　じゅんこ）　第7章
学習院大学経済学部教授（国際金融論，外国為替）
東京生まれ．一橋大学経済学部卒業後 Chase Manhattan 銀行，日本興業銀行（London，本店），Bank of America Int'l (London)，Morgan Stanley（東京）等に勤務した後，1999年4月一橋大学大学院商学研究科入学．2004年3月一橋大学大学院商学研究科博士課程修了．専修大学商学部准教授等を経て，2012年4月より現職．博士（商学）．
〈主要業績〉
"New Estimates of the Equilibrium Exchange Rate: The Case for the Chinese Renminbi," with Kiyotaka Sato, Nagendra Shrestha and Zhaoyong Zhang, *The World Economy*, Vol. 35(4), 2012.

"Industry-specific Real Effective Exchange Rates and Export Price Competitiveness: The Cases of Japan, China, and Korea," with Kiyotaka Sato, Nagendra Shrestha and Shajuan Zhang, *Asian Economic Policy Review*, Vol 8(2), 2013.

ユーロ圏危機と世界経済
信認回復のための方策とアジアへの影響

2015年6月23日　初　版

［検印廃止］

編　者　小川英治
　　　　おがわえいじ

発行所　一般財団法人　東京大学出版会
代表者　古田元夫
153-0041　東京都目黒区駒場 4-5-29
http://www.utp.or.jp/
電話 03-6407-1069　Fax 03-6407-1991
振替 00160-6-59964

印刷所　大日本法令印刷株式会社
製本所　牧製本印刷株式会社

© 2015 Eiji Ogawa, Editor
ISBN 978-4-13-040271-2　Printed in Japan

[JCOPY]〈(社)出版者著作権管理機構　委託出版物〉
本書の無断複写は著作権法上での例外を除き禁じられています．複写される場合は，そのつど事前に，(社)出版者著作権管理機構（電話 03-3513-6969, FAX 03-3513-6979, e-mail: info@jcopy.or.jp）の許諾を得てください．

福田慎一 小川英治	編	国際金融システムの制度設計 通貨危機後の東アジアへの教訓	5200 円
持田信樹 今井勝人	編	ソブリン危機と福祉国家財政	5800 円
岩井克人 瀬古美喜 翁百合	編	金融危機とマクロ経済 資産市場の変動と金融政策・規制	4800 円
細野薫	著	金融危機のミクロ経済分析	4800 円
スティグリッツ グリーンワルド 内藤純一 家森信善	著 訳	新しい金融論 信用と情報の経済学	3200 円
河合正弘	著	国際金融論	5600 円
古内博行	著	現代ドイツ経済の歴史	3800 円
増井良啓 宮崎裕子	著	国際租税法(第2版)	3000 円

ここに表示された価格は本体価格です.ご購入の際には消費税が加算されますのでご了承ください.